POESÍA DEL SIGLO XVIII

clásicos **CC** *castalia*

COLECCIÓN FUNDADA POR
DON ANTONIO RODRÍGUEZ-MOÑINO

DIRECTOR
DON ALONSO ZAMORA VICENTE

POESÍA
DEL SIGLO XVIII

Edición,
introducción y notas
de
JOHN H. R. POLT

CUARTA EDICIÓN

clásicos castalia

Madrid

Copyright. © Editorial Castalia, S.A., 1994
Zurbano, 39 - 28010 Madrid - Tel. 319 89 40

Cubierta de Víctor Sanz

Impreso en España - Printed in Spain
Unigraf, S.A. Móstoles (Madrid)
ISBN: 84-7039-216-6
Depósito legal: M. 30.712-1994

SUMARIO

A
la memoria de
Don Antonio Rodríguez-Moñino,
amigo, colega, maestro de erudición
y del arte de vivir dignamente

INTRODUCCIÓN CRÍTICA

E N este libro presento al lector una selección de poemas españoles, sobre todo líricos, escritos, en su gran mayoría, entre los años 1701 y 1808, fecha esta última que marca, desde más de un punto de vista, el fin de la España del siglo XVIII. Los autores de estos versos nacieron entre 1662 (Álvarez de Toledo) y 1775 (Lista). Álvarez de Toledo también murió el primero (en 1714); y el último en morir fue Quintana, quien sobrevivió no sólo a todas las escuelas literarias del XVIII, sino también al auge de la literatura romántica, antes de fallecer en 1857. Dejando para la *Nota previa* la explicación de los criterios que me han guiado, quisiera ahora esbozar la trayectoria poética de aquel siglo y su medio ambiente histórico.

En la historiografía, toda periodización —ya es tópico el decirlo— peca algo de arbitraria, y más si suponemos que tales períodos vayan a coincidir necesariamente con nuestras centurias. El siglo XVIII, y menos su literatura, no pueden pensarse sólo bajo alguna cómoda rúbrica —racionalismo, afrancesamiento, frialdad, decadencia—; ni corresponden del todo las corrientes artísticas setecentistas, incluso las literarias, con las más ampliamente culturales y políticas. Hacia principios del siglo las más avanzadas son éstas, mientras que según nos vamos acercando al año 1800, son los poetas y demás escritores quienes marchan en la vanguardia.

Todo esto no obstante, el concepto de período puede ser útil, y de hecho se impone a veces. Así, y con toda clase de salvedades, creo que podemos decir que en lo político, como en lo intelectual, la nota dominante en el variadísimo concierto que nos ofrece la España borbónica del Antiguo Régimen es el esfuerzo por modernizar el país, por ponerlo al día, por "europeizarlo", según se ha dicho en sentido tanto positivo como negativo. Es un siglo reformador éste que nos ocupa. En España al igual que en otros países, se dedicó deliberada y sistemáticamente a examinar y juzgar cuanto había heredado: las instituciones, las estructuras sociales, los modos de hacer las cosas, de concebirlas, de pensar, y a veces (las menos) hasta los modos de creer. Todo, o casi todo, había de pasar por este tamiz; todo había de medirse por los criterios de su racionalidad y utilidad. No fue por accidente que Jovellanos, figura máxima de la Ilustración española, diera al Instituto creado por él, el lema: *Quid verum, quid utile.*

Creo que podemos discernir tres etapas en este impulso reformador y regenerador. La primera es la dominada en lo político por Felipe V, y en lo intelectual por el Padre Feijoo. Frente a la incapacidad personal del triste Carlos II y el estancamiento de su corte, Felipe, el primer Borbón en ocupar el trono español, representa una infusión de vigor y de nuevas maneras de hacer las cosas y de concebir el papel del rey en la cultura nacional. Lo demuestran las instituciones que bajo la égida del soberano empiezan a surgir aún en plena Guerra de Sucesión: la Biblioteca Real, después Nacional, en 1712, la Academia Española en 1713, y toda la serie de academias y sociedades creadas en el casi medio siglo que llevó la corona Felipe *el Animoso.*

También los particulares se afanaban por la renovación del país, y entre ellos se destacó Fray Benito

Jerónimo Feijoo, monje benedictino, profesor de teología en Oviedo, "ciudadano libre de la república de las letras". Fue él, más que nadie, quien abrió de par en par las ventanas intelectuales de España. Sobre las ciencias naturales e históricas y cantidad de otros temas, aportó numerosos datos, a veces fruto de pintorescas investigaciones personales, y otras (las más) derivados de fuentes en su mayoría extranjeras. A la luz de los conocimientos de nuestros días, su *Teatro crítico universal* ya no puede servir como enciclopedia científica; pero sigue vigente la actitud, tan revolucionaria en los tiempos de su publicación, que expresa Feijoo en *Voz del pueblo,* el primer Discurso de su primer tomo. Allí es donde el benedictino divide "la esfera del entendimiento" en dos hemisferios, el de la gracia y el de la naturaleza, dotados de sus respectivos puntos fijos, la revelación y la demostración. Manteniendo en toda su pureza la fe religiosa, guiada por una revelación indiscutible, Feijoo campa igualmente por los fueros de la demostración, es decir, de la observación experimental y la razón inductiva, en el hemisferio de la naturaleza, o sea, en cuanto no ataña claramente a lo teológico. Determinado el "hemisferio" a que pertenecía un problema o fenómeno, Feijoo lo sometía al criterio aplicable, revelación o demostración, y sólo a él. Es difícil exagerar la importancia de esta actitud, de este deslindar con cuidado las cuestiones auténticamente religiosas de las demás, decidiendo éstas por medio de las luces humanas y la experiencia de los sentidos. El *Teatro crítico universal,* discutidísimo, logró la protección de Fernando VI; y todos los Ilustrados españoles fueron hijos espirituales de Feijoo.

La Ilustración española culmina en el reinado de Carlos III (1759-1788), treinta años fecundos presididos por un monarca modelo de virtudes cívicas y domésticas, celoso del bienestar de sus reinos y sabio en escoger sus ministros. Éstos son los años que vieron gobernar primero a Grimaldi y Esquilache, veteranos que D. Carlos trajera de su reino de Nápoles, y después a los españoles que con igual acierto supo nombrar, los Condes de Aranda y de Floridablanca. Impulsada por estos ministros y respaldada por el monarca, la reforma se extendió a todos los aspectos de la vida española. Se estudiaron las estructuras agrícolas, iniciando el expediente de ley agraria sobre el que había de informar Jovellanos en 1794. Se trabajó por mejorar las comunicaciones. Se estimuló la actividad económica estableciendo fábricas modelo, y se publicaron los proyectos del Conde de Campomanes, fiscal del Consejo de Castilla, para difundir los conocimientos técnicos y fomentar la progresiva industrialización del país. Se creó un centro estatal de enseñanza secundaria, los Reales Estudios de San Isidro, y se luchó por reformar las universidades, sobre todo en lo tocante a la filosofía moderna. La actividad gubernamental llegó también al terreno religioso, consolidando la autoridad real con la expulsión y subsiguiente extinción de la Compañía de Jesús, tratando de disminuir el papel de otro cuerpo semiautónomo, la Inquisición, y empezando la obra de frenar la amortización de tierras y limitar así la potencia económica de la Iglesia. Quizás lo que mejor represente este multiforme movimiento renovador sea la colonización de Sierra Morena, osadísimo conato de edificar una sociedad nueva sobre los cimientos de los principios Ilustrados.

La suerte de estas nuevas poblàciones es también en cierto modo un comentario sobre el éxito del programa gubernamental. Las poblaciones se fundaron, en efecto; pero procesado por la Inquisición su superintendente, Pablo de Olavide, y modificado el plan original, no llegaron a ser precisamente lo que se había propuesto. Esto cabe decirlo también de otras facetas de la reforma, como por ejemplo la universitaria, donde la repetición misma de proyectos atestigua la ineficacia. Los éxitos fueron, pues, sólo parciales; pero se había logrado un comienzo, y se había creado un clima intelectual y político. Todo ello hubo de ser, desde luego, obra de una minoría, de aquellos dirigentes cultos e ilustrados que se creían en la obligación de trabajar por el bien de un pueblo cuya ignorancia era, como ha dicho Luis Sánchez Agesta, "el supuesto mismo de la 'ilustración' como movimiento político y cultural". [1]

Si el reinado de Carlos III representa el cenit de la Ilustración, el de su hijo y sucesor, Carlos IV (1788-1808), ya fue en algunos aspectos su crepúsculo. D. Carlos III murió el 14 de diciembre de 1788; a los siete meses justos cayó la Bastilla. Los acontecimientos revolucionarios de Francia, las matanzas, el asesinato de Luis XVI y el Terror, suscitaron un vivo recelo frente a toda clase de novedades, tanto más cuanto que todo aquello se hacía en nombre de unos principios cuya semejanza superficial con los de la Ilustración bastaba para desacreditar igualmente a revolucionarios e Ilustrados. Enfrentado el país con la amenaza externa de los franceses y la interna, soñada o real, de los *novadores,* álgunos de los cuales fueron perseguidos de manera solapada y cruel, tuvo además la mala suerte de carecer de gobernantes firmes y experimentados. Carlos IV, bondadoso y bien intencionado tal vez, no había pasado, como su padre, por un largo aprendizaje, ni poseía el prestigio personal y la capacidad organizadora de aquél. Prueba de ello, su ruptura con Floridablanca y su elevación de Manuel Godoy a la privanza. Godoy, del que justamente se puede decir, con Shakespeare, que le sobrevive cuanto hizo de malo, mientras que lo bueno se enterró con sus huesos, fue un joven de no vulgares talentos e instrucción y de buena voluntad; pero a los veinticinco años no se le podía exigir la experiencia de la que naturalmente carecía y que, sin embargo, hacía falta en las circunstancias difíciles que atravesaba la nación. La política exterior e interior empezó a adolecer

---

[1] *El pensamiento político del Despotismo Ilustrado* (Madrid, 1953), p. 210.

de incertidumbre, de falta de dirección, y de miedo a lo que pasaba. Frente a la seguridad, a veces equivocada, del reinado precedente, cundió entonces la sensación de ir arrastrados por el ímpetu de los acontecimientos.

Este proceso de desintegración culmina en mayo de 1808 en Bayona de Francia, adonde habían acudido Carlos IV y su hijo Fernando para que Napoleón Bonaparte dirimiese la contienda entre ellos, y donde ambos abdicaron vergonzosamente en manos del "Emperador de los Franceses". Con la negativa de muchos españoles a aceptar la soberanía de Bonaparte, o de su hermano José, empieza la Guerra de la Independencia, huracán que barre el sistema anterior, ya que el reinado de Fernando VII se relaciona con el Despotismo Ilustrado de Carlos III sólo en lo despótico, nunca en lo ilustrado. Frente al invasor surge el entusiasmo nacional, encarnado primero en las numerosas juntas locales y después en la Junta Central que organizó la guerra al mismo tiempo que convocó las Cortes de Cádiz y dio así el impulso a la reestructuración política del país. Con la guerra se escinden las antiguas clases dirigentes. Algunos, como Jovellanos y Floridablanca, luchan del lado "patriota". Pero muchos de los que aceptaron el régimen bonapartista también fueron patriotas a su manera. Creían ver en José Bonaparte al portador de un nuevo orden que combinaba el progreso debido a la Revolución con la estabilidad política. En Bayona habían visto la bancarrota de los Borbones, y esperaban reanudar bajo el régimen nuevo el impulso reformador estancado en los últimos años del antiguo.

El único que supo conservarse *au-dessus* (o tal vez *au-dessous*) *de la mêlée* fue el propio Fernando VII, quien, mientras media España luchaba en nombre suyo, vivía tranquilo en Francia, aspirando a la mano de una "princesa" de la familia "imperial". Una vez restaurado al "trono de sus mayores", pronto acabó con las ilusiones de tirios y troyanos.

Éste es el fondo sobre el cual se desarrolla la poesía del siglo XVIII. Conviene tenerlo en cuenta, porque los poetas que constituyen nuestra antología no fueron artistas "marginados", sino que pertenecieron, en su gran mayoría, a la *élite* directora de la nación. Desde Gabriel Álvarez de Toledo hasta Quintana, pasando por Eugenio Gerardo Lobo, el Conde de Torrepalma, Cadalso, Jovellanos, los Iriarte, Meléndez, Forner y Cienfuegos, nos encontramos con una serie de magistrados, políticos, diplomáticos y militares, o cuando menos, particulares socios de las sociedades económicas, las academias y las demás instituciones Ilustradas. En general, la poesía fue para ellos una actividad entre muchas, perfectamente compatible con la carrera de las armas o de la administración pública. El tipo del artista extrasocial y antisocial no solía darse en el siglo XVIII, última época que conservara un ideal polifacético del hombre. Entonces, un poeta no se creía menos poeta por elaborar informes sobre minas de carbón, ni un soldado menos soldado por escribir versos. El gobierno "protegía" a los literatos proporcionándoles puestos en la máquina burocrática, y ellos colaboraban de buena fe y de buena gana en los quehaceres públicos.

Si en sentido amplio pueden señalarse varias fases de la Ilustración, en lo específicamente literario cabe hablar de una trayectoria poética del setecientos. Su punto de arranque es la literatura del Siglo de Oro cuyos metros (sonetos, romances, décimas, redondillas, quintillas) y temas (amorosos, satíricos, etc.) siguen cultivándose, con actitudes y sensibilidad barrocas, en la primera mitad del XVIII. Quevedo y Góngora son las pautas de esta poesía conceptista y culterana.

El conceptismo, aunque no en su forma más refinada, puede verse en el soneto de Álvarez de Toledo, *La muerte es la vida* (p. 46). Aquí un silogismo "prueba" la aparente paradoja del título, que efectivamente *fa stupir,* aunque luego en su fondo, como en el de gran parte del conceptismo, no haya más que una perogrullada. De la misma familia poética me parece el *desenfado* que caracteriza muchos versos satíricos y humorísticos de la época, y que consiste en la repetición de detalles groseros, incluso escatológicos, y un tono más jovial que mordaz, de dudoso gusto. Como ejemplos de este *desenfado* pueden verse las descripciones que hace Eugenio Gerardo Lobo de personajes rústicos, vistos exclusivamente por el lado grotesco, seres infrahumanos, menos *personas* aún que las serranas de Juan Ruiz (pp. 54-57). El contraste entre estas aldeanas bestiales y las pastoras idealizadas de los años 1770, o las virtuosas consortes de labradores honrados, de los años 80, es indicio de cómo evoluciona la mentalidad Ilustrada.

Uno de los secuaces más abiertos y deliberados de los autores del XVII fue Diego de Torres Villarroel, cuya autobiografía se ha comparado y hasta confundido con las novelas picarescas del Siglo de Oro, y quien dio a los más conocidos de sus *Sueños morales* el título de *Visiones y visitas de Torres con D. Francisco de Quevedo por la corte.* De esta obra se ha escrito que expresa "reverencia por la centuria anterior, vuelta imaginaria a esta época, síntesis de un estilo a lo Siglo de Oro, y originalidad partiendo de la imitación-emulación"; [2] y lo mismo podría decirse de los versos de D. Diego. En las aldeanas de su villancico (pp. 73 y ss.), menos grotescas que las de Lobo y parientas de los rústicos cómicos que encontramos en los comienzos del teatro castellano, se mezclan pormenores deliberadamente burlescos y un ridículo lenguaje onomatopéyico con un sentimiento religioso de conmovedora sencillez. Salta a la vista que en el relato de la vida de *un sopón, sirviente de estudiante* (pp. 69-72) emplea Torres los lugares comunes de las novelas picarescas y géneros afines: el hambre, el criado que

---

[2] Russell P. Sebold, ed. de Torres Villarroel, *Visiones y visitas* (Madrid, Clásicos Castellanos, 1966), p. lx.

mantiene a su amo, la vieja asquerosa, la ropa harapienta.

El *desenfado* llega a su colmo de prosaísmo y brutalidad en algunas producciones del antes célebre y hoy olvidado Cura de Fruime, Diego Antonio Cernadas y Castro (muerto en 1777), quien consoló *a un viudo inconsolable* diciéndole, entre otras lindezas:

> Porque en florida edad murió tu esposa
> lloras, José, y a mí me causa risa
> ver no adviertes que fue cosa precisa
> cuando era tu mujer como una rosa.[3]

Después de ponderar los horrores de la vejez, acaba esta *Consolatoria* (!) exhortando al amigo a que temple su queja, "ya que te libra tu mujer difunta / del horror de vivir con una vieja". El mismo Cernadas debe de haber sentido que se le había ido la mano, porque en otro soneto sobre el mismo tema se limita a recomendar una viril firmeza en el dolor.

Al lado de las tendencias conceptista y festiva encontramos en la primera mitad del siglo XVIII una poesía barroca de signo culterano. En 1718 la *Soledad tercera* de José de León y Mansilla, posterior en más de un siglo a sus modelos, atestigua la continuada atracción de la poesía gongorina. El máximo representante de esta tendencia en nuestra antología es José Antonio Porcel, miembro de la academia granadina del Trípode y propugnador, con el Conde de Torrepalma, de lo que se ha llamado un conato de "reforma tradicionalista", de depuración y restauración de lo mejor de los grandes barrocos frente a la rutina imitadora y al incipiente neoclasicismo.[4] La obra maestra de Porcel, *El Adonis,* es, desgraciadamente, larga para una colección como ésta; pero en la *Fábula de Alfeo y Aretusa* (pp. 98-102) veremos la excelencia de su

---

3 *Obras en prosa y verso del Cura de Fruime D. Diego Antonio Cernadas y Castro,* I (Madrid: Joaquín Ibarra, 1778), pp. 368-369.
4 Nicolás Marín, *Poesía y poetas del setecientos. Torrepalma y la Academia del Trípode* (Granada, 1971), p. 12.

estilo culterano en descripciones como ésta de Aretusa,
que con sintaxis menos latinizante que la del gran cor-
dobés, imita su riqueza sensual, su desarrollo temático
y su gusto por el oxímoron y las formulaciones anti-
téticas:

> Bajando al pecho de su blanco cuello,
> mucha nieve en dos partes dividía,
> sobre cuyo candor suelto el cabello,
> las hebras de oro el viento confundía;
> así inunda de rayos el sol bello
> nevado escollo al despuntar del día;
> de sus manos, en fin, son los albores
> incendios de cristal, hielos de ardores.

Tampoco falta en Porcel la visión burlesca del mismo
mundo mitológico; su *Acteón* y *Diana* (pp. 102-105)
se parece en esto a los romances burlescos de Góngora
sobre Píramo y Tisbe, o Hero y Leandro.

Un ejemplo de la poesía alegórica clasicista del barroco es la *Canción heroica* de Porcel a los reyes
D. Fernando VI y D.ª María Bárbara de Braganza
(pp. 105-109). En ella, al igual que en las artes gráfi-
cas de la época (piénsese en las portadas de tantos
libros con sus dibujos alegóricos, y en las alegorías
pintadas en los techos de los palacios reales), vemos
cómo se personifica lo abstracto al mismo tiempo que
lo humano se despersonifica y se vuelve estatuario. De
una parte leemos: "Levanta, España, la orgullosa frente, / y en cada afecto préstame un oído"; mas también:

> Bárbara, pues, y bárbara en la parte
> del nombre, por lo afable de sus hechos
> ídolo es culto de españoles pechos,
> si ya no sea que el afecto mismo
> discretamente suene a barbarismo
> cuando la adore de futuro Marte
> fecunda (si es que Febo no me engaña),
> Juno del grande Júpiter de España.
> ¿Me engaño, o del Olimpo bajar veo,
> atropellando nubes de oro y nieve,

seis blancos brutos, conduciendo ufanos,
en carro que del sol los rayos bebe,
la Paz y la Justicia, que al deseo
feliz de nuestros reyes soberanos
se abrazan dulces y se dan las manos?
Volando se adelanta
la sincera Verdad, la Virtud santa,
la Felicidad sigue, prometiendo
quedarse con nosotros, y entre tanto
la Traición, la Lisonja, el triste Llanto,
los pálidos Cuidados y la Guerra,
que hizo en sangre y furor arder la tierra,
al negro abismo de su luz huyendo
precipitados, las espaldas vuelven,
y como al sol las nieblas, se resuelven.

Aquí aparecen tres diosas muy veneradas en la segunda
mitad del siglo, la cual se iba acercando: la Verdad, la
Virtud y la Felicidad (el bienestar). Dejemos aparte
el juego de palabras de los primeros versos, y pre-
guntémonos: entre estas diosas, la Paz y la Justicia
"que se abrazan dulces y se dan las manos", y la
"Juno del grande Júpiter de España", ¿quién es la persona, y quién la abstracción? Tan estatuas parecen
unas figuras como la otra. Este tipo de poesía alegórica se repitió en abundantes composiciones, sobre
todo de circunstancias, relacionadas con academias,
sociedades patrióticas o económicas, concursos, etc. Los
versos de Porcel son tristemente irónicos: al pacífico
Fernando VI le exigen nada menos que la conquista
del Santo Sepulcro, y se imaginan "de futuro Marte /
fecunda" a la "Juno del grande Júpiter de España",
el cual murió sin descendencia, dando lugar a que su
mediohermano el rey de Nápoles le sucediese en el
trono con nombre de Carlos III. En este respecto sólo
pueden compararse con los innumerables vaticinios poéticos ocasionados por el nacimiento de los malogrados
infantes gemelos que dio a luz la Princesa de Asturias, esposa del futuro Carlos IV.

Cuando escribían Porcel, Lobo, el Conde de Torrepalma y otros barrocos del siglo XVIII, se publicó en 1737, *La Poética* de Ignacio de Luzán. Este crítico y preceptista, cuya sólida cultura clásica se había formado y pulido durante su larga residencia en Italia, exigió una poesía —y una literatura en general— más clara, más ordenada y más útil de la que se estilaba. Muchos "descubrimientos" del romanticismo y de la crítica posterior —la influencia árabe en la poesía medieval, la incongruencia de la mitología pagana en la literatura de un pueblo cristiano, el valor estético de la representación de lo feo, la preferencia que el poeta debe dar a la verosimilitud sobre la verdad, la necesidad de deleitar al lector por medio de lo nuevo y extraordinario, los méritos poéticos de Milton, comparables a los de Homero y Virgilio— todo esto se encuentra, en letras de molde, en *La Poética*. Luzán distingue claramente entre la belleza, cuestión del entendimiento, y la *dulzura,* que conmueve los ánimos y que es "el punto principal del deleite poético";[5] y hasta alaba la oscuridad que proceda de la erudición y la elegancia (II, xxi). Pero con todo esto, pide que el poeta evite los defectos que achaca al barroco: la oscuridad de pensamiento, los conceptos pueriles, la inverosimilitud, el amontonamiento de metáforas dobles y triples. Pide un empleo moderado y cuidadoso del lenguaje figurado, claridad, unidad, variedad, regularidad, orden y proporción. Exige además que la poesía sea deleitable o útil (lo cual en su concepto liberal incluye la diversión honesta) o, lo que es mejor, a la vez útil y deleitable. "Omne tulit punctum qui miscuit utile dulci". Esta insistencia en la utilidad de la poesía había de durar lo que el siglo, manifestándose en las fábulas, género útil por excelencia, en abundantes poemas conmemorativos y encomiásticos, y en la poesía filosófica expresiva de los ideales de

---

[5] *La Poética*, Libro II, Capítulo iv. Sigo la numeración de la edición príncipe.

la Ilustración. Además, Luzán concibe la poesía como "imitación de la naturaleza" (I, v), tarea en la cual pueden ayudarnos con su ejemplo los grandes poetas sin ser sus obras los objetos de la imitación. Dentro de poco empezó a privar este concepto sobre la imitación de los grandes autores —v. gr., Góngora y Quevedo— que practicaban los escritores barrocos (Marín, pp. 108-109).

Con todo esto, Luzán se coloca dentro de la tradición clásica, aunque sin ser su esclavo. Entendámonos: la clásica, no la francesa. Las cifras publicadas por Russell P. Sebold[6] muestran que las referencias a autoridades en la edición de 1737 son a autores clásicos en un 53 %, a autores italianos en 22 %, a franceses en 14 % y a españoles en 6 % (hablamos de autoridades, no de poetas citados como ejemplos). La segunda edición, de 1789, arroja porcentajes semejantes, aunque algo más bajos para franceses y más del doble para españoles. El mismo Sebold reconoce que puede criticarse el método estadístico; pero la disparidad entre los porcentajes es tal que por muy aproximados que sean ya no cabe hablar de Luzán como imitador de los franceses, y menos de Boileau, a quien cita un total de seis veces (frente a 173 para Aristóteles, 55 para Horacio y 23 para Quintiliano).

La Poética de Luzán no fue fenómeno aislado. En toda Europa se luchaba por restaurar lo que se llamaba el buen gusto, y por desterrar el malo, identificado con la literatura y el arte barrocos. Los españoles se mostraron en extremo sensibles a las críticas que se les hacían, y especialmente a los ataques contra su teatro del Siglo de Oro. Las ideas de Luzán fueron discutidas, con crítica no exenta de simpatía, por escritores de la talla humanística de D. Juan de Iriarte, autor de una reseña en el Diario de los literatos de España. La reforma del teatro llegó a ser una de las grandes batallas literarias del siglo, no ganada aún en tiempos

6 El rapto de la mente (Madrid, 1970), pp. 57-97.

de Leandro de Moratín. Menos ruidosas fueron las discusiones en torno a la poesía lírica, pero en el fondo se trataba de lo mismo: de sujetar los vuelos libres de la fantasía a la naturaleza y a la razón, y de volver a la tradición clásica y renacentista, abandonando sus excrecencias barrocas. Según Moratín, en quien tal vez influya el deseo de agrandar la gloria innovadora de su padre, al principio el progreso fue poco; pero si como dice este autor, *La Poética* ya "no se leía" en 1760,[7] también es verdad que Luzán había sembrado una semilla fecunda. Prueba de ello, entre otras, el *Parnaso español* (1768-1778) de Juan José López de Sedano, antología en que abundan los versos de Garcilaso, Fray Luis, Arguijo, Rioja, Villegas y otros escritores semejantes más o menos clásicos, junto con los de Lope, Quevedo y Góngora, pero con exclusión de lo más característicamente barroco de estos poetas. Cuando se reeditó el libro de Luzán en 1789 atrajo de nuevo la atención y es citado como autoridad por Jovellanos, quien antes no parece haberse ocupado de él.[8]

Por los años de 1750 surge en España un nuevo teatro y se va formando una nueva poesía que terminará triunfando sobre la barroca. De la misma manera que en ésta hay multiplicidad de direcciones y modalidades, en aquélla también se darán tendencias muy divergentes y hasta al parecer contradictorias. Joaquín Arce, uno de los críticos que más han hecho por romper la etiqueta de *neoclásico* aplicada en globo a todo un siglo y por matizar la realidad poética del XVIII, siempre más compleja que cualquier esquema *a priori*, ha escrito que "en la producción poética del siglo XVIII español se da como normal la coexistencia en el mismo autor de una poesía de alcance limitado, de tono personal y modesto, junto a una poesía de elevadas pretensiones didácticas, sociales o filo-

---

[7] *Vida de don Nicolás Fernández de Moratín*, en *Biblioteca de Autores Españoles*, II (Madrid, 1846), p. VIII, o en las *Obras póstumas* de D. Nicolás (Barcelona, 1821), p. III.

[8] Gaspar Melchor de Jovellanos, *Reglamento para el Colegio de Calatrava*, ed. José Caso González (Gijón, 1964), p. 144.

sóficas. Usando términos muy de hoy, puede constatarse la presencia, casi simultánea, de una literatura de evasión al lado de una literatura comprometida".[9] Muy bien se ve esto en los poetas de la escuela salmantina: Fray Diego Tadeo González, José Iglesias de la Casa, Juan Meléndez Valdés, Juan Pablo Forner y Juan Fernández de Rojas. El poeta central y máximo del siglo es Meléndez, quien en su extensa obra combina las principales corrientes literarias de la segunda mitad del XVIII y recoge cuanto le había precedido, siendo a su vez quien más influye en la generación siguiente, la de Cienfuegos, Quintana y Lista.

Una de las modalidades que la crítica va destacando en la poesía de la segunda mitad del siglo XVIII es la denominada rococó, una poesía de tono menor, "de alcance limitado", caracterizada por un léxico cortesano, refinado, a veces arcaizante, inclinado a la presentación de objetos decorativos, y también por metros cortos de ritmo marcado en "estrofas breves y bien cerradas", por una sintaxis "lineal, sin interrupciones", por exclamaciones, diminutivos, epítetos, colores suaves, paisajes limitados y una mitología "reducida a meras dimensiones domésticas" —es decir, íntimas escenas o menciones de Venus, Cupido y Baco en vez de una grandiosa máquina virgiliana. Los temas preferidos de esta poesía son el amor y la belleza femenina. Predomina en ella "lo aparentemente ingenuo", un "blando patetismo", una "encantadora insignificancia", un "tono de exquisitez y gracia" y "una suerte de seducción placentera de los sentidos".[10] ¿Qué caracterización mejor que ésta podría darse de poemas

9 Joaquín Arce Fernández, "Rococó, neoclasicismo y prerromanticismo en la poesía española del siglo XVIII". en *El P. Feijoo y su siglo (Cuadernos de la Cátedra Feijoo*, N.º 18, Oviedo, 1966), p. 450.

10 Joaquín Arce, "Diversidad temática y lingüística en la lírica dieciochesca", en *Los conceptos de Rococó, Neoclasicismo y Prerromanticismo en la literatura española del siglo XVIII (Cuadernos de la Cátedra Feijoo*, N.º 22, Oviedo, 1970), pp. 35-36; Arce, "Rococó...", pp. 457, 465; F. Bertrán y de Amat, citado en *ibid.*, p. 452; César Real, "La escuela poética salmantina del siglo XVIII", *Boletín de la Biblioteca de Menéndez Pelayo*, XXIV (1948), pp. 336-337.

de Meléndez tales como *El Amor mariposa, De mis niñeces, El abanico* y *El lunarcito,* o del de Iglesias, *La rosa de abril?*

Esta poesía rococó está íntima aunque no exclusivamente vinculada a lo bucólico y lo anacreóntico, que experimentan en la época que nos ocupa su último gran florecimiento. Estos géneros, derivados de la Antigüedad, fueron cultivados en los siglos XVI y XVII por poetas del calibre de Garcilaso, Lope y Esteban Manuel de Villegas, quien precisamente hacia fines del XVIII gozó de una renovada popularidad. Entonces les dio nuevo vigor José de Cadalso, y de él pasaron a sus discípulos los salmantinos. Cadalso fue un espíritu complejo que combinaba un exaltado sentimiento del deber patriótico y de la necesidad de actuar en el mundo ("No basta ser bueno para sí y para otros pocos; es preciso serlo o procurar serlo para el total de la nación", escribe su Nuño Núñez en la LXX de las *Cartas marruecas*) con un profundo desengaño y una añoranza permanente de la vida retirada que según su moro Gazel es "de las pocas que pueden ser apetecibles, ... la única que me parece envidiable" (Carta LXIX). El mismo Nuño declara que "días ha que vivo en el mundo como si me hallase fuera de él" (Carta VII). Esta actitud horaciana, el aprecio de la *aurea mediocritas, procul negotiis,* es la que hallamos en las anacreónticas de Cadalso.

Es fácil parodiar al "pastor Clasiquino" y acusar de artificialidad a esta poesía. Cualquier estilo claramente definido se presta a la parodia, cosa que comprendieron Quevedo al burlarse de Góngora, y Mesonero Romanos al ridiculizar a los románticos. Y el mundo pastoril es, desde luego, un mundo artificial. Conviene recordar, empero, que esta artificialidad no equivale a falsedad. Lo bucólico es una convención literaria, lo cual no tiene nada de intrínsecamente malo, ya que toda literatura y todo arte son convención. El verso es una manera convencional de expresarse que no corresponde al habla cotidiana, y el drama emplea

multitud de convenciones. ¿Con qué derecho conde-
nará el convencionalismo de la poesía bucólica quien
acepte que el Cid Campeador hable en redondillas y
que Julio César se exprese en pentámetros yámbicos...
y en inglés?

La artificialidad de la poesía bucólica es deliberada.
Sus autores no ignoraban cómo era la naturaleza y cómo
la vida de los rústicos; pero no se proponían describir esto, sino crear un mundo ideal, una naturaleza
ideal y personajes ideales y sencillos cuyos sentimientos se expresaran en un ambiente casi paradisíaco,
libre de culpa y de todo cuidado menos, tal vez, el
de unos celos leves y pasajeros como nubes de primavera. Más que amorosa, ésta tiende a ser poesía
galante, si la galantería, como dice Montesquieu, "n'est
point l'amour, mais le délicat, mais le léger, mais le
perpétuel mensonge de l'amour". [11] En general, no da
la impresión de haber nacido de grandes pasiones, sino
de un juego erótico de aparente inocencia mezclada
con buena dosis de sensualidad —la misma sensualidad que una vez sacada del marco bucólico puede
llevarnos a ciertas procacidades de Iglesias y al *Arte
de las putas* de Nicolás de Moratín.

La vida real, en el siglo XVIII como hoy, no se parecía a la poesía bucólica; pero la verdad profunda de
esta poesía no consiste en un retrato de aquella vida,
sino en el anhelo de otra, más sencilla, más pura, más
dulce, de una sensualidad que combinase todas las
delicias del pecado y de la inocencia. Ésta es la verdad
que vemos en *La barquerilla* del mismo Nicolás de
Moratín (pp. 137-141), que transforma un rincón al-
carreño en jardín encantado, habitado por una sirena
de cautivadora gracia juvenil. ¿Qué sentimos, sino nos-
talgia de otra vida y de ese otro mundo personificados
por la joven, en los conmovedores versos finales: "Salgo a la tierra / no deseada / cuando la noche / del
cielo baja. / 'Adiós, barquera', / dije, 'gallarda, /

11 *De l'Esprit des lois*, Libro XXVIII, Capítulo XXII.

adiós ...' Y al labio / la voz le falta"? ¿Ni de qué
trata la oda *De mis niñeces,* de Meléndez (p. 232),
sino del precioso y fugaz momento en que la candidez descubre el amor? Acertadamente se ha llamado el rococó "un sueño de felicidad". [12]

Además, el disfraz bucólico facilita la expresión algo
indirecta de los sentimientos. Aunque Nicolás de Moratín escribiese un poema bastante obsceno y su hijo
Leandro llevase una vida poco ejemplar, en todos estos poetas hay, frente al público y aun frente a sus
lectores amigos, cierto pudor que les hace grata la
convención pastoril. Esto será hipocresía, pero no su-
pongamos que la sinceridad sea una virtud poética.
Tan convencional y tan "falsa" como el disfraz pastoril —y a Dios gracias— es la obsesiva y cargante
desnudez de algunos poetas de nuestros días.

Conviene, pues, que leamos esta poesía sin prejui-
cios, aceptándola en los términos en que se nos presenta, como lo hacemos con cualquier otra expresión
artística. Sus resortes son la tensión entre la finura y
exquisitez que retrata y el mundo real del que parte,
y el deseo de una vida sencilla precisamente en
aquéllos que no la llevaban ni podían llevarla. La
sensibilidad que la informa hay que comprenderla si
queremos comprender los últimos decenios del Antiguo
Régimen. Un investigador alemán sugiere que el acon-
tecimiento que más que ningún otro señala el comienzo
del romanticismo es el fin de la poesía pastoril. [13]

La poesía rococó coincide con la difusión en España
de la filosofía sensualista. En 1776 Meléndez le escribe a Jovellanos que se ha aprendido de memoria (!)
el *Ensayo sobre el entendimiento humano* de Locke,

---

[12] Rémy G. Saisselin, "The Rococo as a Dream of Happiness",
The Journal of Aesthetics and Art Criticism, XIX (1960-1961),
pp. 145-152.

[13] Wolfram Krömer, *Zur Weltanschauung, Ästhetik und Poetik
des Neoklassizismus und der Romantik in Spanien* (Spanische Forschungen der Görresgesellschaft, ed. Johannes Vincke, Serie 2.ª, vol.
13, Münster, 1968), p. 229.

al cual "debo y deberé toda mi vida lo poco que sepa discurrir" (*Biblioteca de Autores Españoles*, LXIII, 73). Siendo la poesía amorosa o galante ya de suyo sensual, no podía sino reforzar esta sensualidad una manera de ver el mundo como la de Locke, y aún más la de Condillac, que se difundía al mismo tiempo y que da la primacía a los sentidos en la formación de nuestros conocimientos. Según César Real, fue Cadalso quien llevó a los salmantinos la "estética hedonista" del sensualismo, que concibe el arte y los juicios sobre el arte como dependientes "principalmente del sentimiento, siendo la poesía esencialmente un arte que deleita". [14]

El sensualismo fue sólo una parte del pensamiento Ilustrado. Al mismo tiempo se propagaron el sentimiento filantrópico y una nueva sensibilidad religiosa, más íntima y más puritana —el mal llamado *jansenismo* de fines del siglo XVIII. Estas tendencias, y otras afines, encontraron su expresión en la poesía cívica, científica y filosófica. Tales versos sensualistas, filantrópicos e Ilustrados son los que Joaquín Arce llama prerrománticos ("Diversidad temática", pp. 38, 42). Russell P. Sebold, partiendo de la misma relación entre las Luces y esta poesía (analiza particularmente el poema de Cadalso *A la muerte de Filis*) sugiere que "en lugar de distinguir entre el prerromanticismo y el romanticismo, sería quizá más a propósito hablar en términos del romanticismo en las últimas décadas del siglo XVIII y del romanticismo manierista consciente en el siglo XIX".[15] Aparte la diferencia terminológica, el razonamiento de Sebold no me parece contradecir el análisis de Arce en cuanto a la relación poesía-Ilustración. El vinculo entre los románticos del siglo XIX y la doctrina poética del XVIII viene también

14 "La escuela poética salmantina del siglo XVIII", pp. 349-350.
15 "La filosofía de la Ilustración y el nacimiento del romanticismo español", en *Trayectoria del romanticismo español desde la Ilustración hasta Bécquer* (Barcelona, 1983), p. 103. Véase el desarrollo de la misma idea en el libro de Sebold, *Cadalso: el primer romántico "europeo" de España* (Madrid, 1974).

estudiado, con resultados semejantes, en el libro de Krömer citado en la nota 13.

En el desarrollo de esta poesía ilustrada es primario el papel de Gaspar Melchor de Jovellanos, quien durante los años 70, por su prestigio personal y el modelo de sus versos, impuso a la escuela de Salamanca su concepto grave de la misión poética. La *Carta de Jovino a sus amigos salmantinos* [16] exhorta a éstos a que abandonen los frívolos temas amorosos y se dediquen a servir a la patria por medio de composiciones de más alto vuelo. A Jovellanos se le ha acusado de violar la idiosincrasia poética de sus amigos, cargo contra el cual le defienden Arce y José Caso González. [17] Por las cartas de Meléndez (*BAE*, LXIII, 73-83) se ve que las ideas Ilustradas no cogían de nuevo a los salmantinos. Caso ha mostrado que ellos mismos pensaban en términos análogos a los de Jovellanos; César Real habla también de un deseo de tomar contacto con la realidad de los tiempos y de un agotamiento de los temas bucólicos y anacreónticos (pp. 362-363), aunque a la verdad éstos siguen cultivándose. Lo indiscutible es que aparece una poesía nueva —ilustrada, prerromántica, o romántica— y el hecho de que sea precisamente este lado de los salmantinos, y más concretamente de Meléndez, el que más influye en la generación siguiente. [18]

No sólo aleccionó Jovellanos a sus amigos en la referida *Carta,* sino que en sus propios versos inició una renovación de la poesía castellana. Su elegía *A la ausencia de Marina* (pp. 162-163) y, más tarde, sus sátiras

---

16 *BAE*, L, pp. 37-39, o mejor, *Poesías*, ed. José Caso González (Oviedo, 1961), pp. 117-128.

17 Arce, "Jovellanos y la sensibilidad prerromántica", *Boletín de la Biblioteca de Menéndez Pelayo*, XXXVI (1960), pp. 155-156; Caso, ed. de Jovellanos, *Poesías,* pp. 34-36 y las notas de las pp. 447-453.

18 Caso, ed. de Jovellanos, *Poesías,* p. 36; cf. Real, pp. 362-363, y Vicente Llorens Castillo, *Liberales y románticos: una emigración española en Inglaterra (1823-1834)* (Publicaciones de la *Nueva Revista de Filología Hispánica*, III, Méjico, 1954), p. 311. Hay edición española, Madrid, Castalia, 1968.

(véase, p. ej., la Primera, versos 45 y ss., p. 175) emplean un lenguaje realista, lleno de expresiones fuertes y objetos de la vida diaria, prohibidos en la poesía de salón y el ambiente pastoril. Lo ordinario, que en los poetas barrocos sólo servía fines humorísticos, adquiere "categoría poética" con Jovellanos. No es que "poetice" lo cotidiano, sino que lo lleva, directamente observado y sin ambages, a la poesía. Comparte la nueva preferencia por el verso endecasílabo suelto, el más cercano a la prosa, y lo moldea a un ritmo a veces entrecortado, interrumpido, como una prosa que saliese de un pecho agitado. El mismo estilo (aplicado, además, a un tema parecido al de Jovino) volvemos a encontrarlo en Meléndez (*La partida,* p. 255) y, aún más innovador, en Cienfuegos (*Un amante al partir su amada,* pp. 327-331). [19]

Meléndez nos ejemplifica el lado ideológico de la poesía prerromántica cantando al labrador en su romance *Los aradores,* de arranque casi machadiano (p. 248), condenando la ociosidad orgullosa de los cortesanos en *El filósofo en el campo* (pp. 259 y ss.), y expresando la religiosidad al mismo tiempo intimista, panteísta y filantrópica de la Ilustración en algunas de sus *Odas filosóficas y sagradas* (pp. 267 y 273). Su oda *Al sol* (pp. 269-273), contrastada con la que al mismo astro dirigió Espronceda, muestra lo que va del luminoso orden que adora el Ilustrado al satanismo pesimista del romántico. La filosofía ilustrada sobrevive en las odas de Quintana *A la invención de la imprenta* y *A la expedición española para propagar la vacuna en América,* temas que a algunos les parecerán poco poéticos, pero que corresponden a una poesía útil, al servicio de la humanidad y de lo que se concebía como progreso. Son temas ideales para estos poetas "comprometidos", a quienes Joaquín Arce aplica la fórmula: "Corazón sensible y mente despe-

---

19 Véase, sobre lo que precede, Arce, "Rococó...", pp. 470, 475, y "Diversidad temática", pp. 40 y ss., 45-48.

jada: ése es el hombre del Prerromanticismo" ("Diversidad temática", p. 43). Y este hombre, en este tipo de poema, busca la claridad de expresión para propagar las verdades filosóficas, evita distraer al lector con metáforas brillantes o ritmos adormecedores, y emplea con preferencia los endecasílabos sueltos y las silvas (*ibíd.*, p. 40). Sus descripciones de la naturaleza, rústica pero no pastoril, son más realistas que las del rococó (Sebold, "Enlightenment Philosophy", pp. 118 y ss.).

Igualmente "útil" por celebrar los grandes acontecimientos patrios es la poesía épica, cultivada por José María Vaca de Guzmán y Nicolás de Moratín, entre otros, y que no se incluye en esta antología a causa de su extensión. Más útil todavía es la poesía didáctica, que triunfa en el género tan dieciochesco de las fábulas, representado aquí por Félix María Samaniego y Tomás de Iriarte. Nada mejor para *enseñar deleitando* que estas obritas de rancia tradición clásica y de una popularidad que se conserva en ediciones de hoy. Iriarte, partidario acérrimo de la utilidad poética, publicó también una traducción del *Arte poética* de Horacio y un poema didáctico original, *La Música,* célebre en sus tiempos y traducido a varias lenguas extranjeras. El éxito de la poesía didáctica se refleja en la aparición de poemas didácticos burlescos, tales como el ya mencionado *Arte* de Moratín padre.

Joaquín Arce habla también de un "estilo magnífico de la poesía pindárica [y herreriana] que termina prefiriendo el mundo oriental al clásico con grandiosas imágenes de bíblica sublimidad" ("Rococó...", página 469). En esta línea podríamos colocar la oda de Nicolás de Moratín *A Pedro Romero*; y podríamos rastrear la tendencia grandilocuente en las odas de Quintana, robustas hijas de la poesía filosófica de Meléndez, [20] y en algunas obras de la escuela sevillana que

---

[20] Marcelino Menéndez Pelayo, "Quintana considerado como poeta lírico", en *Estudios y discursos de crítica literaria,* IV (vol. IX de la ed. nacional de *Obras completas,* Santander, 1942), p. 243.

muy a fines del siglo constituyen, entre otros, Lista, Arjona y Marchena.

Finalmente, debemos fijarnos en aquellos poemas controlados, equilibrados, de forma conscientemente elaborada y de gusto refinado y severo, a los que Arce da el nombre de neoclásicos, distinguiendo este neoclasicismo finisecular del clasicismo o actitud clasicista que tiene sus comienzos en Luzán ("Rococó...", pp. 472-477). Esta modalidad, cuya aparición "coincide ... con el auge prerromántico", incluye a Leandro de Moratín, Arriaza, a ratos también a Quintana y Lista, y a un poeta que por la fecha de su nacimiento (1808) excede de nuestros límites cronológicos, Cabanyes. La *Elegía a las Musas,* de Moratín (pp. 295-297), representa bien la sobria dignidad de este tipo de poesía; y es instructivo comparar las agitadas silvas de Quintana en su oda *A España, después de la Revolución de Marzo* (pp. 380-385) con el dominio de elegantes formas que tratando de un tema también patriótico exhibe Lista en su oda *A Sagunto* (pp. 393-394).

Todos los poetas que venimos destacando escribieron dentro de la tradición poética española, y, por supuesto, la clásica, de la cual aquélla es inseparable. Aunque los de la segunda mitad del siglo rechazan en general a los poetas barrocos, los conocen muy bien, e imitan gustosos sus composiciones menos culteranas (véanse, por ejemplo, los romances moriscos de Vicente García de la Huerta y Nicolás de Moratín y algunas poesías satíricas de Cadalso e Iglesias). Pero simpatizan con los grandes autores del siglo XVI, con Fray Luis de León y Garcilaso, reeditados ahora, y más de una vez, después de una larga ausencia de las imprentas españolas. [21] A través de estos poetas españoles, y también por conocimiento directo, llega la influencia de Virgilio, sobre todo del bucólico, de Horacio y de la poesía anacreóntica. Entre los modernos, los idilios de Salomón Gessner ("bucolismo humanitario", en

---

21 Guillermo Díaz-Plaja, *La poesía lírica española* (Barcelona, 1937), p. 232.

frase de Fernando Lázaro) [22] y la poesía descriptiva de
la naturaleza de James Thomson y Jean François Saint-
Lambert dejaron su huella en los salmantinos y los sucesores de éstos, como quizás también la dejara la
poesía satírica de Giuseppe Parini. Recordemos igualmente la ola de ternura que habiéndose nutrido en las
obras de Samuel Richardson, Rousseau y Diderot, inundó la Europa del XVIII. En España vemos llorar y
hacer la apología de las lágrimas a Jovellanos y Meléndez; notamos la predilección rococó por lo pequeño, tierno y delicado; y podemos comparar una consolatoria como la de Cienfuegos *A un amigo en la
muerte de un hermano* (pp. 331 y ss.) con la ya citada
de Cernadas y Castro. Donde más priva la influencia
extranjera es en el ideario Ilustrado, aunque conviene
recordar que la Ilustración, si bien recibió sus primeros impulsos de Inglaterra, fue un movimiento
paneuropeo y por eso igualmente español.

Tantas influencias demuestran que la poesía española del siglo XVIII no se hallaba estancada sino que
vivía con plena conciencia de su propia tradición y de
las corrientes poéticas extranjeras. Si el "afrancesamiento" de esta poesía es, según hemos visto, un mito
en lo teórico, tanto o más lo es en la práctica; y quien
la condene de extranjerizante y "antiespañola" también tendrá que condenar de antiespañol a Cervantes
por haber imitado a Ariosto, y a Garcilaso de la Vega
por haber escrito liras y sonetos, y de antiinglés a
Shakespeare, quien como aquéllos se sirvió de fuentes
italianas.

Según vamos entrando en el siglo XIX, o acercán-
donos a él, vemos que en algunos poetas se desarrolla
el elemento realista mientras que en otros se acentúa
la nota emocional —se acentúa, pero no se inventa, ya
que la poesía anterior no es de ningún modo "fría".

---

[22] "La poesía lírica en España durante el siglo XVIII", en Guillermo Díaz-Plaja, ed., *Historia general de las literaturas hispánicas*, vol. IV, 1.ª Parte (Barcelona, 1956), p. 73.

Después vendrá el romanticismo, menos nuevo de lo que se cree y de lo que él se decía, ya que gran parte de cuanto se supone típicamente romántico existe ya con pleno vigor en el siglo XVIII: la pasión, los temas medievales, la nota tétrica, etc. Incluso el panteísmo egocéntrico de los románticos procede de la Ilustración;[23] y en la versificación fueron los poetas del XVIII, sobre todo los de su segunda mitad, quienes preservaron los metros y las estrofas tradicionales, resucitaron otros ya olvidados e innovaron para beneficio de sus sucesores.[24] El romanticismo, como es lógico, aunque a veces se olvide, procede de los movimientos poéticos de la época anterior, no directamente del Siglo de Oro, con el cual no guarda más que un parentesco lejano.[25]

Si los poetas españoles del siglo XVIII no siempre han sido muy estimados, creo que esto en el fondo obedece a que hayan sido poco editados y por consiguiente poco leídos. Aunque en los últimos años han salido, por fin, ediciones esmeradas de algunos de ellos, me parece que para el lector no especializado sigue siendo difícil el lograr una visión de conjunto. Por este motivo, con los criterios expuestos en la *Nota previa* que sigue a estas líneas, y con la esperanza de que se les lea y que puedan hablar por sí mismos, me atrevo a hacerlos accesibles en la colección de Clásicos Castalia, donde vuelven así a oírse

esta sonante lira y flautas de oro.

John H. R. Polt
Oakland, mayo de 1971
Madrid, septiembre de 1973

---

[23] V. Sebold, "Enlightenment Philosophy", y Krömer.
[24] V. Dorothy C. Clarke, "Some observations on Castilian Versification of the Neoclassic Period", *Hispanic Review*, XX (1952), pp. 223-239.
[25] V. Krömer, pp. 42-46, 224, 226-227.

BIBLIOGRAFÍA SELECTA

L A bibliografía individualmente referida a los autores cuyos versos constituyen esta antología precede a sus respectivas obras. Debo advertir que no he tratado de dar bibliografías completas, que para escritores como Jovellanos y Cadalso serían muy extensas, sino de señalar las ediciones utilizadas o más accesibles de sus poesías y los estudios relacionados con éstas.

Como obras de interés más general con respecto a la poesía del siglo XVIII sugiero las siguientes:

Aguilar Piñal, Francisco. *Bibliografía de autores españoles del siglo XVIII*. Esta que será bibliografía monumental en varios tomos empezó a publicarse en Madrid, 1981.

———. *Bibliografía fundamental de la literatura española. Siglo XVIII*. Madrid, 1976.

Alborg, Juan Luis. *Historia de la literatura española*. Tomo III: *Siglo XVIII*. Madrid, 1972. Véanse especialmente las pp. 365-534, con abundantes referencias bibliográficas.

Arce, Joaquín. *La poesía del siglo ilustrado*. Madrid, 1981.

Caso González, José Miguel, ed. *Ilustración y neoclasicismo* (*Historia y crítica de la literatura española,* ed. general Francisco Rico, IV), Barcelona, 1983. Libro de consulta muy recomendable para toda la literatura del siglo XVIII, contiene artículos sobre varios autores incluidos en la antología presente.

Clarke, Dorothy Clotelle. "Some Observations on Castilian Versification of the Neoclassic Period". *Hispanic Review*, XX (1952), 223-239.

Cotarelo y Mori, Emilio. *Iriarte y su época*. Madrid, 1897.

Cueto, Leopoldo Augusto de. *Historia crítica de la poesía castellana en el siglo* XVIII. 3.ª edición, corregida y aumentada. 3 vols. Madrid, 1893. [Este estudio ya había aparecido, con título semejante, en el tomo I de la obra siguiente, pp. V-CCXXXVII.]

———. ed. *Poetas líricos del siglo* XVIII. 3 vols. (*Biblioteca de Autores Españoles,* LXI, LXIII, LXVII). Madrid, 1869-1875.

Díaz-Plaja, Guillermo. *La poesía lírica española.* Barcelona, 1937. Pp. 221-300.

Glendinning, Nigel. *A Literary History of Spain: The Eighteenth Century.* Londres y Nueva York, 1972. Traducción española de Luis Alonso López: *Historia de la literatura española: El siglo* XVIII. Barcelona, 1973.

La literatura española del siglo XVIII *y sus fuentes extranjeras* [conferencias de Joaquín Arce, Nigel Glendinning y Lucien Dupuis]. *Cuadernos de la Cátedra Feijoo,* N.º 20. Oviedo, 1968.

Lázaro, Fernando. "La poesía lírica en España durante el siglo XVIII", en Guillermo Díaz-Plaja, ed., *Historia general de las literaturas hispánicas.* Vol. IV, 1.ª Parte. Barcelona, 1956. Pp. 31-105.

Real, César. "La escuela poética salmantina del siglo XVIII". *Boletín de la Biblioteca de Menéndez Pelayo,* XXIV (1948), 321-364.

Rodríguez de la Flor, Fernando. "Aportaciones al estudio de la escuela poética salmantina (1773-1789)". *Studia Philologica Salmanticensia,* N.º 6 (1982), 193-229.

Sebold, Russell P. "Enlightenment Philosophy and the Emergence of Spanish Romanticism", en A. Owen Aldridge, ed., *The Ibero-American Enlightenment.* Urbana: University of Illinois Press, 1971. Pp. 111-140. Versión castellana en *Trayectoria del romanticismo español desde la ilustración hasta Bécquer* (Barcelona, 1983), pp. 75-108.

———. *El rapto de la mente: Poética y poesía dieciochescas.* Madrid, 1970.

Sempere y Guarinos, Juan. *Ensayo de una biblioteca española de los mejores escritores del reynado de Carlos III.* 6 vols. Madrid, 1785-1789.

NOTA PREVIA

Al escoger los poemas que constituyen la presente
antología me he propuesto, en primer lugar, hacer ase-
quible a un público general y en forma cómoda y
fidedigna lo mejor de la producción poética del siglo XVIII. Algunas composiciones, como las de Álvarez de Toledo, bien pueden ser de fines del XVII, mientras que con otras —de Moratín hijo y de Lista, por
ejemplo— ya entramos bastante en el XIX; pero todos
los autores pueden ser adscritos al setecientos, y la
gran mayoría de los poemas cae entre los límites tem-
porales de 1701 y 1808, cuya justificación general he
esbozado en la Introducción.

Repito que he buscado la mejor poesía del XVIII,
y no necesariamente la más representativa ni la que
tenga sólo un valor histórico, por grande que éste
sea. La selección es, por consiguiente, tan falible como
mis gustos. Éstos, empero, no han sido mi único criterio. También me he ceñido a poemas que por su
extensión pueden incluirse enteros, regla a la cual sólo
he permitido una excepción, un fragmento de *Las
edades* de Fray Diego González, obra de todos modos
inconclusa.

He tratado de encontrar para el lector una vía media entre la antología monumental de D. Leopoldo
Augusto de Cueto, publicada en la *Biblioteca de Autores Españoles,* y alguna otra más moderna. Ésta me
parece que da los textos en forma poco correcta y

excesivamente truncada. Aquélla, con sus casi dos mil páginas de letra microscópica, es de manejo molesto; y además, omite a varios autores, entre ellos algunos que precisamente por su importancia han merecido sus propios tomos en la *BAE*. Por fin, los textos de Cueto tampoco son siempre de fiar. A pesar de todo esto, he utilizado sus tres volúmenes como punto de partida para mi antología, suplementándolos con otras ediciones y comparando los textos siempre que me ha sido posible. En general he dado la preferencia a ediciones preparadas por los autores mismos o a ediciones críticas posteriores, buscando para cada poeta la colección más completa y más correcta.

En todos los casos, incluso cuando sigo un texto de la *BAE,* he modernizado ortografía, acentuación y puntuación, a menos que se trate de una forma de posible interés lingüístico. No pretendiendo mi edición los honores de crítica, doy sólo las variantes de interés especial.

Quisiera expresar aquí mi agradecimiento a cuantos me han ayudado con datos y consejos, y especialmente a mi amigo y colega D. Luis Monguió.

Finalmente, supongo que entre los reparos a que pueda dar pie la lectura de este tomo predominarán dos: ¿Cómo se le ha ocurrido incluir estos versos? ¿Por qué faltan aquí tales otros? A ellos yo sólo podría contestar con la reiteración de mis criterios, permitiéndome además conjeturar que de estas preguntas nacen las antologías.

J. H. R. P.

NOTA ADICIONAL A LA CUARTA EDICIÓN

AUNQUE al preparar esta antología me proponía, como digo arriba, hacer asequibles los textos "en forma cómoda y fidedigna", tropecé en atribuir a Fray Diego Tadeo González la oda *A la muerte de don José Cadalso* que aparece en las pp. 115-118. La tomé de la edición de 1796 de las *Poesías* de González, sin haberme fijado en que Cueto la incluye entre las obras de José María Vaca de Guzmán *(Biblioteca de Autores Españoles,* LXI, pp. 291-292). La edición dieciochesca de Vaca de Guzmán, que es la que utilicé, no contiene esta oda; pero la "Advertencia al lector" que encabezaba las *Poesías* de González en su edición de 1812 (Madrid, Repullés), edición que yo no había consultado, dice que "[a] poco tiempo de haberse dado a luz las Poesías de M. González, fue advertido su editor por un personaje respetable de haber padecido la equivocación de atribuir a este Poeta una hermosa oda en sáficos y adónicos a la muerte de don José Cadalso, que era composición del sabio cantor de las Naves de Cortés", por lo cual esta oda se suprime en 1812. El cantor de las Naves de Cortés, premiado en 1778, fue Vaca de Guzmán.

Para no descomponer el libro y por seguir gustándome el poema lo dejo en su sitio, introduciendo las advertencias oportunas en notas. En la versión que da Cueto hay algunas variantes, en general de poca monta; la más notable es que dice "Muere Cadalso" donde la nuestra reza "Murió Cadalso".

J. H. R. P.

POESÍA DEL SIGLO XVIII

GABRIEL ÁLVAREZ DE TOLEDO
PELLICER Y TOVAR

Nació en Sevilla, de familia noble, el 15 de marzo de 1662. Ocupó varios puestos distinguidos en la administración pública, incluso el de bibliotecario mayor del rey; y en 1713 fue uno de los fundadores de la Real Academia Española. Murió en Madrid el 17 de enero de 1714.

MANUSCRITO

Poesías varias... recoxidas por D. Miguel Ioseph Vanhufel, Secretario del Excmo. Sr. Duque de Alburquerque. 1741. Madrid, Biblioteca Nacional, Ms. 1581.

EDICIONES

Obras posthumas poeticas, con la Burrumaquia [sic], ed. Diego de Torres Villarroel. Madrid: En la Imprenta del Convento de la Merced, 1744.
BAE, LXI.

ESTUDIO

Sebold, Russell P. "Un 'padrón inmortal' de la grandeza romana: en torno a un soneto de Gabriel Álvarez de Toledo", en *Studia hispanica in honorem R. Lapesa*. Madrid, 1972. Tomo I, pp. 525-530.

Con algunos cambios de puntuación sigo la edición de Cueto, quien dice haber consultado varios manuscritos, y cuyo texto es más correcto que el de Torres.

SONETOS

LA MUERTE ES LA VIDA [1]

Esto que vive en mí, por quien yo vivo,
es la mente inmortal, de Dios criada
para que en su principio transformada
anhele al fin de quien el ser recibo.

Mas del cuerpo mortal al peso esquivo   5
el alma en un letargo sepultada,
es mi ser en esfera limitada
de vil materia mísero cautivo.

En decreto infalible se prescribe
que al golpe justo que su lazo hiere   10
de la cadena terrenal me prive.

Luego con fácil conclusión se infiere
que muere el alma cuando el hombre vive,
que vive el alma cuando el hombre muere.

A ROMA DESTRUIDA

Caíste, altiva Roma, en fin caíste,
tú, que cuando a los cielos te elevaste,
ser cabeza del orbe despreciaste,
porque ser todo el orbe pretendiste.

Cuanta soberbia fábrica erigiste,   5
con no menor asombro despeñaste,
pues del mundo en la esfera te estrechaste,
¡oh Roma! y sólo en ti caber pudiste.

Fundando en lo caduco eterna gloria,
tu cadáver a polvo reducido   10
padrón será inmortal de tu victoria,

porque siendo tú sola lo que has sido,
ni gastar puede el tiempo tu memoria,
ni tu ruina caber en el olvido.

1 La edición de 1744 trae versiones bastante diferentes de estos
sonetos, sobre todo del primero; mas es superior la versión de Cueto,
por lo cual la sigo, menos en el verso segundo del primer soneto,
donde puntúa: "la mente inmortal de Dios, criada".

EUGENIO GERARDO LOBO

Nació de familia noble en Cuerva (Toledo) el 24 de septiembre de 1679 y siguió la carrera militar, tomando parte en la Guerra de Sucesión y en varias campañas en África e Italia. Se le concedió el hábito de la Orden de Santiago, y fue gobernador militar y civil de Barcelona. Lobo escribió algunas comedias y cultivó los géneros típicos de la poesía de sus tiempos: versos festivos, de conceptos amorosos, etc. Murió de una caída de caballo en agosto de 1750.

EDICIONES

Obras varias. Sevilla: Francisco de Leefdael, 1713. [Un tomo en que cada obra lleva su propio título y su paginación aparte.]

Selva [*sic, ¿por Salva?*] *de las Musas, que en elegante construcción poëtica, prorrumpe la facundia de D. ...* Cádiz: Gerónymo de Peralta, 1717.

Obras poéticas. Pamplona: Joseph Ezquerro, 1724.

Obras poéticas. Pamplona: Joseph Ezquerro, 1729.

Obras poeticas lyricas, que su autor ... ha cedido a la Congregación de la Milagrosa Imagen de N. Señora de Peña Sacra, que se venèra en el Real de Manzanares. Madrid: Imprenta Real, 1738.

Obras poéticas. 2 vols. Madrid: En la Oficina de Joachin Ibarra, 1758.

Obras poéticas. Nueva edicion, corregida, y aumentada con muchas Piezas posthumas, en verso, y prosa, y obras ineditas de diversos Autores. 2 vols. Madrid: En la Imprenta de Miguel Escribano, 1769.

BAE, LXI.

ESTUDIO

Rubio, Jerónimo. "Algunas aportaciones a la biografía y obras de Eugenio Gerardo Lobo". *Revista de Filología Española,* XXXI (1947), 19-85.

Para el soneto *Receta para ser gran soldado* sigo el texto de las ediciones de 1717, 1724 y 1729, únicas en que aparece. En lo demás sigo las ediciones de 1738, 1758 y 1769. De las numerosas variantes que ofrecen las ediciones de 1713, 1717, 1724 y 1729, doy en nota la única que tiene mayor interés.

SONETOS

ES DIFÍCIL LA ENMIENDA EN LA VEJEZ

Gusté la infancia sin haber gozado
el dulcísimo néctar que bebía;
pasé la adolescencia en la porfía
de estudio inútil, mal aprovechado;
la juventud se lleva Marte airado,   5
Amor injusto, rústica Talía,
sin acordarme que vendrá algún día
la corva ancianidad con pie callado.
Y cuando llegue, que será temprana,
¿qué empresa entonces seguiré contento?   10
¿La de triunfar de mí? ¡Ceguera insana,
esperar el más arduo vencimiento
quien el día perdió, con su mañana,
en la noche infeliz del desaliento!

* * *

Tronco de verdes ramas despojado,
que albergue en otra edad fuiste sombrío
y estás hoy al rigor de enero frío
tanto más seco cuanto más mojado,
dichoso tú, que en ese pobre estado   5
aun vives más feliz que yo en el mío;
infeliz yo, que triste desconfío
poder ser, como tú, de otro envidiado.
Esa pompa que ahora está marchita,
por aquella estación florida espera   10
que aviva flores, troncos resucita.
Forma el año su giro, y lisonjera
la primavera a todos os visita;
sólo para mi amor no hay primavera.

* * *

Aquel peñasco a quien el mar azota
por verle en su dureza castigado,
y sólo encuentra, a fuerza de obstinado,
la espuma en su rigor deshecha y rota;
    aquel a cuya cumbre no alborota   5
tanto triste suspiro articulado,
que en ecos vuelven al opuesto lado
porque en su seno la piedad no acota;
    comparando a mi amor su resistencia,
en su inmovilidad querrá decirme   10
que es igual su constancia a mi paciencia.
    En vano ¡oh peña! intentas persuadirme:
tan noble amor no admite competencia;
tú más duro serás, es él más firme.

RECETA PARA SER GRAN SOLDADO

Mucho galón, y un blondo peluquín,
un latiguillo, y bota a lo dragón,
ir al Prado en caballo muy trotón,
y llevar a la mano otro rocín;
    decir: "¿No entiende, Eugenio, lo del Rin?",   5
mirar muy de falsete un escuadrón,
y en todo caso vaya, en la ocasión,
primero que a las balas, al botín;
    ser siempre de contrario parecer,
de todos los que mandan, decir mal,   10
y después ir con ellos a comer;
    pretender, y quejarse de fatal;
que con estas liciones podrá ser
en un mes un gallina general.

Acompañó a un regalo de perniles y chorizos al exce-
lentísimo señor Conde de Aguilar (quien fue muy
dado a la filosofía moderna) con este

ROMANCE

De la mejor biblioteca
de este país, mi atención
remite esos tomos; nadie
tan sabio como su autor.

Sobre la misma materia   5
van, de buen comentador,
unos chorizos al margen,
a manera de adición.

Repásalos poco a poco,
pues que más se aprovechó   10
en bucólicas de plato
que en ideas de Platón.

Deja a Cartesio, a Diveo,
Maignan,[2] Gasendo y Bacón,
que aunque todos saben bien,   15
un pernil sabe mejor.

¿Qué te importa que sea el todo
entidad distinta o no
de sus partes, si lo mismo
son torreznos que jamón?   20

Deja que materia y forma
se distingan en rigor,
pues que nunca te deshace
el pernil la distinción.

Deja que el continuo sea   25
de infinita división,
como siempre en tu cocina
sea continuo el asador.

---

[2] Manuel Maignan, 1601-1676, filósofo, físico y matemático francés. No he encontrado ninguna noticia de Diveo, aunque por la
compañía en que se le nombra debe de haber sido físico o matemático, es decir, filósofo en el sentido antiguo de esta palabra.

Que obre *immediate* o *mediate*
la sustancia, ¿qué importó,   30
como en tu estómago ejerzan
las lonjas su operación?

Que sea entidad separable,
y no modo, la calor,
nada importa, como tú   35
hagas bien la digestión.

Que la privación se tenga
por principio no es error,
mientras no haya en los principios
de tu mesa privación.   40

No niegues a la materia
su infinita partición,
y sacarás más lonjitas
que los átomos del sol.

¿Qué sirve que el microscopio   45
haga al mosquito capón,
si microscopios no tiene
el paladar ni el sabor?

Sin la costa de alambiques,
sin fatiga y sin sudor   50
hallarás el *caput mortuum*,
en haciendo un chicharrón.

En manos de la disputa
el cielo al mundo dejó;
bien se le conoce al pobre   55
la asistencia del tutor.

Aristóteles, Teofrasto,
Pitágoras y Zenón
jamás pudieron saber
la esencia de un caracol.   60

Un Jerónimo, Agustino,
Crisóstomo y Besarión [3]
supieron más; pero en esto
se burlaba el Hacedor.

_____

[3] Sabio bizantino del siglo xv, residente en Italia.

En el océano inmenso   65
de este escondido primor
no hay que buscar los tamaños;
toda ballena es ratón.

También en tales quimeras
gastaba algún tiempo yo,   70
y en mi vida supe cómo
se establece un cañamón.

Y así, mudando sistema,
pasé a sargento mayor,
y establecí por principio,   75
pura potencia, al doblón.

De aquí las formas deduzco
del vivir mucho mejor,
porque sin él cualquier cosa
es un ente de razón.   80

Ésta sí que es crisopeya,
pues haciendo un tres de un dos,
se convierten luego en plata
los yerros de mi renglón.

No me aventajara Lulio   85
en manejar el crisol,
a no podrirme los polvos
la santa restitución. 4

Y por fin, lleva sabido
que sin caudal es Catón,   90
actus entis in potentia
prout in potentia. Y adiós.

---

4 El sentido de estos versos parece ser que como sargento mayor, oficial que estaba encargado de los caudales del regimiento,
Lobo había encontrado en "los yerros de [su] renglón" el verdadero arte de la alquimia *(crisopeya)*, en el cual no le hubiera aven-
tajado ni el sabio mallorquín Raimundo Lulio si no se hubiese
visto obligado a hacer restitución. Por medio de la piedra filosofal
o sus *polvos* los alquimistas pretendían cambiar el plomo en oro.
No he logrado descifrar exactamente el latín con que termina el
poema y que sabe a escolástico. Su significado general, sin embargo,
parece claro: sin dinero ni el mismo Catón vale nada.

A don Luis de Narváez, su teniente coronel, dándole
cuenta de la infelicidad de los lugares de Bodonal
y Helechosa, que le tocaron de cuartel, en los Mon-
tes de Toledo. [5]

Después, amigo, del día
que entre kirie y aleluya [6]
te apartaste con la tuya,
dejando mi compañía;
después que de Andalucía   5
te dio el viento en las narices,
por mil sierras infelices
fatigaron mis trabajos
los caminos de los grajos,
las sendas de las perdices.   10
   En busca de mi cuartel
anduve de cerro en cerro,
hecho un lobo y hecho un perro,
porque no daba con él;
el lugar del coronel   15
pasé, como fue notorio;
también pasé el refectorio
de Montalvo, de Esporrín,
de Soler, y pasé, en fin,
las penas del Purgatorio.   20

5 Todas las ediciones dieciochescas que he podido consultar dicen
Elechosa y, en el texto, *Bodonal*. Una dice *Bondonal* en el título.
Creo que se trata de Helechosa, pueblo del este de la provincia de
Badajoz, en el partido judicial de Herrera del Duque. Muy cerca de
Helechosa, y barrio suyo según el *Diccionario geográfico...* de Pas-
cual Madoz, está Bohonal. El Bodonal más cercano es un peque-
ñísimo lugar no lejos de Zalamea de la Serena (Badajoz), pero a más
de cien kilómetros de Helechosa y de los Montes de Toledo. A dis-
tancia aún mayor queda el partido judicial de Fregenal, donde sitúa
los dos pueblos Rubio, estudio cit., p. 31. No he dado con ningún
Bodonal. Por la manera de nombrar juntos los dos pueblos sos-
pecho, pues, que se trate de Helechosa y Bohonal; pero la unani-
midad de las ediciones y las exigencias del octosílabo me hacen
creer también que si hubo equivocación habrá sido del mismo Lobo.
6 ¿Entre lamentos y regocijos? No encuentro rastro de esta expresión.

Con industria artificiosa
a cualquiera que encontraba,
como enigma, preguntaba
por Bodonal y Helechosa;
oyendo esta cosicosa,   25
dijo un Fulano de Tal:
"De Helechosa y Bodonal
se llevó los habitantes
un arroyo, mucho antes
del diluvio universal."   30
    Con esto andaba sin fin,
sin término o paradero,
no llevando más dinero
que los cuartos del rocín;
por uno y otro confín,   35
investigando destinos,
militantes peregrinos
me seguían mis soldados,
los caballos desherrados,
pero errados los caminos.   40
    Quiso Dios que a puro andar,
hecho racional hurón,
atisbé la situación
adonde estuvo el lugar;
empecé a brujulear,   45
y entre quemadas encinas
vi unas casas como ruinas
que hicieron catorce en todo,
pegadas a un cerro, a modo
de nido de golondrinas.   50
    Aquí trepando, se envasa
la tropa mi concolega;
pero hallaba solariega
a la una y otra casa,
cuando en este instante pasa   55
una mujer por aquí,
un jabalí por allí,
y yo no supe qué hacer,
si tirar a la mujer,

o apuntar al jabalí.   60
Tan bella fue... Pero ahora
no la pinto, que es de noche;
aguarda que desabroche
cándidos pechos la Aurora;
deja que destile Flora   65
aljofarados candores,
que desenvaine fulgores
el mayorazgo del día,
y que enarbole Talía
tabla, pincel y colores.   70
   Pero ¿dónde lo elocuente
me lleva? Con dos tizones,
tirando cuatro borrones,
se pinta más fácilmente.
"¿Dónde —dije— está la gente   75
de este villaje tan bueno?"
Y ella con labio sereno
respondió: "Todo el lugar
salió esta tarde a limpiar
una parva de centeno."   80
   Maldiciendo mi destino
hice boletas de balde,
siendo yo escribano, alcalde,
alojamiento y vecino;
para mi casa examino   85
una como ratonera,
que tenía en la cimera,
con industrias exquisitas,
muchas cruces de cañitas
por techo o por cobertera.   90
   Parecía portalillo
de Belén, pues acumula
buey cansado, flaca mula,
y al margen un jumentillo;
ella tiembla, y no me humillo   95
al miedo, pues considero
que aunque el techo todo entero
sobre mí venga a caer,

lo más que me puede hacer,
es ensuciarme el sombrero.   100
    Me embutí en un cuarto estrecho,
en cuya tuerta pared
no hay balcón, ventana o red,
pero sobran en el techo;
con vanidades de lecho,   105
sobre un corcho requemado,
hético y extenuado,
un débil colchón se hilvana,
que algún tiempo fue por lana
y se volvió trasquilado.   110
    Yace de madero burdo,
mal descostillado, un cofre,
cuelga un medio San Onofre
y un San Jerónimo zurdo;
al verle empuñar, me aturdo,   115
de la piedra el chicharrón;
roto tiene el corazón,
no de golpes que se ha dado,
sino de haberle tirado
dos pellizcos un ratón.   120
    Una silleta de paja
y un bufetillo se expresa,
que tiene por sobremesa
un pedazo de mortaja;
debajo un galgo se encaja,   125
que me regala con roscas;
y entre telarañas toscas,
vive medio tarro infiel,
que era archivo de la miel,
y ya es reclamo de moscas.   130
    De mi patrona el matiz
al alma causa vaivén;
trae por frente una sartén,
cuyo rabo es la nariz;
sus ojos (¡cosa infeliz!)   135
por niñas tienen dos viejos,
se descuelgan rapacejos

de la boca a las pechugas,
y entre el vello y las arrugas
se pueden cazar conejos.   140
    En dos varas de sayal
la humanidad embanasta,
y unas como medias gasta
de pelo muy natural;
uno y otro carcañal   145
es de galera espolón,
y en la circunvalación,
patrimonio de jirones,
cirios, borlas y pendones
caminan en procesión.   150
    En el sobaco derecho
mete un mico racional,
envuelto en medio pañal,
y lo restante deshecho;
cuando lo enarbola al pecho,   155
una a modo de ala floja
de murciélago despoja
por resquicios del jubón,
y al niño asesta un pezón
como tabaco de hoja.   160
    Con su donaire, su aseo
y su agasajo exquisito,
se retira el apetito
dos mil leguas del deseo;
su antorcha apaga Himeneo,   165
y el afecto sensual
se esconde en un carcañal
huyendo la Inquisición,
que aquí la propagación
es un pecado bestial.   170
    Ésta es la casa en que vivo
y la patrona en que muero,
ésta la gloria que espero
y el galardón que recibo;
ahora el lugar te describo,   175
pues la ociosidad abunda:

Sobre un chinarro se funda,
sólo un candil le amanece,
un tomillo le anochece
y una gotera le inunda.   180
  Su término son cien jaras,
con seis colmenas, que apenas
darán miel las seis colmenas
para lavarse dos caras;
para el gasto de las aras   185
vino no tributa el suelo,
porque no tiene majuelo,
guindo, peral o castaño,
ni en él se ve más rebaño
que las cabrillas del cielo.   190
  La tierra más cultivada,
de mejor terruño y linde,
avena en buen año rinde,
y la sembraron cebada;
si está de trigo colmada   195
y la cosecha no yerra,
centeno el gañán encierra,
con que al sudor satisface.
¡Mira, amigo, lo que hace
el sembrar en buena tierra!   200
  Encontré por conjetura
la iglesia, donde exquisitas
lloraban mil candelitas
sobre triste sepultura;
jamás tal arquitectura   205
hallé en el vocabulario;
de almagre tiene un calvario,
y allá en el propiciatorio,
dos almas del purgatorio
se columpian de un rosario.   210
  Una cesta el día de fiesta
pone el cura, y los pobretes
le van echando zoquetes;
yo temí entrar en la cesta.
La misa estaba dispuesta,   215

y apenas me puse a oílla,
cuando empieza una cuadrilla
de muchachuelos pelones
a darse de mojicones
por tocar la campanilla.   220

   A éste pega el sacristán,
una vieja riñe a esotro,
mientras de la cesta el otro
se engulle al descuido un pan;
unos devotos están,   225
otros ríen la contienda,
hasta que con reverenda
gravedad y compostura,
la oblación consume el cura,
y los muchachos la ofrenda. [7]   230

   Si me paseo, se apura
el ánimo fatigado;
que es lugar más intrincado
que lugar de la Escritura;
tal vez hablo con el cura   235
de dédalos, de faetontes,
de astrolabios, de horizontes,
de diamantes, de esmeraldas;
y al fin, porque tienen faldas,
hablo tal vez con los montes.   240

   Aquí nació la carencia,
madre de la poquedad;
parió a la necesidad
en brazos de la abstinencia;
si de Dios la omnipotencia   245
me saca de esta ensenada,
quedará glorificada
otra vez; pues es lo mismo
el sacarme de este abismo,
que el hacerme de la nada.   250

---

7 En las ediciones de 1713, 1717, 1724 y 1729 termina así esta
estrofa: "otros ríen lo que han visto, / y el cura prosigue listo / hasta que sin pesadumbre / se encaja media azumbre / de sangre de Jesucristo".

Aristóteles decía
(filósofo el más profundo)
que en los ámbitos del mundo
no se da cosa vacía;
mas, vive Dios, que mentía   255
en su sistema o su chanza,
porque tengo confianza
que lo contrario dijera
si en este tiempo viviera
en mi cuartel o en mi panza.   260
      De puro sutil me quiebro,
mis ojos sobresaltados
tristes están y arrimados
a la pared del celebro;
allí les dice un requiebro   265
la amistad del colodrillo,
y recelo que Ronquillo,
presidente vigilante,
mande prender mi semblante,
porque le traigo amarillo. [8]   270
      Del alma enemigos tres
no dan aquí testimonio,
porque si viene el demonio
se le resbalan los pies;
el mundo busca interés,   275
y fue a otra parte por eso,
y para que en lo travieso
liviandad ninguna encarne,
ya no me tienta la carne,
que sólo me toca el hueso.   280
      Corren haciendo remansos
las tripas en sus campañas,
sortija, estafermo y cañas;
ojalá corrieran gansos.

---

[8] Hasta 1714, Francisco de Ronquillo fue presidente del Consejo de Castilla bajo Felipe V. El amarillo es, evidentemente, el color
del oro; no sé si durante la Guerra de Sucesión tuvo además algún
significado político.

Si de burros o de mansos   285
cencerros oyen tal vez,
presumen que es almirez,
y hay tripa que se adelanta
a subirse a la garganta,
donde me come la nuez.   290

　　Es tanta mi laxitud
que en muriéndome me obligo
a que una paja de trigo
me sobre para ataúd;
la necesidad virtud   295
hace mi dolor acerbo,
y dejando lo protervo
mis penitencias entablo,
para imitar a San Pablo;
pero no me viene el cuervo. [9]   300

　　Emboscado en la aspereza,
el hambre conmigo lucha;
bien sabía que era mucha,
mas no tanta, mi flaqueza;
la fantasía tropieza   305
en una y otra visión,
y a costa de la oración,
por comerme todo entero
al hermano compañero,
ser quisiera un San Antón.   310

　　La memoria es mi caudal;
ésta envían mis desvelos
para el Conde de Hornachuelos,
para su hermano y Corral;
en mi estimación leal   315
a los Valenzuelas hallo;
también mi amistad no callo
a Pineda, el que por yerro

9　San Pablo "el Ermitaño" fue, en el siglo III, uno de los primeros anacoretas cristianos. Se dice que un cuervo le traía el pan en
el desierto.

me dio un grandísimo perro, [10]
diciendo: "¡Qué gran caballo!"   320
    Dile que fue picardía
el ajuste, pues pudiera
haberme dicho que era
caballo que se moría;
y pues ya la fantasía   325
se cansa, y yo me acobardo,
con tus preceptos aguardo
que siglos tu vida goce;
Helechosa y julio doce.
Tu amigo, *Eugenio Gerardo*.   330

LETRILLA

*A una viuda moza y rica, llorando sin consuelo la
muerte de su marido*

        Si el dolor no finges,
    dime, ¿por qué lloras?
        Si por perder un marido,
    te vemos, Nise, llorona,
    y no hay materia más fácil   5
    de componer que unas bodas,
        dime, ¿por qué lloras?
        Si en tu alegre viudedad
    te hallas tan rica y hermosa,
    sin tener quien te lo vede,   10
    y teniendo tú qué comas,
        dime, ¿por qué lloras?
        Si era tu marido anciano
    y quedas tan fresca y moza,

---

10 *Dicc. Aut.*, s. v. *perro:* "Se toma también por el engaño o
daño que se padece en algún ajuste o contrato, o por la incomodidad
o desconveniencia que se tiene, esperando por mucho tiempo a alguno, o para que ejecute alguna cosa; y suelen decir, Dar perro
o perro muerto".

aunque con algo de menos,   15
de más con otras mil cosas;
   dime, ¿por qué lloras?

Si todas noches te echaba
tan desentonadas roncas,
y esta nocturna inquietud   20
evitas durmiendo a solas,
   dime, ¿por qué lloras?

Si su condición maldita
contra la bendita esposa
zurcía cada semana,   25
regañaba a todas horas,
   dime, ¿por qué lloras?

Si en el tiempo de casada,
a imitación de las otras,
le amabas como ninguna   30
y vivías como todas,
   dime, ¿por qué lloras?

Si en vida de tu marido
no tenías voto en cosa,
y con su muerte te miras   35
hecha primera persona,
   dime, ¿por qué lloras?

Si en este siglo las viudas,
sin mangas, justas ni toca,
tienen libertad de cintas   40
y pueden inventar modas,
   dime, ¿por qué lloras?

Si en lugar suyo te queda
un primo [10a] como unas doblas,
un confesor como un padre,   45
y una tía doncellona,
   dime, ¿por qué lloras?

10a En las ediciones de 1758 y 1769, de donde procede este poema, se lee *premio*, lo que parece errata.

Si el árbol puede dar frutos,
y para evitar la nota
hay aldea por San Juan,   50
otra pila, otra parroquia,
    dime, ¿por qué lloras?

Si al tiempo de arrepentirte
de pasadas vanaglorias,
cuando quisieres ahorcarte,   55
nunca te ha de faltar soga,
    dime, ¿por qué lloras?

Si cuando las garapiñas
se te vuelven asquerosas,
en vez de naranja o fresa,   60
no puede faltarte aloja,
    dime, ¿por qué lloras?

Si el carnero te fastidia,
y puedes a poca costa
componer, y aun con ganancia,   65
con otras carnes tu olla,
    dime, ¿por qué lloras?

Si puede haber un indiano
con muchas piezas de sobra,
y se las puedes jurar,   70
pues también damas se soplan, [11]
    dime, ¿por qué lloras?

Si tienes la libertad
en parte de fe hugonota,
y puedes lograr cadena   75

---

11 *Jurárselas* 'amenazar'. El dicc. de la R.A.E. trae sólo *jurársela;* pero véase Julio Cejador y Frauca, *Fraseología o estilística castellana* (Madrid, 1923). Cf. Diego de Torres Villarroel: "Juega, mas no des barato: / vive en conciencia tranquila; / júraselas, y haz a todos / los pronósticos dos higos..." El concepto del cuarto verso parece aludir al juego de damas, en el cual *soplar* "vale quitar la pieza del contrario por no haber comido a su tiempo la que le correspondía" *(Dicc. Aut.).* En este caso las *piezas* son monedas.

sin la sujeción de esposa, [12]
    dime, ¿por qué lloras?
Si Juan reposa en el cielo
(sabe Dios dónde reposa),
y tienes quien a Dios pida   80
que te conceda su gloria,
    dime, ¿por qué lloras?
    Luego, Nise mía,
o eres una boba,
o si no lo finges,   85
    dime, ¿por qué lloras?

12 Los dos primeros versos toman a los hugonotes como ejemplos de libertinaje o libertad completa, por haber rechazado la autoridad del Papa. Cf. Torres Villarroel, *Visiones y visitas...*, ed. Russell P. Sebold (Madrid, 1966), p. 140: "Dimos otro paso para coger más enfrente otro de los ingenios hugonotes. Dimos de ojos con un escritor liorna, que escribe en la ley que quiere, y siempre en la del diablo."

DIEGO DE TORRES VILLARROEL

Nació en Salamanca en 1694, hijo de un librero. En el transcurso de una vida agitada, llena de aventuras picarescas y pintorescas, fue estudiante en Salamanca, vagabundo, astrólogo, matemático, catedrático de matemáticas en la Universidad de Salamanca, personaje célebre en su ciudad natal y en la corte, y, por fin, sacerdote. Se le recuerda sobre todo por su autobiografía. Torres fue hijo espiritual del Siglo de Oro, y especialmente de Quevedo, a quien imita en sus *Visiones y visitas* y en algunas obras en verso. Murió en Salamanca el 19 de junio de 1770.

EDICIONES

[*Obras.*] Salamanca: En la Imprenta de Antonio Joseph Villargordo y Alcaraz, 1752. [14 vols. con distintos títulos.]

[*Obras*]. Madrid: En la Imprenta de la Viuda de Ibarra, 1794-1799. [15 vols. con distintos títulos, entre ellos el de *Juguetes de Talía, entretenimientos del numen.*]

BAE, LXI.

Vida, ed. Federico de Onís. Madrid: Clásicos Castellanos, 1912.

Vida, ascendencia, nacimiento, crianza y aventuras, ed. Guy Mercadier. Madrid: Editorial Castalia, 1972.

ESTUDIOS

García Boiza, Antonio. *Don Diego de Torres Villarroel. Ensayo biográfico*. Salamanca, 1911. 2.ª ed., Madrid, 1949.

———. *Nuevos datos sobre Torres Villarroel: La fortuna de don Diego. Don Diego Torres, primicerio de la Universidad de Salamanca*. Salamanca, 1918.

McClelland, I. L. *Diego de Torres Villarroel*. Boston, 1976.

Sebold, Russell P. "Torres Villarroel y las vanidades del mundo". *Archivum*, VII (1957), 115-146.

———. Introducción a su ed. de Torres Villarroel, *Visiones y visitas de Torres con don Francisco de Quevedo por la corte*. Madrid: Clásicos Castellanos, 1966.

Sigo el texto de la edición de 1794-1799.

CIENCIA DE LOS CORTESANOS DE ESTE SIGLO

Bañarse con harina la melena,
ir enseñando a todos la camisa,
espada que no asuste y que dé risa,
su anillo, su reloj y su cadena;
   hablar a todos con la faz serena,   5
besar los pies a misa [13] doña Luisa,
y asistir como cosa muy precisa
al pésame, al placer y enhorabuena;
   estar enamorado de sí mismo,
mascullar una arieta en italiano,   10
y bailar en francés tuerto o derecho;
   con esto, y olvidar el catecismo,
cátate hecho y derecho cortesano,
mas llevaráte el diablo dicho y hecho.

VIDA BRIBONA

En una cuna pobre fui metido,
entre bayetas burdas mal fajado,
donde salí robusto y bien templado,
y el rústico pellejo muy curtido.
   A la naturaleza le he debido   5
más que el señor, el rico y potentado,
pues le hizo sin sosiego delicado,
y a mí con desahogo bien fornido.
   Él se cubre de seda, que no abriga,
yo resisto con lana a la inclemencia;   10
él por comer se asusta y se fatiga,
   yo soy feliz, si halago a mi conciencia,
pues lleno a todas horas la barriga,
fiado de que hay Dios y providencia.

13 Mi señora.

CUENTA LOS PASOS DE LA VIDA

De asquerosa materia fui formado,
en grillos de una culpa concebido,
condenado a morir sin ser nacido,
pues estoy no nacido y ya enterrado.
De la estrechez obscura libertado,   5
salgo informe terrón no conocido,
pues sólo de que aliento es un gemido
melancólico informe de mi estado.
Los ojos abro, y miro lo primero
que es la esfera también cárcel obscura;   10
sé que se ha de llegar el fin postrero.
Pues ¿adónde me guía mi locura,
si del ser al morir soy prisionero,
en el vientre, en el mundo y sepultura?

A LA MEMORIA DE D. JUAN DOMINGO DE HARO Y GUZMÁN

La tierra, el polvo, el humo, en fin, la nada, [14]
al héroe más insigne y portentoso,
es el único triunfo, el más glorioso,
que robar has logrado, muerte airada.
La vida de su fama celebrada,   5
fe, virtud y valor y celo ansioso,
exentos de tu brazo pavoroso,
en lo eterno aseguran su morada.
Al honor, al aplauso, al ardimiento,
a la piedad, al culto y a la gloria   10
tocar no pudo tu furor violento.
Pues si de tantas vidas la memoria
eterna vive en este monumento,
¿en qué fundas, oh Parca, tu victoria?

[14] Verso que recuerda otro final del soneto de Góngora *Mientras por competir con tu cabello:* "en tierra, en humo, en polvo, en sombra, en nada".

CUENTA UN SOPÓN, SIRVIENTE DE ESTUDIANTE, SU VIDA A OTRO AMIGO

Siete años ha que sirvo, hecho un guillote,
a un escolar que vive de pegote;
y es en la escuela tan corrida zorra,
que aunque viste de largo va de gorra;
está roto, después es desgarrado;   5
es bien nacido, pero mal criado.
    Una vieja más vieja que la sarna,
menos que no se encarna,
suele de mes a mes muy aburrida
guisarnos la comida,   10
que lo demás del año no hay potaje;
yo como de pillaje,
y mi amo ¡alhaja honrada!,
fingiendo que está lejos la posada,
o con otro motivo que él enreda,   15
donde le dan las doce allí se queda.
    Lo que yo pillo, y lo que mi amo guarda [15]
de la mesa en que come aventurero,
se junta por la noche en un puchero;
repártese entre tres el almodrote: 20
mi amo y yo al escote,
a la vieja también damos su parte,
y aunque no sea Cuaresma se la parte.
    Es la tal manca, coja, zancajosa,
sorbida de mofletes, lagañosa,   25
tiene flatos, verrugas y cuartanas,
mucha sangre de espaldas y almorranas;
ella es de enfermedades una odrina,
y lo peor que tiene es mal de orina;
para mí siempre es viernes, que el pescado   30
es manjar muy salado,
y aun cuando se me burla la esperanza,
le canto una vigilia a la mi panza,

---

[15] Tanto en la ed. que sigo como en la de 1752, este verso
queda sin rimar, dejando el poema con un número impar de versos.

que comer de vigilia, eso es mi yesca,
que soy aficionado de la pesca,   35
y tengo un paladar tan sazonado
que hasta la carne para mí es pescado.

Yo como, como un rey cuando se rapa,
y los más de los días como un papa,
y muchas veces a llevar me obliga   40
en silla de la reina a la barriga. [16]

Un cartel muy funesto
tengo en el cuarto, donde tengo puesto:
"Tiene pena de vida, alerta, alerta,
el cochino que entrare por la puerta,   45
el pollo, la gallina, el pavo, el gallo,
el ganso, el carnero y el caballo";
porque montando en hambre un estudiante,
no digo yo un caballo, un elefante.

Aunque no soy galán, cuanto al vestido,   50
siempre lo traigo, pero muy traído;
y aunque el sastre lo hubiese mal cortado,
en mi estatura está bien acabado;
y cuando me desnudo estos andrajos
dejo sembrado el cuarto de trapajos,   55
porque en cada agujero está un remiendo,
y aquéstos sin coser los voy poniendo.

Téngolos oprimidos contra el pecho,
y entre tal cual botón, aunque es mal hecho
el tenerlos así tan apretados,   60
porque caen en la tierra desmayados.

Sale del cuerpo, y es la maravilla,
que queda hecha un harnero mi ropilla,
que aunque yo soy tan noble, y soy tan guapo,
siempre me acompañé con todo trapo.   65

Las bragas muy manidas y muy tiernas
sólo tienen rodillas y entrepiernas.

16 *Silla de la reina* es "asiento que forman entre dos con las cuatro manos, asiendo cada uno su muñeca y la del otro" *(Dicc. Aut.)*. En cuanto a comer "como un rey cuando se rapa", no he podido encontrar esta expresión en ningún refranero ni en otra obra de consulta.

¿Aforro? No se nombre, que le ahorro;
la caspa de los muslos es el forro,
y cuando más, le pongo por juguete   70
un almidón de grasa por ribete;
y si fuera preciso el azotarme,
no era menester desatacarme,
y sólo esto me falta en mi conciencia,
además del ayuno, penitencia;   75
pero por las mañanas, si me visto,
allí sí, necesito de andar listo,
llamando los trapajos a la audiencia
a darlos su lugar y residencia;
y como al revestirse cualquier cura,   80
le va rezando a cada vestidura,
yo como buen cristiano y como guapo,
le rezo una oración a cada trapo;
soy formal en vestir y tengo norma:
nada hay de la materia, todo es forma,   85
que sólo en mi vestido y mi lacería
puede existir la forma sin materia.
   En cuanto a lo calzado,
eso es lo que siempre anda muy tirado;
lo más que traigo en naturales hormas   90
son, cual niño amontado, estas dos cormas.
   Éstas [17] no tienen suelas, y al desgaire,
como tengo gran planta la echo al aire.
¿La cama? Aqueso es risa,
de sábanas no tiene ni aun camisa,   95
sólo tiene en el suelo dos cuartones,
y dos negras obleas por colchones;
una manta, un jergón, y allí hacia un lado
un orinal muy viejo y muy barbado,
porque nunca se afeita, y con enojo   100
tiene echadas las barbas en remojo.
   Una cruz de castaño muy funesta
hacia mi cabecera tengo puesta,

---

17 La ed. que sigo y la de 1752 dicen *Éstos,* pero el sentido
exige *Éstas.*

que como alguna vez en mis pasiones
doy al diablo la cama y los colchones,   105
con todo no quisiera la llevara,
porque me hace gran falta si la hurtara.

    ¿Qué más cruz que mi cama, donde añado
el cuadro de mí mismo desdichado,
y en tan triste taladro,   110
toda la noche paso en cruz y en cuadro? [18]

    La prevención del cuarto se reduce
a un viudo candil que jamás luce,
se arrincona, anda a obscuras y se queja
porque se le murió la candileja;   115
está enfermo, padece sin sosiego,
y no puede ver luz de puro ciego;
está manco, la cara tiene rota,
y en su vida ha tenido mal de gota;
una espada, un broquel y tal cual caja,   120
de comedias un libro, una baraja,
dos sillas cojas, un arquetón malo,
y una mesa que tiene pie de palo.

    Éste nunca ha llevado barredura,
porque sirve de mucho mi basura,   125
que como el buen platero se acaudilla
y guarda su basura a la escobilla,
de esta suerte también, Jigote amigo,
suelo guardar mi estiércol para el trigo,
y con mi triste capa hecha pedazos,   130
si alguna vez lo barro, es a capazos.

    Ya, mi Jigote, has visto
de la suerte que como, bebo y visto,
me sustento, me calzo y me bandeo,
mi gusto, mi alegría y triste empleo,   135
mis trabajos, mis mañas, mis engaños,
cómo paso los días y los años;
ahora mira tú, pues que porfías,
si igualan tus miserias a las mías.

---

[18] "Mísero y pobre, por haber perdido todo cuanto tenía" (Dicc. Aut.).

VILLANCICO

LAS ALDEANAS

Introducción

Por ir a adorar al Niño
   una tropa de aldeanas,
   quieren dejar su ganado
   recogido en estas Pascuas;
con alborozo festivo   5
   buscan pandero y sonajas,
   y entre unas y otras haciendas
   anda una bulla extremada.
Duo. Hola, jau, ah Gileta,
   vamos presto, despacha,   10
   recoge esas aves,
   los perros espanta;
   y al portal caminemos
   con gusto y zambra,
   a celebrar del Niño   15
   las bellas gracias.
Coro. Hola, jau, ah Gileta,
   vamos presto, despacha.
Solo. Pités, pités, pités.
Coro. Gir, gir, gir, pau, pau, pau.   20
Duo. Ah zagala,
   vamos presto, despacha.
Solo. Pités, pités, pités.
Coro. Gir, gir, gir, pau, pau, pau.
Solo 2. Quiquiriquí.   25
Solo 3. Gua, gua, gua.
Duo. Los perros espanta.
Solo 3. Gua, gua, gua.
Solo. Ah tuso, anda fuera,
   mal haya tu alma.   30
Solo. 2. Quiquiriquí.
Coro. Gir, gir, pau, pau.
Duo. Prestito, muchacha.

Coro. Gir, gir, pau, pau.
Solo 2. Quiquiriquí.   35
Solo 3. Gua, gua, gua.
Duo. Los perros espanta.
Solo 1. Ah tuso, anda fuera,
  mal haya tu alma.
Coro. Gir, gir, pau, pau.   40
Duo. Ah zagala,
  alto a buscar
  el pandero y sonaja,
  y al Niño cantemos
  alguna tonada.   45
Solo 1. Ya todo está pronto.
Duo. Pues que suene y vaya.
Solo 3. Gua, gua, gua.
Solo 1. Ah tuso, anda fuera,
  mal haya tu alma.   50
Coro. Gir, gir, pau, pau.
Solo 1. Atención, que ya empiezo.
Duo. Pues dale, muchacha.
Solo 1. A Belén caminemos,
  zagala hermosa: 55
  andar, andar,
  que hay un Niño entre pajas
  como unas rosas;
  andar, andar, sí, sí,
  como unas rosas.   60
Duo. Viva, viva Bartola,
  que es linda, extremada.
Solo 3. Gua, gua, gua.
Solo 1. Ah tuso, anda fuera,
  mal haya tu alma.   65
Duo. Y todos repitan
  con gusto y gracia:
Unísono. A Belén caminemos,
  zagala hermosa, &c.

Coplas

I

Solo. Vamos, lindas zagalas,   70
  y al Niño bello
  la gracia le pidamos,
  que no tenemos:
  que su belleza,
  la justicia y la gracia   75
  a nadie niega.
Duo. Hola, jau, ah Gileta,
  vamos presto, despacha,
  recoge esas aves,
  los perros espanta.   80
Solo 1. Pités, pités, pités.
Coro. Gir, gir, gir, pau, pau, pau.
Solo 2. Quiquiriquí.
Solo 3. Gua, gua, gua.
Solo 1. Ah tuso, anda fuera,   85
  mal haya tu alma.
Duo. Y todos repitan
  con gusto y con gracia:
Unísono. A Belén caminemos,
  zagala hermosa, &c.   90

II

Solo 1. Vamos, vamos, al pobre
  portal humilde,
  donde son los sirvientes
  los serafines;
  y todos juntos   95
  le bendicen y adoran
  por Rey del mundo.
Duo. Hola, jau, ah zagala, &c.
Unísono. A Belén, &c.

III

Solo 1. Vamos a ver la Madre   100
del Verbo pura,
a quien sirven y adoran
el sol y luna;
y las estrellas
a sus pies son testigos   105
de su grandeza.
Duo. Hola, jau, &c.
Unísono. A Belén, &c.

IV

Solo 1. Vamos a ver alegres
al Varón casto,   110
ya libre de unos celos
que le asaltaron,
José bendito,
que adoró tal Esposa,
y a tan gran Hijo.   115
Duo. Hola, jau, &c.
Unísono. A Belén, &c.

V

Solo 1. Vamos a ver que ansiosos
nuestros pastores
le dan con alma y vida   120
gracias y dones;
y los recibe,
porque a ensalzar empieza
por los humildes.
Duo. Hola, jau, &c.   125
Unísono. A Belén, &c.

VI

Solo 1. Vamos a ver y cómo
le dan los Reyes

cuantas preciosidades
cría el Oriente; 130
todas unidas,
en su afecto en el oro,
incienso y mirra.
Duo. Hola, jau, &c.
Unísono. A Belén, &c. 135

JUAN DE IRIARTE

Nació en el Puerto de la Cruz de Orotava (Canarias) el 15 de diciembre de 1702. Después de educarse en Francia se estableció en Madrid en 1724. Llegó a ser bibliotecario real, traductor de la Secretaría de Estado y académico de la Real Española. Fruto de su erudición son sus obras bibliográficas y críticas y una gramática latina escrita en verso castellano. Iriarte tomó parte activa en las polémicas literarias de su tiempo, defendiendo la literatura del Siglo de Oro, y especialmente a Góngora, contra los ataques de Ignacio de Luzán. Cultivó la poesía latina y la castellana, sobresaliendo en la epigramática. Murió en Madrid en 1771.

EDICIÓN

Obras sueltas. 2 vols. Madrid, 1774.

Los textos que siguen se encuentran en el tomo I de la referida edición.

EPIGRAMAS PROFANOS

XXX

Cur homo nudus et investis creatus fuerit

Caetera viventium proprio vestivit amictu
  corpora; nudum hominem jussit at esse Deus,
scilicet ut vario quoniam mutabilis usu est
  ad libitum vestes induat ille suum.

> Previendo Dios lo mudable
> del hombre en trajes, a él solo
> crio desnudo, dejando
> se vistiese allá a su antojo.

LXXXV

De primi hominis primaeque feminae formatione

Primus in orbe luto vir factus, femina prima
  osse fuit; fragilis plus tamen ipsa viro est.

> Al barro el hombre su ser
> debió, y la mujer al hueso;
> más que el hombre con todo eso
> salió frágil la mujer.

CCLVII

*De brevi pontificio ad carnis usum per aliquot dies
Quadragesimae concesso in summa carnium penuria*

Est nova quae carnes permittit bulla comesse:
  altera quae carnes imperet esse deest.

> Ya tenemos una bula
> que comer carne concede;
> así tuviéramos otra
> que mandara que la hubiese.

CCLXVI

Epigrammatis dotes

Sese ostendat apem, si vult epigramma placere:
insit ei brevitas, mel, et acumen apis.

A la abeja semejante,
para que cause placer,
el epigrama ha de ser:
pequeño, dulce y punzante.

CCCLXV

Ad formosam blandamque Cynthiam

Te Paris aut Adam vidisset, Cynthia, pomum
sumeret hic a te, traderet ille tibi.

Si Paris o Adán te viese,
Cintia, tan bella y humana,
la manzana aquél te diera,
éste de ti la tomara.

CDVIII

De die Parasceves, quo Matriti campanarum et curruum usus interdicitur

Aera, rotaeque silent, tota urbs placidissima, solum
cum moritur Christus vivere in urbe licet.

Campanas callan y coches,
todo está quieto en Madrid;
que sólo hoy que muere Cristo
se puede en Madrid vivir.

EPIGRAMAS CASTELLANOS

III

*Sobre las hermosuras, que siempre tienen
algún defecto*

Mujer hermosa no espero
encontrar sin tacha humana:
Eva tuvo su manzana,
las demás tienen su pero.

CONDE DE TORREPALMA (Alonso Verdugo Castilla)

Nació en Alcalá la Real (Jaén) el 3 de septiembre de 1706. Diplomático, se dedicó también a las letras, concurriendo a la academia granadina del Trípode y a la madrileña del Buen Gusto. En 1735 fue uno de los fundadores de la Real Academia de la Historia, y perteneció también a la Española y la de San Fernando. Célebre por su *Deucalión,* poema en que narra el Diluvio según la mitología pagana, cultivó igualmente los géneros líricos. Fue ministro en Viena y embajador en Turín, donde murió el 27 de marzo de 1767.

EDICIONES

El Deucalión, en Cayetano Rosell, ed., *Poemas épicos,* II (*BAE,* XXIX). Madrid, 1854.
BAE, LXI.

ESTUDIOS

Caso González, José Miguel. "La Academia del Buen Gusto y la poesía de la época". En *La época de Fernando VI* (Textos y Estudios del Siglo XVIII, 9). Oviedo, 1981, páginas 383-418.

Marín, Nicolás, *Poesía y poetas del setecientos. Torrepalma y la Academia del Trípode.* Granada, 1971. [Este libro incluye varios trabajos publicados con anterioridad y otros inéditos.]

Sigo la edición de Cueto, corrigiendo de acuerdo con el manuscrito original según datos que me ha enviado don Nicolás Marín. A él también le debo correcciones en la biografía del poeta.

LAS RUINAS

Pensamientos tristes

Sobre las altas y desnudas rocas
que del sagrado Tajo presuroso
asombran las profundas aguas puras,
menos sentado que rendido y triste,
el infeliz Alfeo al sordo viento,   5
al silencioso yermo, confiaba
entre no mudas lágrimas sus males,
y entre largos suspiros breve aliento.
  Condoler hizo lastimosamente
el eco tierno los peñascos duros,   10
y mil veces el nombre repetido
de Fili resonar los altos montes.
  Ya declinaba a sus postreras horas
mal conocido el día, y el nubloso
cielo de blanca nieve encanecía   15
las vecinas montañas, dilatando
la ya dudosa luz en sus reflejos.
  Cansado de llorar, levanta apenas
la macilenta cara, y el cercano
boreal horizonte apenas mira,   20
que, de negras agujas coronado,
al cielo torres, majestad al suelo
de la antigua Toledo ofrece grave,
cuando a la desolada fantasía
da lamentable especie el cruel destrozo   25
del alto alcázar; [19] y la gran ruïna
mirando, así entre lágrimas prorrumpe:
  "¡Oh suerte humana, aun a las piedras frías
de sus mortalidades contagiosa!
¡Oh suerte humana, que la eterna roca,   30

---

19 Destruido en 1710, durante la Guerra de Sucesión, el Alcázar
de Toledo siguió en ruinas hasta 1775, cuando lo reconstruyó el
Cardenal Lorenzana, a quien se lo había cedido Carlos III para una
casa de caridad.

burladora en su asiento de los años,
apenas a tu imperio condujiste,
cuando, de frágil forma en ser segundo,
a duración caduca la obligaste!
¡Oh suerte humana! ¿No le bastaría   35
al ruinoso edificio el diente oculto
de un día y otro, de uno y otro año,
para que al paso de la edad medido,
se fuesen desconchando y desluciendo
los blancos muros, las almenas altas   40
al golpe de los vientos y las torres
erguidas lentamente desplomando
su corpulencia grave, y que el embate
de muchos siglos, aun cruel entonces,
postrase tanta máquina sublime,   45
sin que de acerbos hados feneciese?

    "¿Rompe también intempestiva Parca
a la impropia, a la vida artificiosa
de lo insensible, el nunca visto hilo?
Pero su dura ley nada perdona;   50
¡oh suerte humana, a dura ley sujeta!

    "¿De qué sirvió que la juiciosa mano
erija incorruptibles sus trofeos
a la inmortalidad, en jaspe y bronce?
¿De qué al arte sagaz dotar de eterna   55
firmeza la robusta arquitectura,
si no hizo inmune el que fundó constante?

    "En vano en tu decoro repetidas
vio nuestra edad las peregrinas señas
que el pincel y el escoplo tradujeron,   60
desde la arcana antigüedad del mundo,
de la desnuda Arcadia, de la austera
Esparta, de la triple marcia Roma,
para que en ti viviesen nuevamente
cuantas virtudes coronó la fama,   65
ya en el candor de los primeros siglos,
ya del adulto mundo en las fortunas.

    "Tu hermosura, que pudo al peregrino
rémora dulce ser, y al ciudadano

soberbia gloria y respetoso objeto,   70
huyó en incendio breve, y solamente
el triste acuerdo a la memoria queda.
A la memoria, que en tu ruina grande
mayor imagen con dolor percibe.
A la memoria, pasto venenoso   75
del ánimo infeliz que está royendo
su mortal cebo con canino diente.
Ella de entre sus pórfidos caídos
levanta ideas tristes, y en las señas
de una ruïna, otra ruïna copia.   80

    "Fábrica fue mejor, y la más bella
que a la enemiga luz de infausto oriente
dio el Autor del pequeño y grande mundo.
Alcázar fue, que un tiempo dedicaron
el honor, la concordia y la fortuna   85
para albergue y asilo venturoso
de la inviolada paz, de la fe inmune,
y para conservar a las edades,
aun más que las imágenes humosas [19 a]
de héroes felices, de infelices reyes,   90
de la austera virtud el duro ejemplo,
ya en propria imitación, ya trasfundido
en la aptitud dichosa con que nace
quien la bondad a quien el ser le debe.
Templo fue inmaculado del más puro   95
amor que llamas aceptó legales,
de cuyo fuego ardientes son cenizas
los suspiros exánimes, que apenas
durando en ellos, moribunda exhala
mi vida, más de su dichoso fuego,   100
que del fatal tizón la otra pendiente.

    "Ya ruina menor yace, que no deja
tantos despojos del completo triunfo
la verdadera muerte, ni perdona
a las mudas reliquias, ni concede   105

---

19 a *Humosas* en el sentido de 'antiguas'; cf. Cicerón, "commenda-
tione fumosarum imaginum" (*In L. Pisonem Oratio*, 1) (corrección y
explicación de N. Marín).

aun lo mismo que deja; y así, en tanto
que en sus quebrados jaspes permanecen
la memoria y la lástima durables,
lástima sólo, y sin fragmentos ruina,
me permiten los hados, que supieron,   110
de las sangrientas furias irritados,
destrozar más, con potestad inicua,
que componer gratísimos pudieran.

"Si no viene a su dura ley sujeta
la virtud santa, y del etéreo Olimpo   115
merecida desciende al pecho humano,
¿por qué, a su dura ley, la vida, el lazo
de la virtud y el hombre se disuelve?

"¿Preserva de los rayos del Tonante
breve laurel, aun en la impía frente,   120
que (más de temerarios pensamientos
que de sagradas hojas guarnecida)
su ira concita, y de la horrible Parca
a la invisible flecha no reserva
la luciente diadema de incorruptas   125
virtudes, que se ciñen con respeto
los dioses celestiales? ¿Domestica
la hermosura las fieras, y aun a verla
no se detienen los urgentes hados?

"Mas si ellos perfecciones respetaran,   130
fuera nuestra fortuna diferente:
tú, constante en el alto y firme asiento,
contrastaras el tiempo; y yo, dichoso,
a los dioses la suerte no invidiara.

"Viviera Fili, y en su vida sólo   135
mayores bienes nuestra edad tuviera,
que la credulidad supersticiosa
en el siglo feliz del oro admira.

"Viera en su ánimo grande nuestro mundo
familiares los dioses, si los dioses   140
etéreas son virtudes; viera el suelo
segunda vez la fugitiva Astrea [20]

[20] Diosa de la justicia. En la Edad de Oro vivía en la tierra;
pero la creciente maldad de los hombres la hizo huir al cielo.

su mansión habitar, y de un sencillo
corazón admitir el trono humano.

"Las dichas y los cándidos placeres,   145
con las risueñas gracias, su belleza
en séquito cortés acompañando,
felicidad vertieran y alegría
delante de sus ojos celestiales.

"Viviera Fili, y el corrupto siglo   150
mirara renovar, con raro ejemplo,
la integridad sabina, la romana
constancia, y de las griegas hermosuras
casta censura, en superior belleza.

"Pero tanto los dioses aborrecen   155
al mundo inicuo; tanto indigna vive
la virtud en la tierra, que ella acorta
al ánimo que adorna el vital plazo.

" ¡Oh digna causa de una prodigiosa
muerte, cuyos principios ignoraron   160
la sabia medicina y la más sabia
naturaleza, que admiró, confusa,
de su leyes el orden profanado!

"Lozana juventud, ¿dónde tenías
tu robustez, tus fuerzas arrogantes,   165
tu salud vividora? Mas ¡qué digo!
¿Cuándo no están en brazos de la muerte?

"¿Y tú, burlado amor; tú, de las Parcas
súbdito humilde, que a su imperio cedes
tus más altos trofeos, dónde estabas?   170
Pero, ay, que estabas en mi incauto pecho;
y aunque cruel, medroso como niño,
viendo en mi corazón el trance duro,
de horror estabas tú también batiendo,
asustado, las trépidas alillas;   175
y las divinas flechas de la aljaba
cayéndose sin orden, las entrañas
con mil diversas puntas mil venenos
me penetraban tormentosas, mientras
tímido tú temblabas del espanto.   180

"¿Qué mucho, si al suceso lastimoso,

temblar sensibles de piedad pudieran
esas altas esferas cristalinas?

"Decidlo, Musas, y al horrendo caso
levantad, si podéis, el grito mío;   185
despedazad en doloroso canto
el ronco pecho, y conceded al labio
voz que convenga al triste pensamiento.
Cantad aquí; cantad, entre estas ruinas,
como en sima funesta horrible y propia,   190
de mi eterno dolor la causa fiera.

"Y tú, sagrado Tajo, a tus corrientes
el fragoso rumor embraveciendo,
acompaña mi voz, y el Oceano
mi llanto escuche en tus postreras ondas.   195

"Tú, noche, que a mis cantos amorosos
fresco silencio y atención prestaste,
por tus callados páramos dilata
en ecos pavorosos mi lamento.

"Vosotras, blancas Dríades hermosas,   200
que, tal vez más con vuestras rubias trenzas
que no con la preciosa arena, hicisteis
rica la amena margen, las cabezas
del peñascoso albergue mal enjutas
sacad piadosas, y llorad conmigo."   205

Mientras el triste Alfeo arrebatado
al llanto así de su dolor convoca
las impropicias Musas, las nocturnas
sombras y las corrientes espumosas,
el frío viento, con doblada fuerza,   210
de las espesas nubes desplumaba
las blancas alas, y al absorto amante
con no sentida nieve iba cubriendo.

Levanta al cielo, que nubloso aun niega
sus luces bellas, los turbados ojos;   215
y en su atención la débil fantasía,
objetos figurando, donde goza
más verdadera luz el invisible
espíritu dichoso, le descubre

la imagen de su Fili; ya los miembros   220
en invencible rigidez padecen
mortífera quietud; el yerto labio
ya el nombre amado apenas articula.

 Fija la vista, y más el puro afecto,
en la celeste imagen, letal frío   225
los últimos espíritus extingue,
y en alta nieve yace.

JOSÉ JOAQUÍN BENEGASI Y LUJÁN

Nació de familia distinguida en Madrid en 1707. Hijo del poeta y comediógrafo Francisco Benegasi y Luján, José Joaquín cultivó los mismos géneros que su padre mientras seguía la carrera de magistrado. Entró en religión en 1763 y murió en Madrid el año de 1770.

EDICIÓN

Obras métricas que a distintos asuntos, así serios, como festivos, aumentadas en más de la mitad en esta segunda impresión, escribía... Madrid: En la Imprenta de Miguel Escrivano, s.f.

Utilizo la edición citada.

*Instrucción clara, aunque sucinta, para poder el que
la observare parecer señor en pocos días, dictada por la
experiencia, para el común desengaño.
Se hallará este papel en la Calle de los Majaderitos,
y le da a luz un escribano que vive
en la del Gato*

REDONDILLAS

El que quiera ser marqués,
conde, duque o caballero,
ha de observar lo primero
hacerlo todo al revés.

Gaste pródigo el caudal   5
en contrastar esquiveces,
y en su casa muchas veces
alborote por un real.

No quede pícaro a quien
no alcance su protección,   10
y no le dé ni atención
a ningún hombre de bien.

Regale (aumentando yerros)
perros, como cazador,
porque no fuera señor   15
si no diese algunos perros. [21]

Deje lo que le conviene
(como de alguno sé yo)
por meterse sólo en lo
que no le va ni le viene.   20

Trate a todos con desvío,
haga esperar a cualquiera,
como si el que aguarda fuera
de casta de algún judío.

Salga después, no a compás,   25
sino a paso tan veloz

---

21 Véase la nota 10 de la página 62.

que le introduzcan la voz
por el postigo de atrás.

    Andando oirá la embajada,
que es primor de los primores   30
el observar los señores
no pararse para nada.

    Use de voces atroces
con el que a buscarle viene
pues el que mal pleito tiene   35
le suele meter a voces.

    Ajuste el tiro mejor,
para volverle a vender,
porque esto no es más que ser
excelente corredor.   40

    A esta utilidad se allanan,
y de quién son no se acuerdan;
mas ¿cómo es dable que pierdan,
en una cosa que ganan?

    El aplicarse ha podido   45
resarcir lo que se gasta,
que con tales genios, hasta
el ganado va vendido.

    Lleve muletas inquietas,
verá lo que más retoza,   50
porque ya la gente moza
no desdeña las muletas. [22]

    Cuatro mulas, en rigor,
debe mantener su ardid;
pues no hay duda que en Madrid,   55
cuanto más bestias, mejor.

    El que fuere más lampiño
será célebre cochero,
y también el caballero

---

[22] *Muleta*, en el primer verso de la cuarteta, es "la mula nueva
o cerril"; pero en el cuarto tiene otro significado que, refiriéndose
a las costumbres de la época, podría ser, además de la muleta del
toreo que se ponía de moda, el "palo con un atravesaño por enci-
ma", aludiendo al uso del bastón, o una "porción pequeña de
alimento que se suele tomar antes de la comida regular" (*Dicc. Aut.*).

se acreditará de niño. 60

Un volante [23] ha de tener
que corra bonicamente,
que un pícaro propriamente
es bueno para correr.

Con despejo y majestad 65
use el caballo algún día,
y con cada cortesía
robará una voluntad.

La presunción no disputo,
y que la notarán sé; 70
pues muchos reirán el que
cause vanidad un bruto.

Aunque el caballo se inquiete,
píquele de cuando en cuando,
irán sus pies publicando 75
la cabeza del jinete.

Para ser deudor notorio
en todo se empeñará,
que lo que no pague acá,
pagará en el Purgatorio. 80

Murmure de los que están
en lo mismo que él quisiera,
y gire como si fuera
hijo de distinto Adán.

Haga en todo del bizarro, 85
reciba a los más en pie,
sin acordarse de que
es un pedazo de barro.

Si alguna tertulia emprende,
haga que no está de más; 90
y no deje de hablar más
en lo que menos entiende.

No importa que se desmande
en porfiar con demasía,

---

23 *Dicc. Aut.*, s. v. *volante:* "Se toma también por lo mismo
que laqué, y es la voz propia de nuestra lengua." S. v. *laqué:* "Lacayo que corre delante, vestido regularmente a la ligera. Algunos le
llaman volante. Es voz francesa."

pues de un señor la porfía   95
con razón ha de ser grande.
Si hubiese a su vista quien
leyese una obra especial,
diga le parece mal,
y con esto queda bien.   100

Al tratar con entendidos,
aventúrese por Dios,
con un párrafo de los
que tenga mal digeridos.

Use las citas con arte,   105
pues queda bien un señor
en diciendo: *Cierto autor*
nos lo dice en cierta parte.

A ingenios, por maravilla,
ni los comboye, ni alabe,   110
que es propio del que no sabe
hacer una redondilla.

Si ríe, sea poquito,
aun de la obra más jocosa;
y si le dicen: "¿Qué cosa?"   115
responda: "No está malito."

Si observase alguna vez
a otro primo retirado
y a los libros aplicado,
diga que es rediculez.   120

Sus criados no serán
de conocida ascendencia,
porque ya no hay diferencia
entre Madrid o Milán.

Ningunas pruebas los haga   125
sobre ser nobles, o no,
que todo esto se dejó,
cuando se dejó la daga.

Por entonces los buscaban
de conocida hidalguía;   130
¡pero qué mucho, si había
criados que se cruzaban!

Si ve que alguno se casa,

échele con brevedad,
pues faltó su voluntad   135
al estilo de la casa.
    El Rodrigo [24] a quien Amor
llegó por fin a vencer,
si puede amar, sin querer,
dará gusto a su señor.   140
    Criados, para ser buenos
(que no se encuentra ninguno),
ha de tener cada uno
dos empleos, cuando menos.
    Conseguirá su deseo   145
si del consejo se vale,
pues de esa suerte le sale
a tres reales por empleo.
    Estos avisos he dado
a instancias de cierto amigo,   150
y para ver si consigo
haya un señor avisado.
    Y porque sepa el discreto
que hay algunos que lo son,
vaya su difinición   155
en el siguiente

SONETO

    Ser liberal, según las ocasiones,
favorecer al pobre desvalido,
proteger y gustar del entendido,
y no querer jamás adulaciones;
    usar de las decentes diversiones,   5
estar siempre de libros prevenido,
resistir los harpones de Cupido,
sabiendo ser señor de sus pasiones;

---

24 *Rodrigo* o *rodrigón* es un criado, especialmente uno que acompaña a las señoras. Conservo la puntuación ambigua de los dos últimos versos de esta cuarteta, cuyo significado se me escapa.

no atender al mordaz ni lisonjero,
ni proceder jamás con ligereza,   10
observa quien ser sabe caballero.
Esto debe apreciar, no la grandeza;
porque es mejor cabeza sin sombrero,
que no tener sombrero sin cabeza. 25

---

25 *Sombrero* se llama el "privilegio que tenían los grandes de
España de cubrirse ante el rey" (R.A.E.).

JOSÉ ANTONIO PORCEL Y SALABLANCA

Nació en Granada en septiembre de 1715, hijo natural de un noble de esa ciudad. En ella hizo sus estudios y entró en la carrera eclesiástica. Fue protegido y amigo del Conde de Torrepalma. A partir de 1748 ó 1749, su vida se desarrolló entre su ciudad natal y la corte. Concurrió a la academia privada granadina del Trípode y a la madrileña del Buen Gusto, y fue académico de la Española y de la Historia. Su obra más célebre, *El Adonis,* compuesta hacia 1741, consiste en cuatro "églogas venatorias" de asunto complicado y a ratos absurdo, pero que encierran hermosos versos dignos de Góngora. Murió en Granada el 21 de enero de 1794.

EDICIÓN

BAE, LXI.

ESTUDIOS

Caso González, José Miguel. "La Academia del Buen Gusto y la poesía de la época". En *La época de Fernando VI* (Textos y Estudios del Siglo XVIII, 9). Oviedo, 1981, páginas 383-418.

Marín, Nicolás. "La Academia del Trípode (Granada, 1738-1748)." *Romanistisches Jahrbuch,* XIII (1962), 313-328. Reimpreso en el libro de Marín, *Poesía y poetas del setecientos. Torrepalma y la Academia del Trípode* (Granada, 1971), pp. 179-209.

Orozco Díaz, Emilio. *Porcel y el barroquismo literario del siglo XVIII (Síntesis anticipada de un estudio en preparación).* Cuadernos de la Cátedra Feijoo, N.° 21. Oviedo, 1968.

Sigo la edición de Cueto.

FÁBULA DE ALFEO Y ARETUSA

Canto el amor del despreciado Alfeo,
cuyas quejas dulcísimas, dolientes,
por las amargas ondas de Nereo [26]
aun oyen de Aretusa las corrientes.
Pues tú, délfico dios, otro deseo   5
siguiendo vas con círculos lucientes,
haz que en éstas mis cláusulas sonoras
yo me corone del desdén que lloras.

Tú, de Arellano honor, Mecenas mío, [27]
que aman las Musas y prohija Astrea,   10
que el caudaloso Betis, patrio río,
lleno de lustres saludar desea;
éste mi ocio escucha, si es que fío
lo grave dividir de tu tarea;
logre yo tus favores entretanto   15
que los desdenes de Aretusa canto.

Del dios rey de las aguas hija era
ninfa de Acaya, a quien la esquiva diosa,
cuando desde el Eurota va a su esfera,
deja el dominio de la selva umbrosa,   20
que en la tropa de Oréades ligera,
siendo la más gentil, la más hermosa,
aun ausente de Febo la alta hermana,
no desean las selvas a Diana.

No ilustró del Taigeto la escabrosa   25
cumbre ninfa más bella, pues la frente
en cada estrella vence luminosa
los ojos, que abre el cielo transparente;
de cuanto en sus mejillas mezcla hermosa
hizo con el jazmín, clavel ardiente,   30
queda uno, que en dos hojas se señala,
que encierra perlas, y ámbares exhala.

---

26 Dios marítimo identificado con el Mar Egeo.
27 "Dedicó Porcel esta composición al señor don Francisco Ramírez de Arellano, alcalde del crimen en la real audiencia de Barcelona." (Nota de Cueto.)

Bajando al pecho de su blanco cuello,
mucha nieve en dos partes dividía,
sobre cuyo candor suelto el cabello,   35
las hebras de oro el viento confundía;
así inunda de rayos el sol bello
nevado escollo al despuntar del día;
de sus manos, en fin, son los albores
incendios de cristal, hielos de ardores.   40

Ésta, de Venus inmortal desdoro,
dejándole a la espalda el peso leve
del ebúrneo carcaj y flechas de oro,
éstas ajusta al arco, que las mueve;
penetra el bosque, y el errante coro   45
cede al aplauso que a Aretusa debe,
porque usurpa a las glorias de Atalanta,
lo cierto el tiro, lo veloz la planta.

Igualmente partiendo su carrera,
el sol las blancas horas encendía,   50
cuando Aretusa, que corrió ligera
los arduos montes y la selva umbría,
fatigada desciende a la ribera,
y en su encendida nieve permitía
que en más bello cenit, con más auroras,   55
el sol hiciese las ardientes horas.

Por laberinto de álamos frondoso,
de verdes sauces por estancia amena,
profundo un río corre silencioso,
o se desliza con quietud serena;   60
de éste un remanso advierte delicioso,
que no le esconde la menuda arena,
pues contaba en sus senos transparentes
uno a uno sus cálculos lucientes.

La calurosa ninfa, que procura   65
término a sus afanes deseado,
solícita registra la espesura,
por si alguno la advierte Acteón osado;
la soledad el sitio le asegura,
y habiendo sus despojos confiado   70
de un sauce, dio al cristal el blanco bulto,

donde quedó cubierto, mas no oculto.
   En el claro remanso, no lasciva,
o se abate, o se eleva, o se recrea,
pareciendo en la espuma fugitiva,   75
segunda de las ondas Citerea;
sus brazos (blancos remos, en que estriba)
cortan las aguas; y si lisonjea
el viento de sus hebras el tesoro,
bajel es de marfil, con velas de oro.   80
   En hondas grutas de cristal luciente
el dios Alfeo, entonces sosegado,
oye turbar sus aguas, y la frente
alzó, de verdes cañas coronado;
mira la blanca ninfa, mira, y siente   85
dulces incendios en su pecho helado;
y suspensos sus rápidos cristales,
así siente su amor, así sus males:
   "Si piensas, ninfa bella, que no dura
un instantáneo amor, y excusas fiera   90
el bien que me promete esta ventura,
para crecer, amor tiempos no espera.
Si el ver y el adorar una hermosura
son dos cosas, ninguna es la primera;
yo te vi, yo te amé, y otros amantes   95
no te adoraron más, te amaron antes.
   "Calurosa y cansada, tus fatigas
recibieron benignas mis arenas;
dulcemente en mis aguas ya mitigas
el calor y el cansancio, y no mis penas;   100
ya que en mi propia urna tú me obligas
a beber el veneno que en mis venas
arde, reciproquemos los favores:
mitiguen tus cristales mis ardores.
   "Dueño soy (si soy tuyo ¡qué fortuna!)   105
de cuanto engendra la ribera amena;
mil arroyuelos desde su alta cuna
bajan su plata a mi dorada arena;
contémplase en mí el sol, la errante luna
aun no se mueve en mi quietud serena;   110

mas ¿para qué numero bienes tales,
si ya sólo soy dueño de mis males?"

Dice; y lascivo apenas se adelanta,
cuando ella de sus ondas se le exime
intrépida, fiando a veloz planta   115
nobles defensas, que el amante gime;
mas, como aunque a Aretusa en fuga tanta
alas preste el desdén, nunca reprime
sus esfuerzos Amor, que es dios alado,
vuela ella esquiva, y él enamorado.   120

"Aguarda, espera", dice; "oh ninfa, tente.
¡Oh, si el amor un muro te opusiera!
Teme de áspid dormido el mortal diente,
cuando no el pomo de oro en tu carrera;
mas ¡ay de mí! que ni el metal luciente, 125
ni el veneno mortal te suspendiera;
pues no detuvo ya tu pie divino
mi pena más mortal, mi amor más fino."

Sorda Aretusa, y más veloz que el viento,
huye, y el dios, que en vano ya la nombra, 130
tanto se adelantó en su seguimiento,
que una vez abrazó la amada sombra;
del fatigado pecho el recio aliento
el tierno oído de la ninfa asombra;
y como el dios acuoso la seguía,   135
creyó que húmedo el austro la impelía.

Así afligida con el riesgo instante
la casta compañera de Diana,
contra el esfuerzo del insano amante,
a su deidad apela soberana.   140
"Oh diosa", dice, "si guardé constante
tus santas leyes, y si aplausos gana
tu decoro, defiende de este impío
mi honor por tuyo, cuando no por mío."

La diosa, conmovida al justo lloro,   145
de opaca y densa niebla rodeada
la oculta, y luego la madeja de oro
corre en hilos de plata liquidada;
no de coral, de aljófar es tesoro

la sangre de las venas desatada,   150
y al deshacerse en los cristales puros,
bullen la blanda carne y huesos duros.

Entre tanto, cual dando vueltas ciento,
en alta noche el can infiel dormido,
a espacioso redil el lobo hambriento   155
aúlla, y crece el mísero balido;
tal gira en torno, firme aun en su intento,
la opuesta nube el dios; y más rendido,
por si su ingrata bella aun no se excusa,
"¡Oh mi Aretusa", clama, "oh mi Aretusa!"   160

Desató el viento, en fin, la niebla fría,
dejando descubierto al triste Alfeo,
fuente ya, a aquella por quien su porfía
torpes delicias prometió al deseo.
Vuelve a sus aguas, nunca a su alegría;   165
aunque, por corto de su dicha empleo,
le conceden que junte su corriente
de su amada Aretusa con la fuente.

ACTEÓN Y DIANA

Aquélla que nos informa,
que aunque tres formas vistió,
no querrá un hombre, y que no
será de ninguna forma;
    pues si bien Plutón de un cuerno   5
la llevó por su querida,
de estos casados la vida
vino a ser luego un infierno; [28]
    con quien de amoroso empeño
no hay quien acordarse cuente,   10
y aun Endimión solamente
se acuerda como por sueño;

---

[28] Hécate, diosa triforme, se identificaba con la Luna, con Diana y con Proserpina; también fue compañera de la misma Proserpina en Hades.

hija de Jove (un borracho)
y Latona, que parió una
muchacha como una luna,   15
y como un sol un muchacho—
    fatigada ésta del uso
de las flechas un verano,
pues siendo menor su hermano,
a abochornarla se puso;   20
    viendo entre unas espesuras
que un mudo remanso había,
tan claro, que le decía
a cualquiera dos frescuras,
    dijo: "En bañarme convengo;   25
ninfas, presto, a desnudarme,
que, aunque casta, he de limpiarme,
pues soy leona y manchas tengo."
    Desnudas todas, se fragua
el baño, y aunque temían   30
si desnudas las verían,
echaron el pecho al agua.
    Y cuando en las aguas mudas,
las faltas que desmentían
vestidas, las descubrían   35
como verdades desnudas,
    Acteón, hijo de Aristeo
y Autónoe, llegó cazando
a la fuente, adivinando
que allí habría un buen ojeo.   40
    Aquí fue la fiesta brava,
aquí el chillar, y agua echarle;
pero el gato, al zapearle,
a la carne se acercaba.
    "Vanos son esos trabajos,   45
ninfas", dice; "no gritéis,
ni vuestros tiples me alcéis;
que yo busco vuestros bajos.
    "Mi brazo es de todas mangas,
por feas no os aflijáis;   50
que yo, porque lo sepáis,

también suelo cazar gangas.

"Porque vea, no hayas pena,
Diana, tus cuartos menguantes;
que mis cuartos son bastantes   55
para hacerte luna llena.

"Que seas casta no contrasta
lo que a tu honor es debido,
porque lo que yo te pido
cosa es que te deja casta." [29]   60

Diana con ojos severos
dice: "No te gloriarás,
pues si en carnes visto me has,
yo haré te vean en cueros.

"Y pues de verme los yerros   65
te tengo de castigar,
eso que me quieres dar,
guárdalo para los perros."

Dijo, y cornudo venado
lo hizo; pero, si hacer pudo   70
la que dio en casta un cornudo,
¿qué no hará la que no ha dado?

Huyendo, pues, por los cerros
sus perros, que lo encontraron,
fieles lo despedazaron,   75
con que murió dado a perros.[30]

Para cofres recogieron
el cuero, y a la cabeza
enterrada, esta simpleza
o esta discreción pusieron: 80

"Hombres bobos, que al ver una hermosura,
le entregáis las potencias y sentidos, [31]
y aun poseéis las dichas, entendidos
estad en que la dicha no es segura.

---

29 Este segundo *casta* es sustantivo.
30 Además del sentido literal, esta expresión tiene el de "muy irritado".
31 Aun siendo muy otro su sentido, recuerdan estos primeros versos los de Sor Juana Inés de la Cruz: "Hombres necios que acusáis / a la mujer sin razón..."

"Acteón escarmientos os procura;   85
que a una casta deidad (si ennoblecidos
deben los riesgos ser apetecidos)
dio un sentido, y ya llora su locura.
    "Sólo en la vista tuvo su delicia,
y se vio, cual lo veis, muerto, deshecho,   90
bruto y con astas; pero no lo dudo,
    "pues cualquiera mujer que se codicia
(sea la mejor), lo deja a un hombre hecho
un pobre, un bruto, y lo peor, cornudo."

*A nuestros católicos reyes don Fernando el Sexto
y doña María Bárbara felicita, en su exaltación al
trono de las Españas, un su ignorado pero leal vasallo,
en esta afectuosa*

CANCIÓN HEROICA

Cuanto la negra noche triste llora,
en procelosas lluvias desatada,
las cenizas del padre de Faetonte,
tanto al aparecerse coronada
de rosa y de jazmín la blanca aurora,   5
se dilata sereno el horizonte,
se ríe el valle y regocija el monte.
¡Oh cisnes elocuentes!
¡Oh del más grande rey súbditas gentes!
Ya al sepultado sol digno tributo   10
de lágrimas rendisteis, bien que el llanto
consumir no pudiera dolor tanto;
ahora bañad el aire de armonía,
los pechos desatad en alegría;
que ya, a pesar del tenebroso luto,   15
vuelve, de luz su esfera coronando,
Bárbara, aurora, con su sol, Fernando.
    Soberbio el cortesano Manzanares,
no ya pobre, que al justo llanto pío,

porque el Marte español [32] voló a su esfera,   20
dejó de ser arroyo y creció a río,
imponer piensa leyes a ambos mares,
y márgenes pidiendo a su ribera,
Aquelóo [33] segundo, brama fiera;
brama, y para que rompa   25
más dulcemente el aire, muda en trompa
el cuerno de cristal, con el que intenta
cantar un tiempo las futuras glorias,
que alma eterna han de ser de las historias;
y en tanto, a su deseo iluminados   30
los tenebrosos senos de los hados,
a la sagrada llama con que alienta
Febo su heroica trompa cristalina,
así, oh gran rey, tus glorias vaticina:
"Levanta, España, la orgullosa frente,   35
y en cada afecto préstame un oído;
escúchame aclamar tu rey Fernando,
tu rey *Fernando el Sexto* esclarecido,
que el renombre juicioso de *Prudente*
para sí, entre otros muchos, reservando,   40
irá de los Fernandos renovando
lo *grande* del primero,
la *santidad* heroica del tercero,
del quinto lo *católico,* y de todos
sus regios, sus gloriosos ascendientes,   45
cuanto ilustres los hizo entre las gentes,
logrando que a las luces de su historia
lisonja vuelva a ser de la memoria
el esplendor antiguo de los godos,
y que del sol en el afán diurno   50
el siglo se repita de Saturno.
"La hermosa frente, de laurel ceñida,
y el cetro de oro ve en la blanca mano
de Bárbara, tu reina, astro luciente

---

[32] Felipe V, muerto en 1746, padre de Fernando VI.
[33] El mayor río de Grecia, cuyo dios luchó contra Hércules, una vez en forma de un toro.

del firmamento augusto lusitano.   55
Ésta, al real consorte parecida,
es la que ha de aumentar gloriosamente
la piedad, el valor, el celo ardiente,
ya de su lusitana, [34]
ya de la Isabel nuestra castellana.   60
Bárbara, pues, y bárbara en la parte
del nombre, por lo afable de sus hechos
ídolo es culto de españoles pechos, [35]
si ya no sea que el afecto mismo
discretamente suene a barbarismo   65
cuando la adore de futuro Marte
fecunda (si es que Febo no me engaña),
Juno del grande Júpiter de España.

    "¿Me engaño, o del Olimpo bajar veo,
atropellando nubes de oro y nieve,   70
seis blancos brutos, conduciendo ufanos,
en carro que del sol los rayos bebe,
la Paz y la Justicia, que al deseo
feliz de nuestros reyes soberanos
se abrazan dulces y se dan las manos?   75
Volando se adelanta
la sincera Verdad, la Virtud santa,
la Felicidad sigue, prometiendo
quedarse con nosotros, y entre tanto
la Traición, la Lisonja, el triste Llanto,   80
los pálidos Cuidados y la Guerra,
que hizo en sangre y furor arder la tierra,
al negro abismo de su luz huyendo

---

34 Santa Isabel de Portugal, 1274-1336, fue hija de Pedro III
de Aragón y esposa de Dionisio, rey de Portugal; pero me parece
que la comparación más apropiada es con Isabel de Portugal, hija
del rey D. Manuel de Portugal, esposa del emperador Carlos V y
madre de Felipe II.
35 Adopto para los versos 62-63 la lección del manuscrito con-
servado entre los papeles de la Academia del Buen Gusto (Madrid,
Biblioteca Nacional, Ms. 18.476-7). *Culto* será entonces adjetivo
que "vale... lo mismo que cultivado" (*Dicc. Aut.*). En la ed. de
Cueto se lee "del nombre, es, por lo afable de sus hechos, / ídolo
y culto...". En el v. 78 sigo igualmente el ms., introduciendo coma
después de *sigue.*

precipitados, las espaldas vuelven,
y como al sol las nieblas, se resuelven.   85
    "Ahora sí que de Marte las violencias
cerrado el templo esconderá de Jano,
y abierto el de Minerva, en sus altares
merecidos (y alguna vez en vano)
exaltadas serán artes y ciencias;   90
dando ya al viento velas por talares, [36]
Mercurio fiel frecuentará los mares;
ahora por otras lides
coronarán los pámpanos a Alcides;
y sin que el miedo, herido el parche, acuerde,   95
cantará, mientras pace su ganado,
el pastor a la sombra descuidado;
hecho aguijón el hierro de la espada,
contento el labrador verá dorada
de sus espigas la esperanza verde,   100
y entre tanto en el yelmo enmohecido
castas palomas compondrán su nido.
    "Tanta, pues, en los días de Fernando
abundancia de paz y de justicia
nacerá a sus vasallos oportuna;   105
esta esperada paz será propicia,
hasta que del gran padre suscitando
el ánimo, la espada y la fortuna,
del solio haga caer la media luna,
cuando el león glorioso,   110
el águila y el gallo generoso [37]
con fe se junten, con afecto puro,
y sus armas católicas triunfantes
cubran el mar de bárbaros turbantes.
Tú, oh Rey, a quien el cielo guarda tanto,   115
de Cristo librarás el mármol santo;
a ti te espera de Sión el muro,
y el sagrado Jordán, que, expulso el moro,
la sed te templará en celada de oro.

---

[36] *Talares* se llaman las alas que lleva Mercurio en los talones.
[37] *León, águila* y *gallo*: España, el Imperio y Francia.

"Óigame el cielo, oh gran monarca mío,   120
y en tanto que mi anuncio no me engaña,
en feliz hora ocupa con tu esposa
el trono real de la invencible España.
Reinad; que en el menor vasallo fío
que el corazón, cuando los ojos no osa,   125
os envíe con ansia generosa;
reinad, y tarde o nunca
de Átropos corte la cuchilla adunca
de vuestras vidas el dorado hilo,
porque gocéis con prole dilatada   130
larga paz, feliz cetro, invicta espada."
Dijo el undoso dios, y el grave acento
oyó el Ebro, y volviólo a dar al viento,
hasta que lo escuchó el bárbaro Nilo,
que irritado, arrojó contra las rocas   135
rabiosa espuma por sus siete bocas.

Canción, mucho presumes si procuras
a los siglos hurtar cosas futuras;
di sólo que en el ínclito Fernando
la España logra un príncipe valiente,   140
religioso, magnánimo y *Prudente*.

FRAY DIEGO TADEO GONZÁLEZ

Nació en Ciudad Rodrigo en 1733. Agustino, desempeñó varios cargos de su Orden en Salamanca, Pamplona y Madrid. Con el seudónimo de *Delio* fue miembro destacado de la escuela poética salmantina del siglo XVIII, y a través de un correligionario en Sevilla entabló las relaciones literarias y de amistad entre aquellos poetas y Jovellanos, quien le animó a abandonar la poesía amorosa y dedicarse a la filosófica y religiosa. Fray Diego murió el 10 de septiembre de 1794.

EDICIONES

Poesías. Madrid: En la imprenta de la viuda e hijo de Marín 1796.

Poesías. Madrid: En la imprenta de D. José del Collado, 1805.

Poesías. Madrid: Imprenta de Repullés, 1812.

Poesías. Valencia: Ildefonso Mompié, 1817.

BAE, LXI.

"Diez poemas olvidados de Fray Diego González", ed. Fernando Rodríguez de la Flor. *Dieciocho,* 4 (1981), 105-133.

ESTUDIOS

Rodríguez de la Flor, Fernando. "Fray Diego González: Poesía neoclásica". *Archivo Agustiniano,* N.º 181 (1979), 195-208.

———. "La obra poética de fray Diego González a través de dos siglos de crítica literaria (1796-1979)". *Archivo Agustiniano,* N.º 182 (1980), 117-133.

———. "La poesía pastoral de un poeta de la segunda escuela salmantina: Fray Diego Tadeo González (Delio)". *Provincia de Salamanca,* N.º 1 (1982), 177-213.

Monguió, Luis. "Fray Diego Tadeo González and Spanish Taste in Poetry in the Eighteenth Century." *The Romanic Review,* LII (1961), 241-260.

Sigo el texto de la edición de 1796 y, en el caso de dos poemas no incluidos en ésta, el texto de 1805.

De LAS EDADES [38]

Como un sabio pintor, que concluido
el lienzo largo tiempo meditado
y con profundo estudio diseñado,
atento lo contempla, y complacido
nota lo definido en las figuras,   5
el cauto desperfil de los contornos,
lo sinuoso y plegado en los dintornos,
el ameno follaje en las verduras,
de la luz a la sombra la insensible
degradación, la huella imperceptible   10
con que el dulce pincel varió las tintas,
que dan la suavidad y la belleza,
y a veces contrapuestas y distintas,
dando el claro y oscuro fortaleza,
aumentan el relieve, y juntamente   15
extienden las distancias luengamente,
que al contrario suprimen a porfía
los escorzos, con diestra economía;
y mirando mil veces sus labores,
observa cada vez nuevos primores;   20
mira el todo, y se pasma; admira el arte
llevado a perfección en cada parte;
y tanta maravilla contemplando,
el semblante le baña el grande gozo,
y en el pecho le bulle el alborozo,   25
así el divino Artífice, mirando
de sus divinas obras la hermosura,
orden y proporción, se complacía,
y en ver todo lo hecho tuvo holgura.
Cada cosa por sí le parecía   30
buena, y mirado todo juntamente,
le pareció acabado y excelente,

---

38 A causa de la extensión de este poema didáctico, de todos
modos inconcluso, reproduzco sólo un fragmento de él. Lo empezó
Fray Diego por sugerencia de Jovellanos (Cueto, *BAE*, LXI, p. CXI,
n. 5).

tanto, que el Criador se envaneciera,
si en un Dios vanidad haber pudiera.
Y todo lo bendijo afablemente,   35
mandando a los vivientes que llenasen
la ancha tierra, y su ser multiplicasen.
Y en tanto que los ángeles cantaban
mil acordados himnos, y alababan
el divino poder, cual si acabado   40
hubiera ya sus obras, en el pecho
reservaba el Señor nuevo cuidado
hacia el hombre, pues sólo a su provecho
ordenaba su amor todo lo hecho.
Y con voz majestuosa y resonante,   45
rebosando bondad por el semblante,
"Hagamos", dijo, "al hombre." Cesó el canto,
sobrevino a los coros el espanto;
y vieron admirados que inclinada
la inmensa majestad al bajo lodo,   50
tomaba una porción, y separada
del resto, en forma airosa la pulía,
cubriendo con rosada piel el todo,
que innumerables partes contenía,
cada cual destinada al propio oficio.   55
¡Qué conexión, qué orden, qué artificio
en huesos, nervios, venas se guardaba!
¡Qué belleza, qué talle y simetría
en todo el exterior manifestaba!
Mirado el bello rostro, parecía   60
que en apacible sueño reposaba.
Mas ¡ay! que eternamente careciera
de toda sensación y movimiento,
y como estatua inánime yaciera,
si el Criador, con su divino aliento   65
soplándole en el rostro blandamente,
espíritu inmortal no le infundiera,
espíritu inmortal, alma viviente,
del mismo que la hacía imagen clara,
que apenas llegó al cuerpo (¡oh maravilla!),   70
abrió los ojos, cual si despertara

del sempiterno sueño, y prestamente
doblando con respeto la rodilla,
reconoció a su Dueño soberano,
le amó con casto amor y agradecido   75
besó la santa bienhechora mano
que le dio el noble ser, constituido
de materia y espíritu, porciones
de tan raras y opuestas condiciones
que de la una a la otra no se viene   80
por graduación, ni entre ellas se conviene,
ni hay orden, proporción ni analogía;
que un infinito caos interviene
entre una y otra, más intransitable
que el grande espacio que imposible hacía,   85
desde el pobre feliz al miserable
sediento rico, que en la llama ardía,
el corto refrigerio que pedía
para templar la sed intolerable. [39]

A LA QUEMADURA DEL DEDO DE FILIS

            El caso que ha pasado
        contigo, Filis bella,
        por más que tú lo afirmes,
        no es fácil que lo crea.
            ¿Cómo podrá creerse   5
        tan extraña quimera
        cual es el que a la nieve
        el fuego abrasa y quema?
            Pues tanta repugnancia
        el caso representa   10
        de que a uno de tus dedos
        la llama se le atreva;
            por más que negra cinta
        le ciñe y le rodea,
        y por la cruz del lazo   15

---

39 Alusión a la parábola del pobre Lázaro y el rico avariento,
S. *Lucas*, 16, 20-26.

lo jura y lo protesta,
   nunca creeré tal cosa
mientras que no te vea
aprender de tus daños
a ser menos severa   20
   con los que tus dos ojos
abrasan y atormentan;
que semejantes casos
al mismo Amor enseñan
   a templar sus rigores   25
y suavizar sus flechas.
Escucha, Filis mía,
el caso que se cuenta
   del hijo de la diosa
que en Pafo y Gnido reina.   30
Dejando a un lado el arco,
la aljaba y las saetas,
   cogiendo andaba flores
Cupido en una selva.
Vido una fresca rosa   35
que la prisión estrecha
   del capullo rompía,
esparciendo bellezas.
Cortóla, y en su centro
vio una oficiosa abeja,   40
   que dulce miel libaba
y la dorada cera.
Tomóla por las alas
el niño incauto, y ella
   el aguijón esgrime   45
con tanta violencia,
que en uno de sus dedos
clavado se lo deja.
   Con el dolor insano
el tierno dios se queja,   50
turbando con sus lloros
los cielos y la tierra.
   Volando por los aires
con voces lastimeras,

fue en busca de su madre;   55
y puesto en su presencia,
    con tiernos puchericos
le cuenta su tragedia.
Mas la prudente diosa,   60
entre tierna y risueña,
    le dice: "Aprende, hijo,
a usar de más clemencia
con los flacos mortales,
que imperioso atormentas.   65
    "Pues si la leve punta
de una mosca pequeña
te causa tanto daño,
que el dolor te enajena,
    "¿qué sentirán los hombres
cuando de tus saetas   70
del duro arco enviadas,
penetrados se vean?"
    Desde entonces Cupido
en su daño escarmienta,
y hiere menos veces   75
o con menos fiereza.
    Así tú, o más piadosa
ya desde hoy te nos muestra
con los que tus dos ojos
abrasan y atormentan;   80
    o el caso que ha pasado
contigo, Filis bella,
por más que tú lo afirmes,
no es fácil que lo crea.

A LA MUERTE DE DON JOSÉ CADALSO[39a]

ODA

Vuela al ocaso, busca otro hemisferio,
baje tu llama al piélago salobre,
délfico Numen, y a tu luz suceda
pálida noche.

39a Este poema es de José María Vaca de Guzmán. Véase arriba p. 42.

Manto de estrellas el Olimpo vista,   5
su gala oculten pájaros y flores,
sombras y nieblas pavorosas cubran
valles y montes.

Brinde Morfeo delicioso néctar,
llene el silencio el ámbito del orbe,   10
no brame el Bóreas rápido, ni el blando
Céfiro sople.

Voz embarace fúnebre los vientos,
y de Heraclea [40] la soberbia mole
gima espantosa, cuando los acentos   15
Eco redoble.

Murió Cadalso atónita repita.
Las ocho hermanas tímidas entonces
de Melpomene sigan asustadas
pasos y voces.   20

Por la mejilla aljófares desciendan,
nuevos suspiros el aliento forme,
libre el cabello por la blanca espalda
vague sin orden.

Cerquen después el túmulo oficiosas,   25
cúbranle luego de fragrantes flores,
bálsamos quemen, reverentes humos
suban a Jove.

No en tiernos ayes ericina Venus
con mayor causa, espíritu más noble,   30
ni más angustia, sienta la temprana
muerte de Adonis,

que el clamor vuestro, Piérides divinas,
en son funesto que las auras rompe
llore a Cadalso, a quien amaron siempre   35
tanto los dioses.

- Cántenle dulces míseras elegías,
o bien endechas lúgubres entonen,
o bien en nuevos sáficos cadentes
digan acordes: 40

---

[40] La ciudad de Calpe, que se suponía construida por Hércules
(Heracles) y que se identifica con la moderna Gibraltar. Cadalso
murió en el sitio de Gibraltar en la noche del 26 de febrero de 1782.

"Genio divino, cuya dulce lira
siendo embeleso de la ibera corte,
del Manzanares náyades atrajo,
margen, y bosques,

"¿adónde estás, que en soledades tristes   45
yace el Parnaso, ni Hipocrene corre,
ni Aonia florece, ni el Pegaso vuela?
Dinos adónde.

"Pluma facunda, reluciente acero,
a nuestras finas súplicas responde: 50
¿Qué hizo Minerva de tus altas glorias?
¿qué hizo Mavorte?

"Calpe inhumana, rigurosa Calpe,
no cruel dirijas belicoso choque
contra una vida que apreciar supieron   55
númenes y hombres.

"Parto de Juno, morador de Lemnos,
de Citerea tétrico consorte, [41]
nieve del Etna cubra tus incendios
abrasadores.   60

"Rey de los vientos, Éolo, que enfrenas
el Noto, el Euro, el rígido Apeliotes,
para en tu imperio la volante muerte,
frustra su golpe.

"Y tú, hija cruel de Érebo y la sombra,   65
haz que sus filos tu segur embote,
no el vital hilo, oh Átropos, tan presto
pérfida cortes.

"Tristes anhelos, malogrados ayes,
quejas sin fruto, inútiles clamores,   70
¿qué rapto os lleva, qué furor os dicta
tales razones?

"¿Cuál es el rumbo que tomáis en vano
si el mar airado, obscurecido el norte,
yerto el piloto, denegado el puerto,   75
nadie nos oye?

"Murió Cadalso. Decretólo el Cielo;

41 Vulcano, esposo de Venus (Citerea).

el Cielo manda a Láquesis le robe,
y aquella eterna voluntad no es fácil
que se revoque.   80

"Ya Libitina [42] de ciprés funesto
ciñe la frente, y dirigido el orden
de marcial pompa gime en uno y otro
trágico mote.

"Nosotras, pues, en apacible coro   85
entonaremos su alabanza; cobre
tales tributos el que dio a Castalia
tanto renombre.

"Dulces amores deban sus cenizas,
que de Artemisa [43] la fineza doblen,   90
a las que en vida le debieron siempre
dulces amores.

"De sus estudios, de su rica vena
jamás el tiempo la memoria borre;
tal no permitas, oh de la alma Venus   95
cándida prole.

"Entonaremos en las altas cumbres,
templos, convites, sacras lustraciones:
'Murió Cadalso muerte de los héroes;
triunfe su nombre.'   100

"Entonaremos que la amable vida
dio por la Patria, cuyo honor pregonen,
émulos nuestros, alabastro, jaspe,
mármol y bronce."

A MELISA

Yo vi una fuentecilla
de manantial tan lento y tan escaso
que toda el agua pura que encerraba
pudiera reducilla
al recinto brevísimo de un vaso.   5

---

42 Diosa relacionada y a veces identificada con la muerte.
43 Esposa de Mausolo y constructora de su espléndido sepulcro,
el Mausoleo.

Del pequeño arroyuelo que formaba,
por ver en qué paraba,
el curso perezoso fui siguiendo,
y vi que sin cesar iba creciendo
con el socorro de agua pasajera   10
en tal forma y manera
que cuando lo he intentado
ya no pude pasar del otro lado.

    Yo vi una centellita
que por caso a mi puerta había caído,   15
y de su pequeñez no haciendo cuento,
me fui a dormir sin cuita;
y estando ya en el sueño sumergido
a deshoras, ¡ay Cielos!, sopla el viento,
y excita en un momento   20
tal incendio que el humo me dispierta;
la llama se apodera de mi puerta
y mis ajuares quema sin tardanza;
y yo sin esperanza,
confuso y chamuscado,   25
sólo pude salir por el tejado.

    Yo vi un vapor ligero
que al impulso del sol se levantaba
de la tierra, do apenas sombra hacía.
No hice caso primero;   30
mas vi que por momentos se aumentaba,
y luego cubrió el cielo, robó el día,
y al suelo descendía
en gruesos hilos de agua que inundaron
mis campos y las mieses me robaron;   35
y a mí que en su socorro fui a la era
me llevó la ribera
do hubiera perecido
si no me hubiese de una zarza asido.

    En fin, yo vi en mi pecho   40
nacer tu amor, Melisa, y fácil fuera
en el principio haberlo contenido;
mas poco satisfecho
con ver su origen, quise ver cuál era

su fin; y de mi daño no advertido,   45
hallo un río crecido,
que a toda libertad me corta el paso;
hallo un voraz incendio en que me abraso;
hallo una tempestad que me arrebata,
y de anegarme trata.   50
¡Ay! con cuánta inclemencia
Cupido castigó mi negligencia!

NICOLÁS FERNÁNDEZ DE MORATÍN

Nació de familia asturiana en Madrid en 1737, año en que se publicó *La Poética* de Luzán. Después de cursar estudios en Calatayud y Valladolid entró al servicio de la reina Isabel Farnesio como ayuda de guardajoyas. Luego ejerció la abogacía en Madrid y llegó a ser socio de la Real Sociedad Económica Matritense. Tomó parte destacada en la campaña contra los autos sacramentales y contribuyó a la escena española comedias y tragedias escritas según "las reglas del arte". Con sus amigos, entre ellos Cadalso, los Iriarte e Ignacio López de Ayala, se reunía en la tertulia de la Fonda de San Sebastián, donde sólo se permitía hablar de "teatro, toros, amores y versos". Fue académico de los Árcades de Roma con el nombre de Flumisbo Thermodonciaco, y enseñó poética en los Reales Estudios de San Isidro. Don Nicolás murió en Madrid el 11 de mayo de 1780.

EDICIONES

Obras póstumas. Barcelona: En la imprenta de la viuda de Roca, 1821. [Edición preparada por su hijo Leandro F. de Moratín.]
Obras, ed. Buenaventura Carlos Aribau (*BAE,* II). Madrid, 1846.
Poesías inéditas, ed. R. Foulché-Delbosc. Madrid, 1892.
Arte de las putas, ed. Manuel Fernández Nieto. Madrid, 1977.

ESTUDIOS

Cossío, José M.ª de. "Don Nicolás Fernández Moratín [*sic*]. La fiesta de toros en Madrid. Oda a Pedro Romero." *Boletín de la Biblioteca de Menéndez Pelayo,* VIII (1926), 234-242. Este artículo, algo cambiado, lo incluyó el autor en su libro *Los toros en la poesía castellana (Estudio y antología),* 2 vols. (Madrid, 1931), I, 211-223.
Gies, David Thatcher. *Nicolás Fernández de Moratín.* Boston, 1979.
Revista de Literatura, XLII, N.º 84 (1980): varios artículos.

Utilizo la edición de 1821.

ODA

A LOS DÍAS DEL CORONEL DON JOSÉ CADALSO

Hoy celebro los días
de mi dulce poeta,
del trágico Dalmiro,
blasón de nuestra escena.
Venga la hermosa Filis   5
y mi Dorisa [44] venga,
Dorisa, la que canta
con la voz de sirena.
Brindaremos alegres
hasta perder la cuenta,   10
en las tazas penadas,
del oloroso néctar.
O si más nos agrada
la antigua usanza nuestra,
muchachos diligentes,   15
sacad la pipa añeja.
Y en aquel mar de vino,
como naves de guerra
naden con altas asas
las anchas tembladeras.   20
Bien hayan nuestros padres,
que en sus bárbaras mesas
bebieron con toneles,
brindaron en gamellas.
Así hacerlo debemos,   25
Dalmiro, y vayan fuera
los cuidados molestos
que la vida atropellan.

---

44 Sobre Filis, la amada de Cadalso, véase la n. 59 de la p. 143.
Dorisa se supone que fue Francisca o Isidora (aparece con ambos
nombres) Ladvenant, actriz y hermana de la también actriz, la célebre y "divina" María Ladvenant (Emilio Cotarelo y Mori, *Iriarte
y su época* [Madrid, 1897], p. 91). Cadalso, o *Dalmiro*, estrenó su
tragedia *Don Sancho García* el 21 de enero de 1771. Ya que "la
hermosa Filis" murió el 22 de abril del mismo año, esta oda debe
corresponder al 19 de marzo (San José) de 1771.

    Y si viene la muerte,
en semblante severa,   30
no podrá ya quitarnos
la celebrada fiesta.
    Pues si para evitarla
no sirve la tristeza,
y es su venida al hombre   35
tan pronta, como cierta,
    brindemos muchas veces
el tiempo que nos queda,
dancemos y cantemos,
y déjala que venga.   40

QUINTILLAS

FIESTA DE TOROS EN MADRID [45]

    Madrid, castillo famoso
que al rey moro alivia el miedo,
arde en fiestas en su coso,
por ser el natal dichoso
de Alimenón de Toledo.   5
    Su bravo alcaide Aliatar,
de la hermosa Zaida amante,
las ordena celebrar,

---

45 En la *Revista Hispano-Americana*, Año II, Tomo VIII (16 de
octubre de 1882), pp. 523-553, publicó Aureliano Fernández-Guerra
y Orbe una "Lección poética. Primer bosquejo y posterior refundición de las celebérrimas quintillas de don Nicolás Fernández de
Moratín". En este artículo dio a conocer una versión manuscrita de
157 quintillas que según él D. Nicolás condensó después en las 72
de la versión generalmente conocida, estéticamente superior. Fernando Lázaro, "La transmisión textual del poema de Moratín 'Fiesta de
toros en Madrid'", *Clavileño*, IV, n.º 21 (mayo-junio 1953), pp. 33-38,
demuestra de modo convincente que la "refundición" del poema no
pudo ser obra de D. Nicolás y sí lo fue de su editor e hijo D. Leandro. Las estrofas que reproduzco aquí en su forma conocida y ya
consagrada deben considerarse, pues, en cierto sentido como fruto
literario de ambos Moratines. Lázaro también ha señalado la deuda
de estos versos con los cantos VIII y IX del *Isidro* de Lope (*Historia general de las literaturas hispánicas*, ed. Guillermo Díaz-Plaja,
Vol. IV, 1.ª Parte [Barcelona, 1956], p. 55).

por si la puede ablandar
el corazón de diamante.   10

   Pasó, vencida a sus ruegos,
desde Aravaca a Madrid.
Hubo pandorgas y fuegos,
con otros nocturnos juegos
que dispuso el adalid.   15

   Y en adargas y colores,
en las cifras y libreas,
mostraron los amadores,
y en pendones y preseas,
la dicha de sus amores.   20

   Vinieron las moras bellas
de toda la cercanía,
y de lejos muchas de ellas,
las más apuestas doncellas
que España entonces tenía.   25

   Aja de Getafe vino
y Zahara la de Alcorcón,
en cuyo obsequio muy fino
corrió de un vuelo el camino
el moraicel de Alcabón;   30

   Jarifa de Almonacid,
que de la Alcarria en que habita
llevó a asombrar a Madrid,
su amante Audalla, adalid
del castillo de Zorita.   35

   De Adamuz y la famosa
Meco, llegaron allí
dos, cada cual más hermosa,
y Fátima la preciosa
hija de Alí el Alcadí.   40

   El ancho circo se llena
de multitud clamorosa,
que atiende a ver en su arena
la sangrienta lid dudosa,
y todo entorno resuena.   45

   La bella Zaida ocupó
sus dorados miradores

que el arte afiligranó,
y con espejos y flores
y damascos adornó.   50
   Añafiles y atabales,
con militar armonía,
hicieron salva y señales
de mostrar su valentía
los moros más principales.   55
   No en las vegas de Jarama
pacieron la verde grama
nunca animales tan fieros,
junto al puente que se llama,
por sus peces, de Viveros, [46]   60
   como los que el vulgo vio
ser lidiados aquel día,
y en la fiesta que gozó,
la popular alegría
muchas heridas costó.   65
   Salió un toro del toril
y a Tarfe tiró por tierra,
y luego a Benalguacil,
después con Mamete cierra,
el temerón de Conil.   70
   Traía un ancho listón
con uno y otro matiz
hecho un lazo por airón,
sobre la inhiesta cerviz
clavado con un arpón.   75
   Todo galán pretendía
ofrecerle vencedor
a la dama que servía;
por eso perdió Almanzor
el potro que más quería.   80
   El alcaide muy zambrero
de Guadalajara huyó
mal herido al golpe fiero,

---

[46] Puente sobre el Jarama en el término de Barajas de Madrid, y
no lejos del soto de la Muñoza, donde pastaban los toros que habían de lidiarse en la plaza de la Corte.

y desde un caballo overo
el moro de Horche cayó.   85
    Todos miran a Aliatar,
que aunque tres toros ha muerto,
no se quiere aventurar,
porque en lance tan incierto
el caudillo no ha de entrar.   90
    Mas viendo se culparía,
va a ponérsele delante;
la fiera le acometía,
y sin que el rejón la plante
le mató una yegua pía.   95
    Otra monta acelerado;
le embiste el toro de un vuelo,
cogiéndole entablerado;
rodó el bonete encarnado
con las plumas por el suelo.   100
    Dio vuelta hiriendo y matando
a los de a pie que encontrara,
el circo desocupando,
y emplazándose, se para,
con la vista amenazando.   105
    Nadie se atreve a salir;
la plebe grita indignada;
las damas se quieren ir,
porque la fiesta empezada
no puede ya proseguir.   110
    Ninguno al riesgo se entrega
y está en medio el toro fijo,
cuando un portero que llega
de la Puerta de la Vega
hincó la rodilla y dijo: 115
    "Sobre un caballo alazano,
cubierto de galas y oro,
demanda licencia urbano
para alancear a un toro
un caballero cristiano."   120
    Mucho le pesa a Aliatar;
pero Zaida dio respuesta

diciendo que puede entrar,
porque en tan solemne fiesta
nada se debe negar.   125

Suspenso el concurso entero
entre dudas se embaraza,
cuando en un potro ligero
vieron entrar por la plaza
un bizarro caballero,   130

sonrosado, albo color,
belfo labio, juveniles
alientos, inquieto ardor,
en el florido verdor
de sus lozanos abriles.   135

Cuelga la rubia guedeja
por donde el almete sube,
cual mirarse tal vez deja
del sol la ardiente madeja
entre ceniciente nube.   140

Gorguera de anchos follajes,
de una cristiana primores,
por los visos y celajes
en el yelmo los plumajes,
vergel de diversas flores.   145

En la cuja gruesa lanza
con recamado pendón,
y una cifra a ver se alcanza
que es de desesperación,
o a lo menos de venganza.   150

En el arzón de la silla
ancho escudo reverbera
con blasones de Castilla,
y el mote dice a la orilla:
Nunca mi espada venciera. [47]   155

Era el caballo galán,
el bruto más generoso,
de más gallardo ademán:

---

[47] Alusión a la muerte que dio el joven Ruy Díaz al padre de
Jimena, su amada.

cabos negros, y brioso,
muy tostado, y alazán;   160
    larga cola recogida
en las piernas descarnadas,
cabeza pequeña, erguida,
las narices dilatadas,
vista feroz y encendida.   165
    Nunca en el ancho rodeo
que da Betis con tal fruto
pudo fingir el deseo
más bella estampa de bruto,
ni más hermoso paseo.   170
    Dio la vuelta al rededor;
los ojos que le veían
lleva prendados de amor.
"Alá te salve", decían,
"déte el Profeta favor."   175
    Causaba lástima y grima
su tierna edad floreciente;
todos quieren que se exima
del riesgo, y él solamente
ni recela, ni se estima.   180
    Las doncellas, al pasar,
hacen de ámbar y alcanfor
pebeteros exhalar,
vertiendo pomos de olor,
de jazmines y azahar.   185
    Mas cuando en medio se para,
y de más cerca le mira
la cristiana esclava Aldara,
con su señora se encara
y así la dice, y suspira: 190
    "Señora, sueños no son;
así los cielos, vencidos
de mi ruego y aflicción,
acerquen a mis oídos
las campanas de León,   195
    "como ese doncel que ufano
tanto asombro viene a dar

a todo el pueblo africano,
es Rodrigo de Vivar,
el soberbio castellano."   200
    Sin descubrirle quién es,
la Zaida desde una almena
le habló una noche cortés,
por donde se abrió después
el cubo de la Almudena.   205
    Y supo que fugitivo
de la corte de Fernando,
el cristiano, apenas vivo,
está a Jimena adorando
y en su memoria cautivo.   210
    Tal vez a Madrid se acerca
con frecuentes correrías
y todo en torno la cerca;
observa sus saetías,
arroyadas y ancha alberca.   215
    Por eso le ha conocido,
que en medio de aclamaciones,
el caballo ha detenido
delante de sus balcones,
y la saluda rendido.   220
    La mora se puso en pie
y sus doncellas detrás;
el alcaide que lo ve,
enfurecido además,
muestra cuán celoso esté.   225
    Suena un rumor placentero
entre el vulgo de Madrid:
"No habrá mejor caballero",
dicen, "en el mundo entero",
y algunos le llaman Cid.   230
    Crece la algazara, y él,
torciendo las riendas de oro,
marcha al combate cruel;
alza el galope, y al toro
busca en sonoro tropel.   235
    El bruto se le ha encarado

desde que le vio llegar,
de tanta gala asombrado,
y al rededor le ha observado
sin moverse de un lugar.   240
    Cual flecha se disparó
despedida de la cuerda,
de tal suerte le embistió;
detrás de la oreja izquierda
la aguda lanza le hirió.   245
    Brama la fiera burlada;
segunda vez acomete,
de espuma y sudor bañada,
y segunda vez la mete
sutil la punta acerada.   250
    Pero ya Rodrigo espera
con heroico atrevimiento,
el pueblo mudo y atento;
se engalla el toro y altera,
y finge acometimiento.   255
    La arena escarba ofendido,
sobre la espalda la arroja
con el hueso retorcido;
el suelo huele y le moja
en ardiente resoplido.   260
    La cola inquieto menea,
la diestra oreja mosquea,
vase retirando atrás,
para que la fuerza sea
mayor, y el ímpetu más.   265
    El que en esta ocasión viera
de Zaida el rostro alterado
claramente conociera
cuánto la cuesta cuidado
el que tanto riesgo espera.   270
    Mas, ¡ay! que le embiste horrendo
el animal espantoso!
Jamás peñasco tremendo
del Cáucaso cavernoso
se desgaja, estrago haciendo,   275

ni llama así fulminante
cruza en negra obscuridad
con relámpagos delante
al estrépito tronante
de sonora tempestad,   280
    como el bruto se abalanza
en terrible ligereza;
mas rota con gran pujanza
la alta nuca, la fiereza
y el último aliento lanza.   285
    La confusa vocería
que en tal instante se oyó
fue tanta que parecía
que honda mina reventó,
o el monte y valle se hundía.   290
    A caballo como estaba,
Rodrigo el lazo alcanzó
con que el toro se adornaba;
en su lanza le clavó
y a los balcones llegaba.   295
    Y alzándose en los estribos
le alarga a Zaida, diciendo:
"Sultana, aunque bien entiendo
ser favores excesivos,
mi corto don admitiendo,   300
    si no os dignáredes ser
con él benigna, advertid,
que a mí me basta saber
que no le debo ofrecer
a otra persona en Madrid."   305
    Ella, el rostro placentero,
dijo, y turbada: "Señor,
yo le admito y le venero,
por conservar el favor
de tan gentil caballero."   310
    Y besando el rico don,
para agradar al doncel,
le prende con afición
al lado del corazón,

por brinquiño y por joyel.   315
    Pero Aliatar el caudillo
de envidia ardiendo se ve,
y trémulo y amarillo,
sobre un tremecén rosillo [48]
lozaneándose fue.   320
    Y en ronca voz, "Castellano",
le dice, "con más decoros
suelo yo [49] dar de mi mano,
si no penachos de toros,
las cabezas del cristiano.   325
    "Y si vinieras de guerra
cual vienes de fiesta y gala,
vieras que en toda la tierra,
al valor que dentro encierra
Madrid, ninguno se iguala."   330
    "Así", dijo el de Vivar,
"respondo", y la lanza al ristre
pone y espera a Aliatar;
mas sin que nadie administre
orden, tocaron a armar.   335
    Ya fiero bando con gritos
su muerte o prisión pedía,
cuando se oyó en los distritos
del monte de Leganitos
del Cid la trompetería.   340
    Entre la Monclova y Soto
tercio escogido emboscó,
que viendo como tardó
se acerca, oyó el alboroto,
y al muro se abalanzó.   345
    Y si no vieran salir
por la puerta a su señor
y Zaida a le despedir,
iban la fuerza a embestir,
tal era ya su furor.   350

----

48 Caballo argelino, de Tlemcen, y de pelo mezclado de blanco,
negro y castaño.
49 En la ed. de 1821, "ya".

El alcaide, recelando
que en Madrid tenga partido,
se templó disimulando,
y por el parque florido
salió con él razonando.   355
    Y es fama que a la bajada
juró por la cruz el Cid
de su vencedora espada,
de no quitar la celada
hasta que gane a Madrid.   360

EPIGRAMA

SABER SIN ESTUDIAR

Admiróse un portugués
de ver que en su tierna infancia
todos los niños en Francia
supiesen hablar francés.
"Arte diabólica es",   5
dijo, torciendo el mostacho,
"que para hablar en gabacho,
un fidalgo en Portugal
llega a viejo, y lo habla mal;
y aquí lo parla un muchacho."   10

CANCIÓN

A PEDRO ROMERO, TORERO INSIGNE [50]

Cítara áurea de Apolo, a quien los dioses
hicieron compañera
de los regios banquetes, y ¡oh sagrada

50 Pedro Romero, nacido en Ronda en 1754 y muerto allí
en 1839, fue "matador de toros, el más ilustre de una dinastía gloriosa, y uno de los más representativos y eminentes con que cuenta
la historia del toreo". Ejerció su profesión de 1771 a 1799, y fue
hijo, nieto y hermano de toreros, todos ellos rondeños. V. José María de Cossío, Los toros: tratado técnico e histórico, III (5.ª ed., Madrid, 1965), pp. 825-834.

Musa! que el bosque de Helicón venera,
no es tiempo que reposes;   5
alza el divino canto y la acordada
voz hasta el cielo osada,
con eco que supere resonante
al estruendo confuso y vocería,
popular alegría,   10
y aplauso cortesano trïunfante,
que se escucha distante
en el sangriento coso matritense
en cuya arena intrépido se planta
el vencedor circense,   15
lleno de glorias que la fama canta.
     Otras quiere adquirir, y así de espanto
y de placer se llena
la Villa que domina entrambos mundos.
Corre el vulgo anhelante, rumor suena,   20
y se corona en tanto
de bizarros galanes sin segundos
y atletas furibundos
el ancho anfiteatro. Allí se asoma
todo el reino de Amor, y la hermosura   25
que a Venus desfigura,
y no hay humano pecho que no doma
(baldón de Grecia y Roma),
y en opulencia y aparato hesperio
muestra Madrid cuanto tesoro encierra   30
corte de tanto imperio,
del mayor soberano de la tierra.
     Pasea la gran plaza el animoso
mancebo, que la vista
lleva de todos su altivez mostrando,   35
ni hay corazón que esquivo le resista.
Sereno el rostro hermoso,
desprecia el riesgo que le está esperando;
le va apenas ornando
el bozo el labio superior, y el brío   40
muestra y valor en años juveniles
del iracundo Aquiles.

Va ufano al espantoso desafío:
¡con cuánto señorío!
¡qué ademán varonil! ¡qué gentileza!   45
Pides la venia, hispano atleta, y sales
en medio con braveza,
que llaman ya las trompas y timbales.

   No se miró Jasón tan fieramente
en Colcos embestido   50
por los toros de Marte, ardiendo en llama,
como precipitado y encendido
sale el bruto valiente
que en las márgenes corvas de Jarama
rumió la seca grama.   55
Tú le esperas, a un numen semejante,
sólo con débil, aparente escudo,
que dar más temor pudo;
el pie siniestro y mano está delante;
ofrécesle arrogante   60
tu corazón que hiera, el diestro brazo
tirado atrás con alta gallardía;
deslumbra hasta el recazo
la espada, que Mavorte envidiaría.

   Horror pálido cubre los semblantes,   65
en trasudor bañados,
del atónito vulgo silencioso;
das a las tiernas damas mil cuidados
y envidia a sus amantes;
todo el concurso atiende pavoroso   70
el fin de este dudoso
trance. La fiera que llamó el silbido
a ti corre veloz, ardiendo en ira,
y amenazando mira
el rojo velo al viento suspendido.   75
Da tremendo bramido,
como el toro de Fálaris ardiente,
hácese atrás, resopla, cabecea,
eriza la ancha frente,
la tierra escarba y larga cola ondea.   80

   Tu anciano padre, el gladiator ibero

que a Grecia España opone,
con el silvestre olivo coronado,
por quien la áspera Ronda ya se pone
sobre Elis, [51] y el ligero   85
Asopo [52] el raudo curso ha refrenado,
cediendo al despeñado
Guadalevín; [53] tu padre, que el famoso
nombre y valor en ti ve renovarse,
no puede serenarse,   90
hasta que mira al golpe poderoso
el bruto impetuoso
muerto a tus pies, sin movimiento y frío,
con temeraria y asombrosa hazaña,
que por nativo brío   95
solamente no es bárbara en España.

¿Quién dirá el grito y el aplauso inmenso
que tu acción vocifera,
si el precio de tus méritos pregona
la envidia, con adorno a la extranjera,   100
que dice: "En el extenso
mundo, ¿cuál rey que ciña la corona
entre hijos de Belona
podrá mandar a sus vasallos fieros
(como el dueño feliz de las Españas)   105
hacer tales hazañas?
¿Cuál vencerán a indómitos guerreros
en lances verdaderos,
si éstos sus juegos son y su alegría?"
¡Oh! no conozca España qué varones   110
tan invencibles cría!
¡Rogádselo a los cielos, oh naciones!

---

51 En Elis, país del Peloponeso, estaba Olimpia, donde se celebraban los juegos dedicados a Zeus.

52 Río griego.

53 Las ediciones que he manejado dicen *Guadalentín*; pero el río de Ronda —y se trata de ensalzar la patria del héroe— no es éste, sino el Guadalevín, que corre entre las rocas ("despeñado") para formar el grandioso *tajo* rondeño. El Guadalentín, en cambio, nace en la Provincia de Jaén para entrar después en la de Granada, sin acercarse a Ronda, de donde eran no sólo Pedro Romero sino también su padre y su abuelo.

Y tú, por quien Vandalia [54] nombre toma
cual la aquiva Corinto
(ni tal vio el Circo Máximo de Roma),   115
si algo ofrece a mi verso el dios de Cinto,
tu gloria llevaré del occidente
a la aurora, pulsando el plectro de oro;
la patria eternamente
te dará aplauso, y de Aganipe el coro.   120

ODA

LA BARQUERILLA

En la olorosa,
áspera Alcarria,
antes que el Tajo
reciba al Arlas,
corriendo lentas   5
sus verdes aguas,
en un remanso
hay una barca.
No la que ofrece
Zorita la alta,   10
que al trato sirve
de puente vaga,
sino en la selva
más solitaria,
con cañamares,   15
nogueras anchas,
sabina, enebro,
junco y retamas.
Llegué aquí el día
que en Libra iguala   20
Cintio las horas,
y él tramontaba.
Vi una barquilla

54 Andalucía.

muy adornada
con gallardetes,   25
tendal y varias
flores, que penden
haciendo sartas.
Una barquera
hallé bizarra,   30
de pocos años
y muchas gracias.
Sola y dichosa
cantando estaba,
libre de penas,   35
de envidia y saña.
La barca piso,
que desamarra,
y a la maroma
va la zagala.   40
Cógela pronta
con tierna palma
y el pie siniestro
luego adelanta;
gracioso zuño   45
la hermosa cara
pone, y a fuerza
la tierra aparta.
    Tanto silencio,
modestia tanta,   50
me deja absorto
más que sus gracias;
ni a hablar me atrevo,
que aunque sin armas
temor inspira   55
la virtud santa.
Mas cuando el medio
camino falta,
veis numerosa
sonora banda   60
que de perdices
atravesaba.

No me detengo,
pongo a la cara
mi arcabuz, tiro,   65
cae una al agua;
la misma sesga
corriente mansa
la va trayendo,
y ella la alcanza.   70
   "Ninfa", la dije,
"de esta comarca,
mi don ensalcen
las circunstancias,
y aunque pequeño   75
mírale grata,
que acaso ofrezco
también el alma."
Ella modesta
y avergonzada,   80
tiñó la nieve
con escarlata,
y agradecida
paró la barca.
Las puras ondas   85
su curso paran.
El rico Tajo,
a quien la Alcarria
no le ve anciano
cual Lusitania,   90
sino que joven
sobre pizarras
y entre albareñas
olivas [55] marcha,
envidïoso   95
la frente alzaba,

---

55 Entre olivos de hojas blanquecinas o color verde claro, como
el olivo varal blanco. Los diccionarios que he manejado no traen
albareño, aunque sí *albar*, que "se dice de cualquiera cosa que tiene
color blanco, distinguiéndose de su especie por él: como tomillo albar,
conejo albar, etc." (*Dicc. Aut.*).

que balsaminas
se la enguirnaldan.
    Cuando a mi ruego
la vi ya humana,   100
dije: "Si gustas,
barquera, canta."
Cantó… Fecundo
bosque de Palas, [56]
junqueras verdes,   105
silvestres cañas
que el eco oísteis
de mi serrana,
su melodía,
donaire y gracia,   110
decid si oyeron
duliquias [57] barcas
tanto a Sirenas
sicilïanas.
Las soledades   115
de aquella estancia,
la sombra obscura
que se adelanta,
fresco favonio,
mareta blanda   120
y el manso arrullo
que entre espadañas
forman las olas
de aquellas playas,
todo suspende,   125
todo arrebata:
naturaleza
padece calma.
    Cantó las selvas
y sus ventajas,   130
con voz sonora
y regalada.

[56] Olivar.
[57] Pertenecientes a Ulises, cuyo reino incluía la isla de Duliquio.

Cantó la pompa
fugaz y vana
de la opulenta,   135
soberbia Mantua. [58]
Yo, a quien hechiza
dulzura tanta,
dije: "Barquera,
¡oh! si duraran   140
navegaciones
tan fortunadas,
para que juntos
fuéramos hasta
do no vararon   145
quillas hispanas!
Cupido mismo,
sentado en la alta
popa, la nave
nos gobernara.   150
Venus en rica
concha de nácar,
o Galatea
sobre las aguas
te juzgaría;   155
mas débil aura
ya el leño en esta
ribera encalla."
  Salgo a la tierra
no deseada   160
cuando la noche
del cielo baja.
"Adiós, barquera",
dije, "gallarda,
adiós..." Y al labio   165
la voz le falta.

---

[58] Mantua Carpetanorum, o Madrid.

JOSÉ DE CADALSO

Hijo de un comerciante acomodado, José de Cadalso nació en Cádiz el 8 de octubre de 1741. Se educó allí, y luego en París y Madrid. Hizo extensos viajes por el extranjero, perfeccionándose en varias lenguas modernas. Los abundantes ocios que le proporcionó su carrera militar los dedicó a las letras, concurriendo a la tertulia de la Fonda de San Sebastián y escribiendo, además de sus versos, obras satíricas en prosa (señaladamente las *Cartas marruecas* y *Los eruditos a la violeta*), las discutidísimas *Noches lúgubres* y varias tragedias, de las cuales sólo una se representó y se conserva. En la poesía lírica se destacó *Dalmiro* (seudónimo poético de Cadalso) por sus anacreónticas, género cuya renovada popularidad entre sus contemporáneos se debió a su ejemplo e influencia. Fue Cadalso quien animó a Jovellanos a escribir versos; y destinado a Salamanca se puso en contacto con los poetas de aquella escuela, quienes le veneraron como guía y maestro. Cadalso cayó en el sitio de Gibraltar en la noche del 26 de febrero de 1782.

EDICIONES

Vázquez, José [seudónimo de Cadalso]. *Ocios de mi juventud.* Madrid: Sancha, 1773.
Obras. 4 vols. Madrid: Mateo Repullés, 1803.
Obras. 3 vols. Madrid: Mateo Repullés, 1818.
BAE, LXI.

ESTUDIOS

Glendinning, Nigel. *Vida y obra de Cadalso.* Madrid, 1962.
Sebold, Russell P. *Colonel Don José Cadalso.* Nueva York, 1971. Versión española: *Cadalso: el primer romántico "europeo" de España,* Madrid, 1974.

Con dos pequeñas correcciones sigo el texto de las ediciones de 1803 y 1818.

SOBRE SER LA POESÍA UN ESTUDIO FRÍVOLO,
Y CONVENIRME APLICARME A OTROS
MÁS SERIOS

Llegóse a mí con el semblante adusto,
con estirada ceja y cuello erguido
(capaz de dar un peligroso susto
al tierno pecho del rapaz Cupido),
un animal de los que llaman sabios,   5
y de este modo abrió sus secos labios:
"No cantes más de amor. Desde este día
has de olvidar hasta su necio nombre;
aplícate a la gran filosofía;
sea tu libro el corazón del hombre."   10
Fuese, dejando mi alma sorprendida
de la llegada, arenga y despedida.
¡Adiós, Filis, [59] adiós! No más amores,
no más requiebros, gustos y dulzuras,
no más decirte halagos, darte flores,   15
no más mezclar los celos con ternuras,
no más cantar por monte, selva o prado
tu dulce nombre al eco enamorado;
no más llevarte flores escogidas,
ni de mis palomitas los hijuelos,   20
ni leche de mis vacas más queridas,
ni pedirte ni darte ya más celos,
ni más jurarte mi constancia pura,
por Venus, por mi fe, por tu hermosura.
No más pedirte que tu blanca diestra   25
en mi sombrero ponga el fino lazo,
que en sus colores tu firmeza muestra,

---

59 Filis, nombre corrientísimo en la poesía pastoril, es el que
dio Cadalso a su amada, la actriz María Ignacia Ibáñez, a quien
conoció probablemente a principios de 1770 y quien murió el 22 de
abril de 1771. María Ignacia hizo el papel principal en la tragedia
Hormesinda de Nicolás Fernández de Moratín y en la de Cadalso,
Don Sancho García. V. Nigel Glendinning, *Vida y obra de Cadalso*
(Madrid, 1962), pp. 128 y ss. A la luz de este libro hay que co-
rregir lo que antes había escrito Cotarelo, pp. 93 y ss.

que allí le colocó tu airoso brazo;
no más entre los dos un albedrío,
tuyo mi corazón, el tuyo mío.   30

Filósofo he de ser, y tú, que oíste
mis versos amorosos algún día,
oye sentencias con estilo triste
o lúgubres acentos, Filis mía,
y di si aquél que requebrarte sabe,   35
sabe también hablar en tono grave.

SOBRE EL PODER DEL TIEMPO

Todo lo muda el tiempo, Filis mía,
todo cede al rigor de sus guadañas;
ya transforma los valles en montañas,
ya pone un campo donde un mar había.
Él muda en noche opaca el claro día,   5
en fábulas pueriles las hazañas,
alcázares soberbios en cabañas,
y el juvenil ardor en vejez fría.
Doma el tiempo al caballo desbocado,
detiene al mar y viento enfurecido,   10
postra al león y rinde al bravo toro.
Sola una cosa al tiempo denodado
ni cederá, ni cede, ni ha cedido,
y es el constante amor con que te adoro.

AL PINTOR QUE ME HA DE RETRATAR

Discípulo de Apeles,
si tu pincel hermoso
empleas por capricho
en este feo rostro,
no me pongas ceñudo,   5
con iracundos ojos,
en la diestra el estoque

de Toledo famoso,
y en la siniestra el freno
de algún bélico monstruo,   10
ardiente como el rayo,
ligero como el soplo;
ni en el pecho la insignia
que en los siglos gloriosos
alentaba a los nuestros,   15
aterraba a los moros;
ni cubras este cuerpo
con militar adorno,
metal de nuestras Indias,
color azul y rojo;   20
ni tampoco me pongas,
con vanidad de docto,
entre libros y planos,
entre mapas y globos.
Reserva esta pintura   25
para los nobles locos,
que honores solicitan
en los siglos remotos;
a mí, que sólo aspiro
a vivir con reposo   30
de nuestra frágil vida
estos instantes cortos,
la quietud de mi pecho
representa en mi rostro,
la alegría en la frente,   35
en mis labios el gozo.
Cíñeme la cabeza
con tomillo oloroso,
con amoroso mirto,
con pámpano beodo;   40
el cabello esparcido,
cubriéndome los hombros,
y descubierto al aire
el pecho bondadoso;
en esta diestra un vaso   45
muy grande, y lleno todo

de jerezano néctar
o de manchego mosto;
en la siniestra un tirso,
que es bacanal adorno,   50
y en postura de baile
el cuerpo chico y gordo,
o bien junto a mi Filis,
con semblante amoroso,
y en cadenas floridas   55
prisionero dichoso.
Retrátame, te pido,
de este sencillo modo,
y no de otra manera,
si tu pincel hermoso   60
empleas, por capricho,
en este feo rostro.

A LA PELIGROSA ENFERMEDAD DE FILIS

Si el cielo está sin luces,
el campo está sin flores,
los pájaros no cantan,
los arroyos no corren,
no saltan los corderos,   5
no bailan los pastores,
los troncos no dan frutos,
los ecos no responden...
es que enfermó mi Filis
y está suspenso el orbe.   10

ANACREÓNTICA

¿Quién es aquél que baja
por aquella colina,
la botella en la mano,
en el rostro la risa,

de pámpanos y hiedra   5
la cabeza ceñida,
cercado de zagales,
rodeado de ninfas,
que al son de los panderos
dan voces de alegría,   10
celebran sus hazañas,
aplauden su venida?
Sin duda será Baco,
el padre de las viñas.
Pues no, que es el poeta   15
autor de esta letrilla.

LETRILLA SATÍRICA, IMITANDO EL ESTILO
DE GÓNGORA Y QUEVEDO

Que dé la viuda un gemido
por la muerte del marido,
        ya lo veo;
pero que ella no se ría
si otro se ofrece en el día,   5
        no lo creo.
Que Cloris me diga a mí:
"Sólo he de quererte a ti",,
        ya lo veo;
pero que siquiera a ciento   10
no haga el mismo cumplimiento,
        no lo creo.
Que los maridos celosos
sean más guardias que esposos,
        ya lo veo;   15
pero que estén las malvadas,
por más guardias, más guardadas,
        no lo creo.
Que al ver de la boda el traje,
la doncella el rostro baje,   20
        ya lo veo;

pero que al mismo momento
no levante el pensamiento,
   no lo creo.
Que Celia tome el marido   25
por sus padres escogido,
   ya lo veo;
pero que en el mismo instante
ella no escoja el amante,
   no lo creo.   30
Que se ponga con primor
Flora en el pecho una flor,
   ya lo veo;
pero que astucia no sea
para que otra flor se vea,   35
   no lo creo.
Que en el templo de Cupido
el incienso es permitido,
   ya lo veo;
pero que el incienso baste,   40
sin que algún oro se gaste,
   no lo creo.
Que el marido a su mujer
permita todo placer,
   ya lo veo;   45
pero que tan ciego sea,
que lo que vemos no vea,
   no lo creo.
Que al marido de su madre
todo niño llame padre,   50
   ya lo veo;
pero que él, por más cariño,
pueda llamar hijo al niño,
   no lo creo.
Que Quevedo criticó   55
con más sátira que yo,
   ya lo veo;
pero que mi musa calle
porque más materia no halle,
   no lo creo.   60

INJURIA EL POETA AL AMOR

Amor, con flores ligas nuestros brazos;
los míos te ofrecí lleno de penas,
me echaste tus guirnaldas más amenas,
secáronse las flores, vi los lazos,
    y vi que eran cadenas.   5
Nos guías por la senda placentera
al templo del placer ciego y propicio;
yo te seguí, mas viendo el artificio,
el peligro y tropel de tu carrera,
    vi que era un precipicio.   10
Con dulce copa, al parecer sagrada,
al hombre brindas, de artificio lleno;
bebí; quemóse con su ardor mi seno;
con sed insana la dejé apurada
    y vi que era veneno.   15
Tu mar ofrece, con fingida calma,
bonanza sin escollo ni contagio;
yo me embarqué con tal falaz presagio,
vi cada rumbo que se ofrece al alma,
    y vi que era un naufragio.   20
El carro de tu madre, ingrata diosa,
vi que tiraban aves inocentes;
besáronlas mis labios imprudentes,
el pecho me rasgó la más hermosa
    y vi que eran serpientes.   25
Huye, Amor, de mi pecho ya sereno,
tus alas mueve a climas diferentes,
lleva a los corazones imprudentes
cadenas, precipicios y veneno,
    naufragios y serpientes.   30

ANACREÓNTICA

Unos pasan, amigo,
estas noches de enero
junto al balcón de Cloris,

con lluvia, nieve y hielo;
otros la pica al hombro,   5
sobre murallas puestos,
hambrientos y desnudos,
pero de gloria llenos;
otros al campo raso,
las distancias midiendo   10
que hay de Venus a Marte,
que hay de Mercurio a Venus;
otros en el recinto
del lúgubre aposento,
de Newton o Descartes   15
los libros revolviendo;
otros contando ansiosos
sus mal habidos pesos,
atando y desatando
los antiguos talegos.   20
Pero acá lo pasamos
junto al rincón del fuego,
asando unas castañas,
ardiendo un tronco entero,
hablando de las viñas,   25
contando alegres cuentos,
bebiendo grandes copas,
comiendo buenos quesos;
y a fe que de este modo
no nos importa un bledo   30
cuanto enloquece a muchos,
que serían muy cuerdos
si hicieran en la corte
lo que en la aldea hacemos.

RENUNCIANDO AL AMOR Y A LA POESÍA LÍRICA
CON MOTIVO DE LA MUERTE DE FILIS

Mientras vivió la dulce prenda mía,
Amor, sonoros versos me inspiraste;
obedecí la ley que me dictaste,
y sus fuerzas me dio la poesía.

Mas ¡ay! que desde aquel aciago día 5
que me privó del bien que tú admiraste,
al punto sin imperio en mí te hallaste,
y hallé falta de ardor a mi Talía.

Pues no borra su ley la Parca dura,
a quien el mismo Jove no resiste, 10
olvido el Pindo y dejo la hermosura.

Y tú también de tu ambición desiste,
y junto a Filis tengan sepultura
tu flecha inútil y mi lira triste.

A LA MUERTE DE FILIS

En lúgubres cipreses
he visto convertidos
los pámpanos de Baco
y de Venus los mirtos;
cual ronca voz del cuervo 5
hiere mi triste oído
el siempre dulce tono
del tierno jilguerillo;
ni murmura el arroyo
con delicioso trino; 10
resuena cual peñasco
con olas combatido.
En vez de los corderos
de los montes vecinos
rebaños de leones 15
bajar con furia he visto;
del sol y de la luna
los carros fugitivos
esparcen negras sombras
mientras dura su giro; 20
las pastoriles flautas,
que tañen mis amigos,
resuenan como truenos
del que reina en Olimpo.
Pues Baco, Venus, aves, 25

     arroyos, pastorcillos,
     sol, luna, todos juntos
     miradme compasivos,
     y a la ninfa [60] que amaba
     al infeliz Narciso,   30
     mandad que diga al orbe
     la pena de Dalmiro.

A LA PRIMAVERA, DESPUÉS DE LA MUERTE DE FILIS

     No basta que en su cueva se encadene
el uno y otro proceloso viento,
ni que Neptuno mande a su elemento
con el tridente azul que se serene,
     ni que Amaltea el fértil campo llene   5
de fruta y flor, ni que con nuevo aliento
al eco den las aves dulce acento,
ni que el arroyo desatado suene.
     En vano anuncias, verde primavera,
tu vuelta de los hombres deseada,   10
triunfante del invierno triste y frío.
     Muerta Filis, el orbe nada espera,
sino niebla espantosa, noche helada,
sombras y sustos, como el pecho mío.

[60] Eco.

MARÍA GERTRUDIS DE HORE

Nació en Cádiz, de padres irlandeses, el 5 de diciembre de 1742. Después de una misteriosa historia de amores, recogida por Fernán Caballero en *La hija del sol* (apodo que a la poetisa le valieran sus talentos), ingresó, con el consentimiento de su marido, en un monasterio, donde profesó en 1780. Murió en Cádiz el 9 de agosto de 1801.

MANUSCRITOS

Biblioteca de Menéndez Pelayo (Santander), Ms. 544 (Papeles de Valmar). Es una copia, al parecer hecha por Eustaquio Fernández de Navarrete en el siglo XIX.

Biblioteca Nacional (Madrid), Ms. 3751, ff. 232-244: *Poesías varias de D.ª María Gertrudis Hore, llamada la Hija del Sol, religiosa en el Convento de la Purísima Concepción de Cádiz*. Es una copia de principios del siglo XIX.

EDICIÓN

BAE, LXVII. Cueto utilizó el manuscrito que le había enviado E. Fernández de Navarrete, pero hizo numerosos cambios en los textos, pasando a veces por dos redacciones antes de dar con expresión que le agradase.

ESTUDIO

Serrano y Sanz, Manuel. *Apuntes para una biblioteca de escritoras españolas desde el año 1401 al 1833*. 2 vols. Madrid, 1903-1905. Tomo I, pp. 523-532.

Sigo el manuscrito de la Biblioteca de Menéndez Pelayo, aunque son defectuosos algunos de sus versos. El manuscrito de la Biblioteca Nacional no contiene los poemas que he elegido; pero para los que aparecen en ambos manuscritos, el texto de Madrid apoya el de Santander, contra los cambios introducidos por Cueto. Admito algunos de éstos entre corchetes donde se hace imprescindible la corrección y donde falta un verso.

ANACREÓNTICA

EL NIDO

I

Yo advertí en un hueco
de mal juntas vigas
haciendo su nido
una golondrina.
Vi que de la tierra,   5
donde agua caía,
formaba una mezcla,
que llevaba arriba
y que, cuidadosa,
con el pico unía   10
las pequeñas partes
que juntando iba.
Luego que a su gusto
la casa fabrica,
a solo alhajarla   15
con cuidado aspira.
Las plumas más suaves
del pecho se quita,
porque encuentre lecho
la esperada cría.   20
Dejéla en su obra,
pasáronse días,
volví, y encontréla
llena de alegría.
A tres pajarillos,   25
que amante acaricia,
con las alas cubre,
con el pecho abriga.
Tal vez se levanta,
y a buscar camina   30
el tierno sustento,
que ya necesitan;
y tal vez su amante
su cuidado evita.

trayéndole insectos   35
que halla en la campiña.
   Los tiernos polluelos,
¡con qué gracia pían!
Ah, si tú los vieras,
¡qué gusto tendrías!   40
   Vieras a la madre
con cuánta justicia
el dulce sustento
les distribuía.
   Vieras... Mas ¿qué digo?   45
Veráslo algún día.
Sí, ven a la aldea;
mientras allí asistas
   ésta es en tu ausencia
la diversión mía,   50
y lo será siempre
que estés en la villa.

II

   ¡Déjame que llore;
déjame que sienta!
¡Ah, muchacho infame!
¡Pobres avezuelas!
   Ayer ¡ay Mirtilo!   5
volvía contenta
a ver de mi nido
las amables prendas.
   Vilo ¡ay triste vista!
¡nunca yo lo viera!   10
deshecho y rompido,
todo por la tierra.
   Un muchacho aleve
con una cañuela
seguía obstinado   15
la villana empresa.
   El resto del nido
en las vigas queda,

de un triste polluelo
inútil defensa.   20
    Pero el inhumano
abatirlo intenta;
percíbolo, grito,
corro en su defensa;
    mas no llegué a tiempo,   25
que el pájaro apenas
de las vigas cae
y en mi pecho queda.
    Los dos pajarillos
robados se lleva;   30
no puedo seguirlo
por el que me queda.
    La madre los mira
puesta en una teja,
y en su triste canto   35
llora su tragedia.
    El que yo guardaba
ya palpita y tiembla
y en mis mismas manos
muertecito queda.   40
    Y pues ya tú sabes
mi angustia y mi pena,
déjame que llore,
déjame que sienta.

ENDECASÍLABOS

Los dulcísimos metros que tu pluma
hoy me dirige, amada amiga mía,
fueran el refrigerio más gustoso,
si admitieran alguno mis fatigas;
la paz, con que el amor y la fortuna   5
la bella unión coronan a porfía
de tantas bellas almas, que su culto
engrandecen con ver que se dedican,
celebrara, si acaso ser pudiera,

que por bien estimara la alegría;   10
mas yo, que la conozco cierto anuncio
de tristezas, pesares y fatigas,
compadezco las almas que, engañadas,
en su inconstante duración se fían,
y huyendo del contagio que las cerca,   15
me acojo a mi feliz melancolía.
Si ésta cede al encanto que le ofrecen
de tu discurso las pinturas vivas,
mil funestos objetos me prevengo
porque conserven las tristezas mías.   20
¡Qué estado tan feliz! Quien le conoce
no apetece más gustos ni más dichas,
pues libre del temor y la esperanza
es [60a] de la nada, y nada le lastima.
El aire brama en fuertes huracanes,   25
la tierra toda tiembla estremecida,
una escuadra se sorbe el mar airado,
destruye un edificio llama activa;
perecerá, si perecer le toca,
pero no temblará con cobardía   30
el sabio corazón que reconoce
que nada pierde con perder la vida.
No reirá cual Heráclito del mundo
vanas perecederas alegrías,
ni cual Demócrito llorará las tristes   35
funestas consecuencias que las sigan;
mas como aquel filósofo del Támesis, [61]
huyendo, sí, sus engañosas dichas
y los vanos objetos que interpone
para que la verdad se nos resista,   40
se entra por los altísimos cipreses
y con el mayor gusto ve y visita
sepulcrales cavernas, a quien sólo
de la muerte blandones iluminan;

60a En el ms., *era*. Cueto enmienda a *piensa en la nada*...
61 Aquí y en los versos que siguen se refiere la poetisa a Edward
Young y sus *Night Thoughts* (1742-1744), que tanto influyeron en la
literatura prerromántica europea.

y leyendo piadosos epitafios   45
de los pasados, su memoria viva
se complace en tan lúgubre ejercicio
y con cuidado pisa sus cenizas.
Yo exclamaré con él, que aquel imperio
en que la muerte en trono de ruïnas   50
soberana se ostenta a los humanos,
un asilo le ofrece a sus desdichas.
Aquí el alma ha de entrar, y aquí es preciso
que el pensamiento siempre se dirija,
y para su consuelo y su remedio   55
como recreo este paseo admita.
¡Cuán mortal es [¡oh Dios!] para el orgullo
y cuán suave a la verdad benigna
de estos cóncavos siempre tenebrosos
el aire que gustoso se respira!   60
¡Sí, sí, divino Young! contigo entro;
al ver tu ejemplo, mi valor se anima,
y de ti acompañad[a] sin recelo
compararé la muerte con la vida.
De aquélla el horroroso y triste aspecto   65
me atreveré a mirar con frente altiva,
y en los sepulcros de las almas grandes
las palmas cogeré en tu compañía.
Mas ¿dónde voy?... Perdona mis discursos,
mi distracción perdona, amiga mía,   70
que del inglés filósofo la cuarta
Noche me arrebató mi fantasía.
No, aunque me ves gustosa en mi tristeza,
dejes de condenarla y combatirla;
yo no merezco tu piedad, pues necia   75
huyo el remedio al punto que le indica.
¿Qué tengo, desgraciada? ¿Qué me aflige?
[¿Vencen mi corazón las penas mías?]
No, pues ya la costumbre las ha hecho
indiferentes cuasi, por continuas.   80
¿Es más que, te pregunto, el corto alivio
que hallaban mis pesares en el día
para el instante que alternar lograba

contristada mi voz melancolías?
Y este corto consuelo, rigurosas   85
leyes de esta república me privan [62]
por un espacio que cual siglos cuento,
aunque los cuenten todos como días.
Feliz tú, que viviendo en otro mundo,
[disfrutas de] la amable compañía   90
de tus amigas, sin que estorbo alguno
incomode lo firme de tu dicha.

---

[62] *Privan* debe tomarse como verbo transitivo cuyo sujeto es
leyes y cuyo complemento directo es *consuelo*.

GASPAR MELCHOR DE JOVELLANOS

Nació de familia noble en Gijón el 5 de enero de 1744. Estudió en las universidades de Oviedo, Ávila y Alcalá, especializándose en derecho civil y canónico. Fue magistrado en Sevilla y Madrid, fundador del Real Instituto Asturiano de Náutica y Mineralogía en Gijón, Ministro de Gracia y Justicia, individuo de las Reales Academias Eñola, de la Historia, de San Fernando y otras, prisionero político en Mallorca de 1801 a 1808, y, durante la Guerra de la Independencia, miembro de la Junta Central. Ejerció gran influencia en los poetas salmantinos. Dramaturgo, poeta, autor de numerosas obras sobre economía, teoría política, pedagogía, bellas artes y otros muchos temas, Jovellanos fue un auténtico polígrafo, noble ejemplo del hombre de bien y el representante más distinguido de la Ilustración española. Murió en Puerto de Vega (Asturias) el 27 de noviembre de 1811.

EDICIONES

Colección de varias obras en prosa y verso, ed. Ramón María Cañedo. 7 vols. Madrid: Imprenta de D. León Amarita, 1830-1832.

Obras publicadas e inéditas. 5 vols. I y II, ed. Cándido Nocedal (*BAE,* XLVI y L). Madrid, 1858-1859. III, IV y V, ed. Miguel Artola (*BAE,* LXXXV-LXXXVII). Madrid, 1956.

Poesías, ed. José Caso González. Oviedo, 1961.

Obras completas, I *(Obras literarias),* ed. José Miguel Caso González. Oviedo, 1984.

BIBLIOGRAFÍAS

Caso González, José. "Notas críticas de bibliografía jovellanista (1950-1959)." *Boletín de la Biblioteca de Menéndez Pelayo,* XXXVI (1960), 179-213.

Rick, Lilian L. *Bibliografía crítica de Jovellanos (1901-1976)* (Textos y Estudios del Siglo XVIII, 7). Oviedo, 1977.

Somoza de Montsoriú, Julio. *Inventario de un jovellanista.* Madrid, 1901.

Suárez, Constantino. *Escritores y artistas asturianos: índice biobibliográfico,* IV (Oviedo, 1955), 532-616 [ed. José María Martínez Cachero].

ESTUDIOS

Arce, Joaquín. "Jovellanos y la sensibilidad prerromántica". *Boletín de la Biblioteca de Menéndez Pelayo*, XXXVI (1960), 139-177.

Caso González, José M. *La poética de Jovellanos*. Madrid, 1972.

Ceán Bermúdez, Juan Agustín. *Memorias para la vida del Excmo. Señor D. Gaspar Melchor de Jove Llanos*. Madrid, 1814 [1820].

Polt, John H. R. *Gaspar Melchor de Jovellanos*. Nueva York, 1971.

Zavala, Iris M. "Jovellanos y la poesía burguesa." *Nueva Revista de Filología Hispánica*, XVIII (1965-66), 47-64.

En espera de la edición de 1984, sigo la de 1961, modelo de ediciones críticas para textos del siglo XVIII, y utilizo algunas de sus notas.

ELEGÍA

A LA AUSENCIA DE MARINA

Corred sin tasa de los ojos míos,
¡oh lágrimas amargas!,[63] corred libres
de estos míseros ojos, que ya nunca,
como en los días de contento y gloria,
recrearán las gracias de Marina.   5
Corred sin tasa, y del cuitado Anselmo
regando el pecho dolorido y triste,
corred hasta inundar la yerta tierra
que antes Marina honraba con su planta.
¡Ay! ¿Dó te lleva tu maligna estrella,   10
infeliz hermosura? ¿Dónde el hado,
conmigo ahora adverso y rigoroso,
quiere esconder la luz de tu belleza?
¿Quién te separa de los dulces brazos
de tu Anselmo, Marina desdichada?   15
¿Quién, de amargura y palidez cubierto
el rostro celestial, suelto y sin orden
el hermoso cabello, triste, sola,
y a mortales congojas entregada,
de mi lado te aleja y de mi vista?   20
Terrible ausencia, imagen de la muerte,
tósigo del amor, fiero cuchillo
de las tiernas alianzas, ¿quién, oh cruda,
entre dos almas que el amor unía
con vínculos eternos, te interpuso?   25
¿Y podrá Anselmo, el sin ventura Anselmo,
en cuyo blando corazón apenas
caber la dicha y el placer podían,
podrá sobrevivir al golpe acerbo
con que cruel tu brazo le atormenta?   30
¡Ah! ¡Si pudiera en este aciago instante,
sobre las alas del amor llevado,
alcanzarte, Marina, en el camino!

---

[63] "El arranque de esta Elegía recuerda el estribillo del canto de Salicio en la Égloga I de Garcilaso: *Salid sin duelo, lágrimas, corriendo*". (Nota de José Caso González en la edición citada).

¡Ay! ¡Si le fuera dado acompañarte
por los áridos campos de la Mancha,   35
siguiendo el coche en su veloz carrera!
¡Con cuánto gusto al mayoral unido
fuera desde el pescante con mi diestra
las corredoras mulas aguijando!
¡O bien, tomando el traje y el oficio   40
de su zagal, las plantas presuroso
moviera sin cesar, aunque de llagas
mil veces el cansancio las cubriese!
¡Con cuánto gusto a ti de cuando en cuando
volviera el rostro de sudor cubierto,   45
y tan dulce fatiga te ofreciera!
¡Ah! ¡Cuán ansioso alguna vez llegara,
envuelto en polvo, hasta tu mismo lado,
y subiendo al estribo te pidiera
que con tu blanca mano mitigases   50
el ardor de mi frente, o con tus labios
dieses algún recreo a mis fatigas! [64]

EPÍSTOLA

DE JOVINO A ANFRISO,
ESCRITA DESDE EL PAULAR [65]

Credibile est illi numen inesse loco. (OVIDIO)

Desde el oculto y venerable asilo,
do la virtud austera y penitente
vive ignorada, y del liviano mundo
huída, en santa soledad se esconde,
Jovino triste al venturoso Anfriso   5
salud en versos flébiles envía.
Salud le envía a Anfriso, al que inspirado

64 Caso, *ed. cit.*, p. 106, sugiere que "el final brusco da la impresión de que Jovellanos no llegó a concluir el poema; esto podría
explicar que no hubiera sido incluida [la Elegía] en ninguna de las
colecciones conocidas".
65 *Anfriso* es el amigo de Jovellanos y su colega en la magistratura, Mariano Colón de Larreátegui, futuro Duque de Veragua. Jovellanos fue a El Paular, monasterio en la Sierra de Guadarrama, en
el desempeño de sus funciones de Alcalde de Casa y Corte en julio

de las mantuanas Musas, [66] tal vez suele
al grave son de su celeste canto
precipitar del viejo Manzanares   10
el curso perezoso, tal süave
suele ablandar con amorosa lira
la altiva condición de sus zagalas.

¡Pluguiera a Dios, oh Anfriso, que el cuitado
a quien no dio la suerte tal ventura   15
pudiese huir del mundo y sus peligros!
¡Pluguiera a Dios, pues ya con su barquilla
logró arribar a puerto tan seguro,
que esconderla supiera en este abrigo,
a tanta luz y ejemplos enseñado!   20
Huyera así la furia tempestuosa
de los contrarios vientos, los escollos
y las fieras borrascas, tantas veces
entre sustos y lágrimas corridas.
Así también del mundanal tumulto   25
lejos, y en estos montes guarecido,
alguna vez gozara del reposo,
que hoy desterrado de su pecho vive.

Mas, ¡ay de aquél que hasta en el santo asilo
de la virtud arrastra la cadena,   30
la pesada cadena, con que el mundo
oprime a sus esclavos! ¡Ay del triste
en cuyo oído suena con espanto,
por esta oculta soledad rompiendo,
de su señor el imperioso grito!   35

---

de 1779, y allí escribió una primera versión de este poema, publicada por José Caso González, " 'Entretenimientos juveniles de Jovino': Un manuscrito de Menéndez Pelayo y una versión inédita de
la 'Epístola del Paular' ", *Boletín de la Biblioteca de Menéndez Pelayo*, XXXVI (1960), 109-138 (véase ahora la edición de las *Poesías*,
pp. 175-181). La segunda versión, más conocida, es la que doy
aquí. Debe de haberse compuesto en 1780, y se publicó en 1781.
Para la respuesta de Colón, véase mi artículo, "Versos en torno a
Jovellanos", *Boletín del Centro de Estudios del Siglo XVIII*, N.º 2
(1974), pp. 14 y ss. El epígrafe, de los *Amores*, Libro III, Elegía I:
"Se diría que un dios habita aquel lugar".
66. Las Musas madrileñas, por la identificación de Madrid con
la antigua Mantua Carpetanorum.

Busco en estas moradas silenciosas
el reposo y la paz que aquí se esconden,
y sólo encuentro la inquietud funesta
que mis sentidos y razón conturba.
Busco paz y reposo, pero en vano   40
los busco, oh caro Anfriso, que estos dones,
herencia santa que al partir del mundo
dejó Bruno en sus hijos vinculada,
nunca en profano corazón entraron,
ni a los parciales del placer se dieron.   45
    Conozco bien que fuera de este asilo
sólo me guarda el mundo sinrazones,
vanos deseos, duros desengaños,
susto y dolor; empero todavía   50
a entrar en él no puedo resolverme.
No puedo resolverme, y despechado,
sigo el impulso del fatal destino,
que a muy más dura esclavitud me guía.
Sigo su fiero impulso, y llevo siempre
por todas partes los pesados grillos,   55
que de la ansiada libertad me privan.
    De afán y angustia el pecho traspasado,
pido a la muda soledad consuelo
y con dolientes quejas la importuno.
Salgo al ameno valle, subo al monte,   60
sigo del claro río las corrientes,
busco la fresca y deleitosa sombra,
corro por todas partes, y no encuentro
en parte alguna la quietud perdida.
¡Ay, Anfriso, qué escenas a mis ojos,   65
cansados de llorar, presenta el cielo!
Rodeado de frondosos y altos montes
se extiende un valle, que de mil delicias
con sabia mano ornó Naturaleza.
Pártele en dos mitades, despeñado   70
de las vecinas rocas, el Lozoya,
por su pesca famoso y dulces aguas.
Del claro río sobre el verde margen
crecen frondosos álamos, que al cielo

ya erguidos, alzan las plateadas copas,   75
o ya sobre las aguas encorvados,
en mil figuras miran con asombro
su forma en los cristales retratada.
De la siniestra orilla un bosque ombrío
hasta la falda del vecino monte   80
se extiende, tan ameno y delicioso,
que le hubiera juzgado el gentilismo
morada de algún dios, o a los misterios
de las silvanas dríadas guardado.
Aquí encamino mis inciertos pasos,   85
y en su recinto ombrío y silencioso,
mansión la más conforme para un triste,
entro a pensar en mi cruel destino.
La grata soledad, la dulce sombra,
el aire blando y el silencio mudo   90
mi desventura y mi dolor adulan.
   No alcanza aquí del padre de las luces
el rayo acechador, ni su reflejo
viene a cubrir de confusión el rostro
de un infeliz en su dolor sumido.   95
El canto de las aves no interrumpe
aquí tampoco la quietud de un triste,
pues sólo de la viuda tortolilla
se oye tal vez el lastimero arrullo,
tal vez el melancólico trinado   100
de la angustiada y dulce Filomena.
Con blando impulso el céfiro süave,
las copas de los árboles moviendo,
recrea el alma con el manso ruido;
mientras al dulce soplo desprendidas   105
las agostadas hojas, revolando,
bajan en lentos círculos al suelo;
cúbrenle en torno, y la frondosa pompa
que al árbol adornara en primavera,
yace marchita, y muestra los rigores   110
del abrasado estío y seco otoño.
¡Así también de juventud lozana
pasan, oh Anfriso, las livianas dichas!

Un soplo de inconstancia, de fastidio
o de capricho femenil las tala   115
y lleva por el aire, cual las hojas
de los frondosos árboles caídas.
Ciegos empero y tras su vana sombra
de contino exhalados, en pos de ellas
corremos hasta hallar el precipicio,   120
do nuestro error y su ilusión nos guían.
Volamos en pos de ellas, como suele
volar a la dulzura del reclamo
incauto el pajarillo. Entre las hojas
el preparado visco le detiene;   125
lucha cautivo por huir, y en vano,
porque un traidor, que en asechanza atisba,
con mano infiel la libertad le roba
y a muerte le condena, o cárcel dura.

¡Ah, dichoso el mortal de cuyos ojos   130
un pronto desengaño corrió el velo
de la ciega ilusión! ¡Una y mil veces
dichoso el solitario penitente,
que, triunfando del mundo y de sí mismo,
vive en la soledad libre y contento!   135
Unido a Dios por medio de la santa
contemplación, le goza ya en la tierra,
y retirado en su tranquilo albergue,
observa reflexivo los milagros
de la naturaleza, sin que nunca   140
turben el susto ni el dolor su pecho.
Regálanle las aves con su canto
mientras la aurora sale refulgente
a cubrir de alegría y luz el mundo.
Nácele siempre el sol claro y brillante,   145
y nunca a él levanta conturbados
sus ojos, ora en el oriente raye,
ora del cielo a la mitad subiendo
en pompa guíe el reluciente carro,
ora con tibia luz, más perezoso,   150
su faz esconda en los vecinos montes.
Cuando en las claras noches cuidadoso

vuelve desde los santos ejercicios,
la plateada luna en lo más alto
del cielo mueve la luciente rueda   155
con augusto silencio; y recreando
con blando resplandor su humilde vista,
eleva su razón, y la dispone
a contemplar la alteza y la inefable
gloria del Padre y Criador del mundo.   160
Libre de los cuidados enojosos,
que en los palacios y dorados techos
nos turban de contino, y entregado
a la inefable y justa Providencia,
si al breve sueño alguna pausa pide   165
de sus santas tareas, obediente
viene a cerrar sus párpados el sueño
con mano amiga, y de su lado ahuyenta
el susto y las fantasmas de la noche.

   ¡Oh suerte venturosa, a los amigos   170
de la virtud guardada! ¡Oh dicha, nunca
de los tristes mundanos conocida!
¡Oh monte impenetrable! ¡Oh bosque ombrío!
¡Oh valle deleitoso! ¡Oh solitaria
taciturna mansión! ¡Oh quién, del alto   175
y proceloso mar del mundo huyendo
a vuestra eterna calma, aquí seguro
vivir pudiera siempre, y escondido!

   Tales cosas revuelvo en mi memoria,
en esta triste soledad sumido.   180
Llega en tanto la noche y con su manto
cobija el ancho mundo. Vuelvo entonces
a los medrosos claustros. De una escasa
luz el distante y pálido reflejo
guía por ellos mis inciertos pasos;   185
y en medio del horror y del silencio,
¡oh fuerza del ejemplo portentosa!,
mi corazón palpita, en mi cabeza
se erizan los cabellos, se estremecen
mis carnes y discurre por mis nervios   190
un súbito rigor que los embarga.

Parece que oigo que del centro oscuro
sale una voz tremenda, que rompiendo
el eterno silencio, así me dice:
"Huye de aquí, profano, tú que llevas   195
de ideas mundanales lleno el pecho,
huye de esta morada, do se albergan
con la virtud humilde y silenciosa
sus escogidos; huye y no profanes
con tu planta sacrílega este asilo."   200
De aviso tal al golpe confundido,
con paso vacilante voy cruzando
los pavorosos tránsitos, y llego
por fin a mi morada, donde ni hallo
el ansiado reposo, ni recobran   205
la suspirada calma mis sentidos.
Lleno de congojosos pensamientos
paso la triste y perezosa noche
en molesta vigilia, sin que llegue
a mis ojos el sueño, ni interrumpan   210
sus regalados bálsamos mi pena.
Vuelve por fin con la risueña aurora
la luz aborrecida, y en pos de ella
el claro día a publicar mi llanto
y dar nueva materia al dolor mío.   215

EPÍSTOLA

A BATILO [67]

Verdes campos, florida y ancha vega,
donde Bernesga [68] próvido reparte
su onda cristalina; alegres prados,

---

67 Seudónimo poético de Juan Meléndez Valdés. En relación con
esta epístola recomiendo la lectura de John Wilson Foster, "The Measu-
re of Paradise: Topography in Eighteenth-Century Poetry", *Eighteenth-
Century Studies*, 9 (1975-76), 232-256.
68 Río que nace en el Puerto de Pajares y pasa por la ciudad
de León.

antiguos y altos chopos, que su orilla
bordáis en torno, ¡ah, cuánto gozo, cuánto   5
a vuestra vista siente el alma mía!
¡Cuán alegres mis ojos se derraman
sobre tanta hermosura! ¡Cuán inquietos,
cruzando entre las plantas y las flores,
ya van, ya vienen por el verde soto   10
que al lejano horizonte dilatado
en su extensión y amenidad se pierde!
   Ora siguen las ondas transparentes
del ancho río, que huye murmurando
por entre las sonoras piedrezuelas;   15
ora de presto impulso arrebatados
se lanzan por las bóvedas sombrías
que a lo largo del soto, entretejiendo
sus copas, forman los erguidos olmos,
y mientras van acá y allá vagando,   20
la dulce soledad y alto silencio
que reina aquí, y apenas interrumpen
el aire blando y las canoras aves,
de paz mi pecho y de alegría inundan.
¿Y hay quien de sí y vosotros olvidado   25
viva en afán o muera en el bullicio
de las altas ciudades? ¿Y hay quien, necio,
del arte las bellezas anteponga,
nunca de ti, oh Natura, bien copiadas,
a ti, su fuente y santo prototipo?   30
¡Oh ceguedad, oh loco devaneo,
oh míseros mortales! Suspirando
vais de contino tras la dicha, y mientras
seguís ilusos una sombra vana
os alejáis del centro que la esconde.   35
¡Ah! ¿dónde estás, dulcísimo Batilo,
que no la vienes a gozar conmigo
en esta soledad? Ven en su busca,
do sin afán probemos de consuno
tan süaves delicias; corre, vuela,   40
y si la sed de más saber te inflama,
no creas que entre gritos y contiendas

la saciarás. ¡Cuitado!, no lo esperes,
que no escondió en las aulas rumorosas
sus mineros riquísimos Sofía.   45
    Es más noble su esfera: el universo
es un código; estúdiale, sé sabio.
Entra primero en ti, contempla, indaga
la esencia de tu ser y alto destino.
Conócete a ti mismo, y de otros entes   50
sube al origen. Busca y examina
el orden general, admira el todo,
y al Señor en sus obras reverencia.
    Estos cielos, cual bóveda tendidos
sobre el humilde globo, esa perenne   55
fuente de luz, que alumbra y vivifica
toda la creación, el numeroso
ejército de estrellas y luceros,
a un leve acento de su voz sembrados,
cual sutil polvo en la región etérea;   60
la luna en torno presidiendo augusta
de su alto carro a la callada noche;
esta vega, estos prados, este hojoso
pueblo de verdes árboles, que mueve
el céfiro con soplo regalado;   65
ésta, en fin, varia y majestuosa escena,
que de tu Dios la gloria solemniza,
a sí te llama y mi amistad alienta.
    Ven, pues, Batilo, y a su santo nombre
juntos cantemos incesantes himnos   70
en esta soledad. Aquí un alcázar,
cuyo cimiento baña respetuoso
el río, y cuyas torres eminentes
a herir se atreven las sublimes nubes,
ofrece asilo a la virtud, que humilde   75
en él se oculta y vive respetada.
Huyendo un día del liviano mundo,
halló tranquilo, inalterable albergue
entre los hijos del patrón de España,
que adornados de blancas vestiduras   80
y la cruz roja en los ilustres pechos

llevando, aquí sus leyes reconocen,
y a Dios entonan santas alabanzas,
perenne incienso enviando hasta su trono.
¡Ah!, si no es dado a nuestra voz, Batilo,   85
turbar su trono con profano acento,
ven, y en silencio al Padre Omnipotente
humilde y pura adoración rindamos.
Después iremos a gozar, subidos
en el alto terrero, de la escena   90
noble y augusta que se ofrece en torno.
De allí verás el tortüoso giro
con que el Bernesga la atraviesa, y cómo,
su corriente por ella deslizando,
ora se pierde en la intrincada selva,   95
cual de su sombra y soledad ansioso,
ora en mil arroyuelos dividido,
isletas forma, cuyo breve margen
va de rocío y flores guarneciendo.
Después reúne su caudal, y cuando,   100
robadas ya las aguas del Torío,
baña orgulloso los lejanos valles,
súbito llega do sediento el Esla
sus claras ondas y su nombre traga.
Allí Naturaleza solemniza   105
tan rica unión, poblando todo el suelo
de verdor y frescura. Verás cómo
buscan después al Órbigo, que a ellos
corre medroso, huyendo de su puente,
del celebrado puente que algún día   110
tembló a los botes de la fuerte lanza
con que su paso el paladín de Asturias
de tantos caballeros catalanes,
franceses y lombardos defendiera. [69]
Aun dura en la comarca la memoria   115

[69] "Se refiere al *Paso honroso* que don Suero de Quiñones,
hijo del Merino mayor de Asturias y de Oviedo, defendió durante
treinta días, a partir del 10 de julio de 1434, cerca del puente de
Órbigo 'a seis leguas de la noble cibdad de León, e a tres de la
cibdad de Astorga'". (Nota de J. Caso González).

de tanta lid, y la cortante reja
descubre aún por los vecinos campos
pedazos de las picas y morriones,
petos, caparazones y corazas,
en los tremendos choques quebrantados.   120
      Mas si el amor patriótico te inflama
y de otro tiempo los gloriosos timbres
te place recordar, sígueme, y juntos
observemos la cumbre venerable
de los montes de Europa, el ardua cumbre   125
do nunca pudo el vuelo victorioso
de las romanas águilas alzarse,
que si ambicioso, sin ganarla, quiso
dar al orbe la paz un día Octavio,
cuando triunfara de su humilde falda,   130
su paso ella detuvo, y, no rendida,
ella fijó los términos del mundo.
      Ve allí también do un día se acogiera
del árabe acosado el pueblo ibero,
su cuello al yugo bárbaro negando.   135
¡Oh venerable antemural! ¡Oh tiempo
de horror y de tumulto! ¡Oh gran Pelayo!
¡Oh valientes astures! A vosotros
su gloria debe y libertad la patria.
A vosotros la debe, y sin el triunfo   140
de vuestro brazo, el valle, do fogosa
mi canto enciende la española musa,
fuera para un tirano berberisco
hoy por sus fuertes hijos cultivado,
y la dorada mies para sustento   145
de un pueblo esclavo y vil en él creciera.
De infamia tal salvóla vuestro esfuerzo:
de vuestro brazo a los mortales golpes
cayó aterrado el fiero mauritano;
su sangre inundó el suelo, y con las aguas   150
del Bernesga mezclada, llevó al hondo
océano su afrenta y vuestra gloria.
      Ven, pues, Batilo, ven, y tu morada
por este valle mágico trocando,

la vana ciencia, la ambición y el lujo   155
a los livianos pechos abandona,
y el tuyo, no, para ellos no nacido,
con tan gratas memorias alimenta.

SÁTIRA PRIMERA

A ARNESTO [70]

Quis tam patiens ut teneat se?
(JUVENAL)

Déjame, Arnesto, déjame que llore
los fieros males de mi patria, deja
que su ruïna y perdición lamente;
y si no quieres que en el centro obscuro
de esta prisión la pena me consuma,   5
déjame al menos que levante el grito
contra el desorden; deja que a la tinta
mezclando hiel y acíbar, siga indócil
mi pluma el vuelo del bufón de Aquino. [71]

¡Oh cuánto rostro veo a mi censura   10
de palidez y de rubor cubierto!
Ánimo, amigos, nadie tema, nadie,
su punzante aguijón, que yo persigo
en mi sátira al vicio, no al vicioso.
¿Y qué querrá decir que en algún verso,   15
encrespada la bilis, tire un rasgo
que el vulgo crea que señala a Alcinda,
la que olvidando su orgullosa suerte,
baja vestida al Prado, cual pudiera
una maja, con trueno y rascamoño,   20
alta la ropa, erguida la caramba, [72]
cubierta de un cendal más transparente

---

[70] No se sabe quién es *Arnesto*, ni si en efecto se refiere este nombre a persona determinada. El epígrafe "¿Quién tendrá paciencia para refrenarse?", es adaptado de la Sátira I de Juvenal, versos 30-31.

[71] El satírico Juvenal.

[72] Un enorme lazo en la cabeza, adorno inventado por la cantora de tonadillas María Antonia Fernández, *la Caramba*.

que su intención, a ojeadas y meneos
la turba de los tontos concitando?
¿Podrá sentir que un dedo malicioso,   25
apuntando este verso, la señale?
Ya la notoriedad es el más noble
atributo del vicio, y nuestras Julias, [73]
más que ser malas, quieren parecerlo.

Hubo un tiempo en que andaba la modestia   30
dorando los delitos; hubo un tiempo
en que el recato tímido cubría
la fealdad del vicio; pero huyóse
el pudor a vivir en las cabañas.
Con él huyeron los dichosos días,   35
que ya no volverán; huyó aquel siglo
en que aun las necias burlas de un marido
las Bascuñanas crédulas tragaban; [74]
mas hoy Alcinda desayuna al suyo
con ruedas de molino; triunfa, gasta,   40
pasa saltando las eternas noches
del crudo enero, y cuando el sol tardío
rompe el oriente, admírala golpeando,
cual si fuese una extraña, al propio quicio.
Entra barriendo con la undosa falda   45
la alfombra; aquí y allí cintas y plumas
del enorme tocado siembra, y sigue
con débil paso soñolienta y mustia,
yendo aún Fabio de su mano asido,
hasta la alcoba, donde a pierna suelta   50
ronca el cornudo y sueña que es dichoso.
Ni el sudor frío, ni el hedor, ni el rancio
eructo le perturban. A su hora
despierta el necio; silencioso deja
la profanada holanda, y guarda atento   55
a su asesina el sueño mal seguro.

---

[73] Caso, *ed. cit.*, p. 475, n. 215, recuerda a tres Julias romanas célebres por su inmoralidad, entre ellas una hija de Augusto.

[74] En *El Conde Lucanor*, XXVII, doña Bascuñana es la mujer de Álvar Fáñez. Modelo de esposas, está dispuesta a creer cuanto le diga el marido, incluso que el agua corre cuesta arriba.

¡Cuántas, oh Alcinda, a la coyunda uncidas,
tu suerte envidian! ¡Cuántas de Himeneo
buscan el yugo por lograr tu suerte,
y sin que invoquen la razón, ni pese   60
su corazón los méritos del novio,
el sí pronuncian y la mano alargan
al primero que llega! [75] ¡Qué de males
esta maldita ceguedad no aborta!
Veo apagadas las nupciales teas   65
por la discordia con infame soplo
al pie del mismo altar, y en el tumulto,
brindis y vivas de la tornaboda,
una indiscreta lágrima predice
guerras y oprobrios a los mal unidos.   70
Veo por mano temeraria roto
el velo conyugal, y que corriendo
con la impudente frente levantada,
va el adulterio de una casa en otra.
Zumba, festeja, ríe, y descarado   75
canta sus triunfos, que tal vez celebra
un necio esposo, y tal del hombre honrado
hieren con dardo penetrante el pecho,
su vida abrevian, y en la negra tumba
su error, su afrenta y su despecho esconden.   80
¡Oh viles almas! ¡Oh virtud! ¡Oh leyes!
¡Oh pundonor mortífero! ¿Qué causa
te hizo fiar a guardas tan infieles
tan preciado tesoro? ¿Quién, oh Temis,
tu brazo sobornó? Le mueves cruda   85
contra las tristes víctimas que arrastra
la desnudez o el desamparo al vicio;
contra la débil huérfana, del hambre
y del oro acosada, o al halago,
la seducción y el tierno amor rendida;   90
la expilas, la deshonras, la condenas
a incierta y dura reclusión. ¡Y en tanto
ves indolente en los dorados techos

---

[75] Versos ilustrados por Goya en el segundo de sus *Caprichos*.

El si pronuncian y la mano alargan
Al primero que llega.

Capricho n.º 2. Goya

El baile de San Antonio de la Florida. Goya

Museo del Prado

cobijado el desorden, o le sufres
salir en triunfo por las anchas plazas,   95
la virtud y el honor escarneciendo!
   ¡Oh infamia! ¡Oh siglo! ¡Oh corrupción! Matronas
castellanas, ¿quién pudo vuestro claro
pundonor eclipsar? ¿Quién de Lucrecias
en Lais os volvió? ¿Ni el proceloso   100
océano, ni, lleno de peligros,
el Lilibeo,[76] ni las arduas cumbres
de Pirene pudieron guareceros
del contagio fatal? Zarpa, preñada
de oro, la nao gaditana, aporta   105
a las orillas gálicas, y vuelve
llena de objetos fútiles y vanos;
y entre los signos de extranjera pompa
ponzoña esconde y corrupción, compradas
con el sudor de las iberas frentes.   110
Y tú, mísera España, tú la esperas
sobre la playa, y con afán recoges
la pestilente carga y la repartes
alegre entre tus hijos. Viles plumas,
gasas y cintas, flores y penachos,   115
te trae en cambio de la sangre tuya,
de tu sangre ¡oh baldón!, y acaso, acaso,
de tu virtud y honestidad. Repara
cuál la liviana juventud los busca.
   Mira cuál va con ellos engreída   120
la imprudente doncella; su cabeza,
cual nave real en triunfo empavesada,
vana presenta del favonio al soplo
la mies de plumas y de agrones,[77] y anda

---

76 "Promontorio al N.O. de Sicilia, famoso por los bajos que
allí hay". (Nota de J. Caso González).
77 El Prof. Caso, p. 475, n. 223 bis, sugiere que Jovellanos pudo
derivar esta palabra de la forma dialectal francesa *aigron*, "que con-
vive todavía con la clásica *héron*. Pero más probablemente se trataba
de un término de la moda femenina, aunque no lo hemos encontrado
registrado ni en diccionarios españoles ni franceses. En ese caso
agrón podría no ser 'adorno de plumas', ya que éstas se citan al
lado". Existe también para este verso la variante *airones*, que según

loca, buscando en la lisonja el premio   125
de su indiscreto afán. ¡Ay triste, guarte,
guarte, que está cercano el precipicio!
El astuto amador ya en asechanza
te atisba y sigue con lascivos ojos;
la adulación y la caricia el lazo   130
te van a armar, do caerás incauta,
en él tu oprobrio y perdición hallando.
¡Ay, cuánto, cuánto de amargura y lloro
te costarán tus galas! ¡Cuán tardío
será y estéril tu arrepentimiento!   135
   Ya ni el rico Brasil, ni las cavernas
del nunca exhausto Potosí nos bastan
a saciar el hidrópico deseo,
la ansiosa sed de vanidad y pompa.
Todo lo agotan: cuesta un sombrerillo   140
lo que antes un estado, y se consume
en un festín la dote de una infanta.
Todo lo tragan; la riqueza unida
va a la indigencia; pide y pordiosea
el noble, engaña, empeña, malbarata,   145
quiebra y perece, y el logrero goza
los pingües patrimonios, premio un día
del generoso afán de altos abuelos.
¡Oh ultraje! ¡Oh mengua! Todo se trafica:
parentesco, amistad, favor, influjo,   150
y hasta el honor, depósito sagrado,
o se vende o se compra. Y tú, Belleza,
don el más grato que dio al hombre el cielo,
no eres ya premio del valor, ni paga
del peregrino ingenio; la florida   155
juventud, la ternura, el rendimiento
del constante amador ya no te alcanzan.

---

el *Dicc. Aut.* eran penachos de plumas negras que se usaban (al
parecer, antiguamente) para adorno, incluso en los tocados de las
mujeres. En sí es tentadora esta variante; pero si se aceptase habría
que explicar la aparente tautología de "la mies de plumas y de
airones".

Ya ni te das al corazón, ni sabes
de él recibir adoración y ofrendas.
Ríndeste al oro. La vejez hedionda,   160
la sucia palidez, la faz adusta,
fiera y terrible, con igual derecho
vienen sin susto a negociar contigo.
Daste al barato, y tu rosada frente,
tus suaves besos y tus dulces brazos,   165
corona un tiempo del amor más puro,
son ya una vil y torpe mercancía.

SÁTIRA SEGUNDA

A ARNESTO

Perit omnis in illo
nobilitas, cujus laus est in origine sola. [78]

(LUCAN., *Carm. ad Pison.*)

¿De qué sirve
la clase ilustre, una alta descendencia,
sin la virtud?

¿Ves, Arnesto, aquel majo en siete varas
de pardomonte envuelto, con patillas
de tres pulgadas afeado el rostro,
magro, pálido y sucio, que al arrimo
de la esquina de enfrente nos acecha   5
con aire sesgo y baladí? Pues ése,
ése es un nono nieto del Rey Chico.
Si el breve chupetín, las anchas bragas
y el albornoz, no sin primor terciado,
no te lo han dicho; si los mil botones   10
de filigrana berberisca que andan

---

78 "Toda nobleza muere en quien no puede alabarse más que de su estirpe". Caso
anota: "Versos 10-11 del *Carmen ad Pisones,* atribuido vulgarmente a Lucano".

por los confines del jubón perdidos
no lo gritan, la faja, el guadijeño,
el arpa, la bandurria y la guitarra
lo cantarán. No hay duda: el tiempo mismo   15
lo testifica. Atiende a sus blasones:
sobre el portón de su palacio ostenta,
grabado en berroqueña, un ancho escudo
de medias lunas y turbantes lleno.
Nácenle al pie las bombas y las balas   20
entre tambores, chuzos y banderas,
como en sombrío matorral los hongos.
El águila imperial con dos cabezas
se ve picando del morrión las plumas
allá en la cima, y de uno y otro lado,   25
a pesar de las puntas asomantes,
grifo y león rampantes le sostienen.
Ve aquí sus timbres; pero sigue, sube,
entra, y verás colgado en la antesala
el árbol gentilicio, ahumado y roto   30
en partes mil; empero de sus ramas,
cual suele el fruto en la pomposa higuera,
sombreros penden, mitras y bastones.
En procesión aquí y allí caminan
en sendos cuadros los ilustres deudos,   35
por hábil brocha al vivo retratados.
¡Qué gregüescos! ¡Qué caras! ¡Qué bigotes!
El polvo y telarañas son los gajes
de su vejez. ¿Qué más? Hasta los duros
sillones moscovitas y el chinesco   40
escritorio, con ámbar perfumado,
en otro tiempo de marfil y nácar
sobre ébano embutido, y hoy deshecho,
la ancianidad de su solar pregonan.
Tal es, tan rancia y tan sin par su alcurnia,   45
que aunque embozado y en castaña el pelo,
nada les debe a Ponces ni Guzmanes.
No los aprecia, tiénese en más que ellos,
y vive así. Sus dedos y sus labios,
del humo del cigarro encallecidos,   50

índice son de su crianza. Nunca
pasó del B-A ba. Nunca sus viajes
más allá de Getafe se extendieron.
Fue antaño allá por ver unos novillos
junto con Pacotrigo [79] y la Caramba.   55
Por señas, que volvió ya con estrellas,
beodo por demás, y durmió al raso.
Examínale. ¡Oh idiota!, nada sabe.
Trópicos, era, geografía, historia
son para el pobre exóticos vocablos.   60
Dile que dende el hondo Pirineo
corre espumoso el Betis a sumirse
de Ontígola en el mar, [80] o que cargadas
de almendra y gomas las inglesas quillas
surgen en Puerto Lápichi, [81] y se levan   65
llenas de estaño y de abadejo. ¡Oh!, todo,
todo lo creerá, por más que añadas
que fue en las Navas Wbitiza el santo
deshecho por los celtas, o que invicto
triunfó en Aljubarrota Mauregato.   70
¡Qué mucho, Arnesto, si del padre Astete
ni aun leyó el catecismo! Mas no creas
su memoria vacía. Oye, y diráte
de Cándido y Marchante [82] la progenie;
quién de Romero o Costillares saca   75
la muleta mejor, y quién más limpio
hiere en la cruz al bruto jarameño. [83]
Haráte de Guerrero y la Catuja [84]
larga memoria, y de la malograda,
de la divina Lavenant, [85] que ahora   80

79 Pacotrigo no ha sido identificado.
80 El Mar de Ontígola es un pantano entre Ontígola y Aranjuez,
en la Provincia de Madrid.
81 Puerto Lápichi, o Lápiche, es un municipio de la Provincia
de Ciudad Real, y no puerto de mar.
82 Toreros.
83 El toro criado en las orillas del Jarama.
84 Manuel Vicente Guerrero y Catalina Miguel Pacheco fueron ac-
tores de la primera mitad del siglo XVIII.
85 María Ladvenant (1742-1767), célebre actriz.

anda en campos de luz paciendo estrellas, [86]
la sal, el garabato, el aire, el chiste,
la fama y los ilustres contratiempos
recordará con lágrimas. Prosigue,
si esto no basta, y te dirá qué año,   85
qué ingenio, qué ocasión dio a los chorizos [87]
eterno nombre, y cuántas cuchilladas,
dadas de día en día, tan pujantes
sobre el triste polaco los mantiene.
Ve aquí su ocupación; ésta es su ciencia.   90
No la debió ni al dómine, ni al tonto
de su ayo mosén Marc, sólo ajustado
para irle en pos cuando era señorito.
Debiósela a cocheros y lacayos,
dueñas, fregonas, truhanes y otros bichos   95
de su niñez perennes compañeros;
mas sobre todo a Periquelo el paje,
mozo avieso, chorizo y pepillista [88]
hasta morir, cuando le andaba en torno.
De él aprendió la jota, la guaracha,   100
el bolero, y en fin, música y baile.
Fuele también maestro algunos meses
el sota Andrés, chispero de la Huerta, [89]
con quien, por orden de su padre, entonces
pasar solía tardes y mañanas   105
jugando entre las mulas. Ni dejaste
de darle tú santísimas lecciones,
oh Paquita, después de aquel trabajo

---

[86] "Parodia del verso 6 de la *Soledad primera* de Góngora: 'en campo de zafiro pasce estrellas'". (Nota de J. Caso González).

[87] Los aficionados al teatro en el Madrid del siglo XVIII se dividían en dos bandos: los *chorizos*, partidarios de la compañía del teatro del Príncipe, y los *polacos*, que lo eran de la compañía del teatro de la Cruz.

[88] Partidario o *hincha* del torero José Delgado, llamado Pepe Hilo, Pepe Hillo y Pepeíllo.

[89] *Sota*: subalterno; *chispero*: "hombre apicarado del pueblo bajo de Madrid" (J. Caso González). Caso conjetura que la Huerta podría ser la de Juan Fernández, en el Prado, o la Calle de las Huertas. Ambos sitios tenían relación con el "comercio galante".

de que el Refugio [90] te sacó, y su madre
te ajustó por doncella. ¡Tanto puede   110
la gratitud en generosos pechos!
De ti aprendió a reírse de sus padres,
y a hacer al pedagogo la mamola,
a pellizcar, a andar al escondite,
tratar con cirujanos y con viejas,   115
beber, mentir, trampear, y en dos palabras,
de ti aprendió a ser hombre... y de provecho.
Si algo más sabe, débelo a la buena
de doña Ana, patrón de zurcidoras,
piadosa como Enone, [91] y más chuchera   120
que la embaidora Celestina. ¡Oh cuánto
de ella alcanzó! Del Rastro a Maravillas,
del alto de San Blas a las Bellocas,
no hay barrio, calle, casa ni zahúrda
a su padrón negado. ¡Cuántos nombres   125
y cuáles vido en su librete escritos!
Allí leyó el de Cándida, la invicta,
que nunca se rindió, la que una noche
venció de once cadetes los ataques,
uno en pos de otro, en singular batalla.   130
Allí el de aquella siete veces virgen,
más que por esto, insigne por sus robos,
pues que en un mes empobreció al indiano,
y chupó a un escocés tres mil guineas,
veinte acciones de banco y un navío.   135
Allí aprendió a temer el de Belica
la venenosa, en cuyos dulces brazos
más de un galán dio el último suspiro;
y allí también en torpe mescolanza
vio de mil bellas las ilustres cifras,   140
nobles, plebeyas, majas y señoras,
a las que vio nacer el Pirineo,

---

90 Asociación caritativa, dedicada especialmente a recoger a los
niños abandonados. Uno de éstos habrá sido hijo de la *doncella*
Paquita.
91 Enone, mujer de Paris, no quiso curar a su marido, quien la
había abandonado por Helena.

desde Junquera hasta do muere el Miño,
y a las que el Ebro y Turia dieron fama
y el Darro y Betis todos sus encantos;   145
a las de rancio y perdurable nombre,
ilustradas con turca y sombrerillo,
simón y paje, en cuyo abono sudan
bandas, veneras, gorras y bastones
y aun (chito, Arnesto) cuellos y cerquillos;   150
y en fin, a aquellas que en nocturnas zambras,
al son del cuerno congregadas, dieron
fama a la Unión que de una imbécil Temis
toleró el celo y castigó la envidia. 92
¡Ah, cuánto allí la cifra de tu nombre   155
brillaba, escrita en caracteres de oro,
oh Cloe! Él solo deslumbrar pudiera
a nuestro jaque, apenas de las uñas
de su doncella libre. No adornaban
tu casa entonces, como hogaño, ricas   160
telas de Italia o de Cantón, ni lustros
venidos del Adriático, ni alfombras,
sofá, otomana o muebles peregrinos.
Ni la alegraban, de Bolonia al uso,
la simia, il pappagallo e la spinetta. 93   165
La salserilla, el sahumador, la esponja,
cinco sillas de enea, un pobre anafe,
un bufete, un velón y dos cortinas
eran todo tu ajuar, y hasta la cama,
do alzó después tu trono la fortuna,   170
¡quién lo diría!, entonces era humilde.
Púsote en zancos el hidalgo y diote
a dos por tres la escandalosa buena 94

---

92 "La Bella Unión era una sociedad pornográfica, que organizaba
bailes nocturnos. Sus componentes, en buena parte gentes de la alta
nobleza u oficiales de los regimientos establecidos en Madrid, fueron
descubiertos y encarcelados o desterrados, igual que las mujeres que
formaban parte de la sociedad". (Nota de J. Caso González)
93 "No hemos podido determinar qué uso boloñés era éste". (Nota
de J. Caso González). El verso italiano, "la mona, el loro y la
espineta", no ha sido identificado ni explicado.
94 Bienes, herencia.

que treinta años de afanes y de ayuno
costó a su padre. ¡Oh, cuánto tus jubones,   175
de perlas y oro recamados, cuánto
tus francachelas y tripudios dieron
en la cazuela, el Prado y los tendidos
de escándalo y envidia! Como el humo
todo pasó: duró lo que la hijuela.   180
¡Pobre galán! ¡Qué paga tan mezquina
se dio a tu amor! ¡Cuán presto le feriaron
al último doblón el postrer beso!
Viérasle, Arnesto, desolado, vieras
cuál iba humilde a mendigar la gracia   185
de su perjura, y cuál correspondía
la infiel con carcajadas a su lloro.
No hay medio; le plantó; quedó por puertas...
¿Qué hará? ¿Su alivio buscará en el juego?
¡Bravo! Allí olvida su pesar. Prestóle   190
un amigo... ¡Qué amigo! Ya otra nueva
esperanza le anima. ¡Ah! salió vana...
Marró la cuarta sota. Adiós, bolsillo...
Toma un censo... Adelante; mas perdióle
al primer trascartón, y quedó *asperges*.   195
No hay ya amor ni amistad. En tan gran cuita
se halla ¡oh Zulem Zegrí! tu nono nieto.
  ¿Será más digno, Arnesto, de tu gracia
un alfeñique perfumado y lindo,
de noble traje y ruines pensamientos?   200
Admiran su solar el alto Auseva,
Limia, Pamplona o la feroz Cantabria,
mas se educó en Sorez. [95] París y Roma
nueva fe le infundieron, vicios nuevos
le inocularon; cátale perdido,   205
no es ya el mismo. ¡Oh, cuál otro el Bidasoa
tornó a pasar! ¡Cuál habla por los codos!
¿Quién calará su atroz galimatías?
Ni Du Marsais ni Aldrete [96] le entendieran.

---

[95] Sorèze, escuela militar francesa.
[96] César Chesneau Du Marsais, gramático francés del siglo XVIII,
y Bernardo Aldrete, autor del *Origen de la lengua castellana* (1606).

Mira cuál corre, en polisón vestido,   210
por las mañanas de un burdel en otro,
y entre alcahuetas y rufianes bulle.
No importa: viaja incógnito, con palo,
sin insignias y en frac. Nadie le mira.
Vuelve, se adoba, sale y huele a almizcle   215
desde una milla... ¡Oh, cómo el sol chispea
en el charol del coche ultramarino!
¡Cuál brillan los tirantes carmesíes
sobre la negra crin de los frisones!...
Visita, come en noble compañía;   220
al Prado, a la luneta, a la tertulia
y al garito después. ¡Qué linda vida,
digna de un noble! ¿Quieres su compendio?
Puteó, jugó, perdió salud y bienes,
y sin tocar a los cuarenta abriles   225
la mano del placer le hundió en la huesa.
¡Cuántos, Arnesto, así! Si alguno escapa,
la vejez se anticipa, le sorprende,
y en cínica e infame soltería,
solo, aburrido y lleno de amarguras,   230
la muerte invoca, sorda a su plegaria.
Si antes al ara de Himeneo acoge
su delincuente corazón, y el resto
de sus amargos días le consagra,
¡triste de aquella que a su yugo uncida   235
víctima cae! Los primeros meses
la lleva en triunfo acá y allá, la mima,
la galantea... Palco, galas, dijes,
coche a la inglesa... ¡Míseros recursos!
El buen tiempo pasó. Del vicio infame   240
corre en sus venas la cruel ponzoña.
Tímido, exhausto, sin vigor... ¡Oh rabia!
El tálamo es su potro...
                              Mira, Arnesto,
cuál desde Gades a Brigancia [97] el vicio

---

[97] "Del Sur al Norte. *Brigantia* era la capital de los cántabros
juliobrigenses. Su localización es discutida". (Nota de J. Caso González).

ha inficionado el germen de la vida,   245
y cuál su virulencia va enervando
la actual generación. ¡Apenas de hombres
la forma existe...! ¿Adónde está el forzudo
brazo de Villandrando? ¿Dó de Argüello
o de Paredes [98] los robustos hombros?   250
El pesado morrión, la penachuda
y alta cimera, ¿acaso se forjaron
para cráneos raquíticos? ¿Quién puede
sobre la cuera y la enmallada cota
vestir ya el duro y centellante peto?   255
¿Quién enristrar la ponderosa lanza?
¿Quién?... Vuelve ¡oh fiero berberisco!, vuelve,
y otra vez corre desde Calpe al Deva, [99]
que ya Pelayos no hallarás, ni Alfonsos
que te resistan; débiles pigmeos   260
te esperan. De tu corva cimitarra
al solo amago caerán rendidos...
¿Y es éste un noble, Arnesto? ¿Aquí se cifran
los timbres y blasones? ¿De qué sirve
la clase ilustre, una alta descendencia,   265
sin la virtud? Los nombres venerandos
de Laras, Tellos, Haros y Girones,
¿qué se hicieron? ¿Qué genio ha deslucido
la fama de sus triunfos? ¿Son sus nietos
a quienes fía su defensa el trono?   270
¿Es ésta la nobleza de Castilla?
¿Es éste el brazo, un día tan temido,
en quien libraba el castellano pueblo
su libertad? ¡Oh vilipendio! ¡Oh siglo!
Faltó el apoyo de las leyes. Todo   275
se precipita; el más humilde cieno
fermenta, y brota espíritus altivos,
que hasta los tronos del Olimpo se alzan.

---

98 Rodrigo de Villandrando, caballero del siglo xv; Juan de Argüello, soldado de la conquista de Méjico; Diego García de Paredes,
militar trujillano, 1466-1530.
99 El río Deva separa a Asturias de Santander. Calpe es Gibraltar.

¿Qué importa? Venga denodada, venga
la humilde plebe en irrupción y usurpe   280
lustre, nobleza, títulos y honores.
Sea todo infame behetría: no haya
clases ni estados. Si la virtud sola
les puede ser antemural y escudo,
todo sin ella acabe y se confunda.   285

EPÍSTOLA A BERMUDO, [100] SOBRE LOS VANOS DESEOS
Y ESTUDIOS DE LOS HOMBRES

Sus, alerta, Bermudo, y pon en vela
tu corazón. Rabiosa la fortuna
le acecha, y mientras arrullando a otros,
los adormece en mal seguro sueño,
súbito asalto quiere dar al tuyo.   5
El golpe atroz, con que arruinó sañuda
tu pobre estado, su furor no harta,
si de tu pecho desterrar no logra
la dulce paz que a la inocencia debe.
Tal es su condición, que no tolera   10
que a su despecho el hombre sea dichoso.
Así a tus ojos insidiosa ostenta
las fantasmas del bien, que va sembrando
sobre la senda del favor, y pugna
por arrancar de tu virtud los quicios.   15
Guay, no la atiendas; mira que robarte
quiere la dicha que en tu mano tienes.
No está en la suya, no; puede a su grado
venturosos hacer, mas no felices.

¿Lo extrañas? ¿Quieres, como el vulgo idiota,   20
de la felicidad y la fortuna
los nombres confundir, o por los vanos
bienes y gustos con que astuta brinda
el verdadero bien medir? ¡Oh engaño

[100] Juan Agustín Ceán Bermúdez, historiador del arte, gijonés,
amigo y biógrafo de Jovellanos.

de la humana razón! Di, ¿qué promete 25
digno de un ser, que a tan excelsa dicha
destinado nació? ¡Pesa sus dones
de tu razón en la balanza, y mira
cuánta es su liviandad! Hay quien, ardiendo
en pos de gloria y rumoroso nombre, 30
suda, se afana, y, despiadado, al precio
de sangre y fuego y destrucción le compra;
mas si la muerte con horrendo brazo
de un alto alcázar su pendón tremola,
se hincha su corazón, y hollando fiero 35
cadáveres de hermanos y enemigos,
un triunfo canta, que en secreto llora
su alma horrorizada. Altivo menos,
empero astuto más, otro suspira
por el inquieto y mal seguro mando, 40
y adula, y va solícito siguiendo
el aura del favor; su orgullo esconde
en vil adulación; sirve y se humilla
para ensalzarse; y si a la cumbre toca,
irgue altanero la ceñuda frente, 45
y sueño y gozo y interior sosiego
al esplendor del mando sacrifica;
mas mientra incierto en lo que goza teme,
a un giro instable de la rueda cae
precipitado en hondo y triste olvido. 50
   Tal otro busca con afán estados,
oro y riquezas; tierras y tesoros,
¡ah! con sudor y lágrimas regados,
su sed no apagan. Junta, ahorra, ahúcha,
mas con sus bienes crece su deseo, 55
y cuanto más posee más anhela.
Así, la llave del arcón en mano,
pobre se juzga, y pues lo juzga, es pobre.
A otra ilusión consagra sus vigilias
aquel que huyendo de la luz y el lecho, 60
de la esposa y amigos, la alta noche
en un garito o mísera zahúrda
con sus viles rivales pasa oculto.

Entre el temor fluctúa y la esperanza
su alma atormentada. Hele: ya expuso,   65
con mano incierta y pecho palpitante,
a la vuelta de un dado su fortuna.
Cayó la suerte; pero ¿qué le brinda?
¿Es buena? Su ansia y su zozobra crecen.
¿Aciaga? ¡Oh Dios!, le abruma y le despeña   70
en vida infame o despechada muerte.

   ¿Y es más feliz quien fascinado al brillo
de unos ojuelos arde y enloquece,
y vela, y ronda, y ruega, y desconfía,
y busca al precio de zozobra y penas   75
el rápido placer de un solo instante?
No le guía el amor, que en pecho impuro
entrar no puede su inocente llama.
Sólo le arrastra el apetito; ciego
se desboca en pos de él. Mas ¡ay!, que si abre   80
con llave de oro al fin el torpe quicio,
envuelta en su placer traga su muerte.

   Pues mira a aquél, que abandonado al ocio,
ve vacías huir las raudas horas
sobre su inútil existencia. ¡Ah! lentas   85
las cree aún, y su incesante curso
precipitar quisiera; en qué gastarlas
no sabe, y entra, y sale, y se pasea,
fuma, charla, se aburre, torna, vuelve,
y huyendo siempre del afán, se afana.   90
Mas ya en el lecho está: cédele al sueño
la mitad de la vida, y aun le ruega
que la enojosa luz le robe. ¡Oh necio!
¿A la dulzura del descanso aspiras?
Búscala en el trabajo. Sí, en el ocio   95
siempre tu alma roerá el fastidio,
y hallará en tu reposo su tormento.

   Mas ¿qué, si a Baco y Ceres entregado
y arrellanado ante su mesa, engulle
de uno al otro crepúsculo, poniendo   100
en su vientre a su dios y a su fortuna?
La tierra y mar no bastan a su gula.

Lenguaraz y glotón, con otros tales
en francachelas y embriagueces pasa
sus vanos días, y entre obscenos brindis,   105
carcajadas y broma disoluta,
se harta sin tasa y sin pudor delira;
mas a fuerza de hartarse, embota y pierde
apetito y estómago. Ofendida
Naturaleza, insípidos le ofrece   110
los sabores que al pobre deliciosos.
En vano espera de una y otra India
estímulos, en vano pide al arte
salsas que ya su paladar rehúsa;
el ansia crece y el vigor se agota,   115
y así consunto en medio a la carrera,
antes su vida que su gula acaba.
  ¡Oh placeres amargos! ¡Oh locura!
de aquel que los codicia, y humillado
ante un mentido numen los implora!   120
¡Oh, y cuál la diosa pérfida le burla!
Sonríele tal vez, empero nunca
de angustia exento o sinsabor le deja,
que a vueltas del placer le da fastidio,
y en pos del goce, saciedad y tedio.   125
Si le confía, luego un escarmiento
su mal prevista condición descubre.
Avara, nunca sus deseos llena;
voltaria, siempre en su favor vacila;
inconstante y cruel, aflige ahora   130
al que halagó poco ha, ahora derriba
al que ayer ensalzó, y ora del cieno
otro a las nubes encarama, sólo
por derribarle con mayor estruendo.
¿No ves, con todo, aquella inmensa turba,   135
que, rodeando de tropel su templo,
se avanza al aldabón, de incienso hediondo
para ofrecer al ídolo cargada?
¡Huye de ella, Bermudo! ¡No el contagio
toque a tu alma de tan vil ejemplo!   140
Huye, y en la virtud busca tu asilo,

que ella feliz te hará. No hay, no lo pienses,
dicha más pura que la dulce calma
que inspira al varón justo. Ella modesto
le hace en prosperidad, ledo y tranquilo   145
en sobria medianía, resignado
en pobreza y dolor. Y si bramando
el huracán de la implacable envidia,
le hunde en infortunio, ella piadosa
le acorre y salva, su alma revistiendo   150
de alta, noble y longánime constancia.
¡Y qué si hasta su premio alza la vista!
¿Hay algo, di, que a la esperanza iguale
de la inmortal corona que le atiende?

   Mas te oigo preguntar: "Aqueste instinto,   155
que mi alma eleva a la verdad, esta ansia
de indagar y saber, ¿será culpable?
¿No podré hallar, siguiéndola, mi dicha?
¿Condenarásla?" No. ¿Quién se atreviera,
quién, que su origen y su fin conozca?   160
Sabiduría y virtud son dos hermanas
descendidas del cielo para gloria
y perfección del hombre. Le alejando
del vicio y del engaño, ellas le acercan
a la divinidad. Sí, mi Bermudo;   165
mas no las busques en la falsa senda
que a otros, astuta, muestra la fortuna.
¿Dónde pues? Corre al templo de Sofía,
y allí las hallarás. Ruégala... ¡Mira
cuál se sonríe! Ínstala, interpone   170
la intercesión de las amables musas,
y te la harán propicia. Pero guarte,
que si no cabe en su favor engaño,
cabe en el culto que le da insolente
el vano adorador. Nunca propicia   175
la ve quien, oro o fama demandando,
impuro incienso quema ante sus aras.

   ¿No ves a tantos como de ellas tornan
de orgullo llenos, de saber vacíos?
¡Ay del que, en vez de la verdad, iluso,   180

su sombra abraza! En la opinión fiado,
el buen sendero dejará, y sin guía
de razón ni virtud, tras las fantasmas
del error correrá precipitado.
¿El sabio entonces hallará la dicha   185
en las quimeras que sediento busca?
¡Ah!, no: tan sólo vanidad y engaño.

Mira en aquel, a quien la aurora encuentra
midiendo el cielo, y de los astros que huyen
las esplendentes órbitas. Insomne,   190
aun a la noche llama presurosa,
y acusa al astro que su afán retarda.
Vuelve, la obra portentosa admira,
sin ver la mano que la obró. Se eleva
sobre las lunas de Úrano, y de un vuelo   195
desde la Nave a los Triones [101] pasa.
Mas ¿qué siente después? Nada; calcula,
mide, y no ve que el cielo, obedeciendo
la voz del grande Autor, gira, y callado,
horas hurtando a su existencia ingrata,   200
a un desengaño súbito le acerca.

Otro, del cielo descuidado, lee
en el humilde polvo y le analiza.
Su microscopio empuña; ármale y cae
sobre un átomo vil. ¡Cuán necio triunfa,   205
si allí le ofrece el mágico instrumento
leve señal de movimiento y vida!
Su forma indaga, y demandando al vidro
lo que antevió su ilusa fantasía,
cede al engaño y da a la vil materia   210
la omnipotencia que al gran Ser rehúsa.
Así delira ingrato, mientras otro
pretende escudriñar la íntima esencia
de este sublime espirtu que le anima.
¡Oh cuál le anatomiza, y cual si fuese   215
un fluïdo sutil, su voz, su fuerza,
y sus funciones y su acción regula!

---

[101] Constelaciones de los hemisferios sur y norte, respectivamente.

Mas ¿qué descubre? Sólo su flaqueza,
que es dado al ojo ver el alto cielo,
pero verse a sí, en sí, no le fue dado.   220
Con todo, osada su razón penetra
al caos tenebroso; le recorre
con paso titubeante, y desdeñando
la lumbre celestial, en los senderos
y laberintos del error se pierde.   225
Confuso así, mas no desengañado,
entre la duda y la opinión vacila.
Busca la luz, y sólo palpa sombras.
Medita, observa, estudia, y sólo alcanza
que cuanto más aprende, más ignora.   230
Materia, forma, espirtu, movimiento,
y estos instantes que incesantes huyen,
y del espacio el piélago sin fondo,
sin cielo y sin orillas: nada alcanza,
nada comprende. Ni su origen halla,   235
ni su término, y todo lo ve, absorto
de eternidad en el abismo hundirse.
Tal vez, saliendo de él más deslumbrado,
se arroja a alzar el temerario vuelo
hasta el trono de Dios, y presuntuoso,   240
con débil luz escudriñar pretende
lo que es inescrutable. Sondeando
de la divina esencia el golfo inmenso,
surca ciego por él. ¿Qué hará sin rumbo?
Dudas sin cuento en su ignorancia busca,   245
y las propone y las disputa, y piensa
que la ignorancia que excitarlas supo
resolverlas sabrá. ¿Viste, oh Bermudo,
intento más audaz? ¡Qué! ¿sin más lumbre
que su razón, un átomo podría   250
lo incomprensible comprender? ¿Linderos
en lo inmenso encontrar? ¿Y en lo infinito,
principio, medio o fin? ¡Oh Ser eterno!
¿Has dado al hombre parte en tus consejos?
¿O en el santuario, a su razón cerrado,   255

le admites ya? ¿Tan alta es la tarea
que a su débil espíritu confiaste?
   No, no es ésta, Bermudo. Conocerle
y adorarle en sus obras, derretirse
en gratitud y amor por tantos bienes   260
como benigno en tu mansión derrama,
cantar su gloria y bendecir su nombre:
he aquí tu estudio, tu deber, tu empleo,
y de tu ser y tu razón la dicha.
Tal es, oh dulce amigo, la que el sabio   265
debe buscar, mientras los necios la huyen.
¿Saber pretendes? Franca está la senda:
perfecciona tu ser y serás sabio;
ilustra tu razón, para que se alce
a la verdad eterna, y purifica   270
tu corazón, para que la ame y siga.
Estúdiate a ti mismo, pero busca
la luz en tu Hacedor. Allí la fuente
de alta sabiduría, allí tu origen
verás escrito, allí el lugar que ocupas   275
en su obra magnífica, allí tu alto
destino, y la corona perdurable
de tu ser, sólo a la virtud guardada.
Sube, Bermudo, allí; busca en su seno
esta verdad, esta virtud, que eternas   280
de su saber y amor perenne manan;
que si las buscas fuera de él, tinieblas,
ignorancia y error hallarás sólo.
De este saber y amor lee un destello
en tantas criaturas como cantan   285
su omnipotencia, en la admirable escala
de perfección con que adornarlas supo,
en el orden que siguen, en las leyes
que las conservan y unen, y en los fines
de piedad y de amor que en todas brillan   290
y la bondad de su Hacedor pregonan.
Ésta tu ciencia sea, ésta tu gloria.
Serás sabio y feliz si eres virtuoso,
que la verdad y la virtud son una.

Sólo en su posesión está la dicha,   295
y ellas tan sólo dar a tu alma pueden
segura paz en tu conciencia pura,
en la moderación de tus deseos
libertad verdadera, y alegría
de obrar y hacer el bien en la dulzura.   300
Lo demás, viento, vanidad, miseria.

JOSÉ MARÍA VACA DE GUZMÁN Y MANRIQUE

Nació en Marchena (Sevilla) el 5 de abril de 1744, de familia toledana. Estudió en Sevilla y Alcalá de Henares, dedicándose después a la magistratura. Su poema épico *Las naves de Cortés destruidas* fue premiado por la Real Academia Española en 1778 en un concurso a que también acudió Nicolás Fernández de Moratín. Al año siguiente fue igualmente premiado su romance heroico *Granada rendida,* que trata la conquista de aquella ciudad con mezcla de elementos cristianos y mitología pagana. Esta mezcla se halla en gran parte de su obra, hasta en su tediosa *Himnodia.* Es probable que muriese Vaca de Guzmán entre 1816 y 1829.

Véase otra poesía de este autor en las pp. 115-118 y la Nota adicional de la p. 42.

EDICIONES

Obras. 3 vols. Madrid: Joseph Herrera, 1789-1792.
Las naves de Cortés destruidas, en Cayetano Rosell, ed., *Poemas épicos,* II (*BAE,* XXIX). Madrid, 1854.
BAE, LXI.

ESTUDIO

González Palencia, Ángel. "Don José María Vaca de Guzmán, el primer poeta premiado por la Academia Española." *Boletín de la Academia Española,* XVIII (1931), 293-347.

Sigo la edición de 1789-1792.

AL INVIERNO

CANCIÓN FESTIVA

Ya a las cumbres del alto Somosierra, [102]
viejo, barbón, lanudo y cazcarriento,
con el licor de la nariz colgando,
llega en volandas de aquilón violento,
y fiero el paso a las Castillas cierra,   5
el caballero Invierno, tiritando;
los montes coronando
va ya de niebla opaca;
copos de nieve saca,
que hilen las sierras en la noche fría,   10
dueñas caducas que en su casa cría;
ya en Peñalara [103] archiva los vapores
que julio en algún día
verá con luminarias y tambores.

Los árboles quedaron en camisa,   15
del aire corpulentos escobones,
cadavéricos, secos y arrecidos;
sólo el naranjo pretendió exenciones
(y el mérito, por cierto, causa risa,
de ser naranjos [104] para andar vestidos);   20
los pagos divertidos
de viñas espaciosas,
cuyas uvas sabrosas
colmarán de sus dueños los lagares,
ya muestran descarnados costillares,   25
débiles brazos y caducas piernas,
en tanto que a millares
sus efectos nos dicen las tabernas.
A los arroyos se hinchan las narices,

---

[102] Parte de los Montes Carpetanos entre las Provincias de Madrid
y Segovia.
[103] Pico de la Sierra de Guadarrama, cerca del Puerto de Nava-
cerrada.
[104] *Naranjo*, "fig. y fam. Hombre rudo o ignorante" (R.A.E.).

de las nubes corrientes orinales;   30
las anguilas y barbos, uno a uno,
alborotados dan en los cañales;
resbalan en la nieve las perdices,
los pastores se hielan, y oportuno
los templa el desayuno,   35
que en rústico dornajo
sal, agua, aceite y ajo
condimentaron, y el pimiento ardiente,
plato que en lengua de la misma gente
(poético desaire del lucero)   40
trocó el nombre decente
de Venus o lucífero en *miguero*.

    Incómodos espesos chaparrones
hacen que anden las gentes con chapines;
unos llevan diademas enceradas,   45
otros se calzan botas o botines.
Acechaban en tales ocasiones
los antiguos viciosos si moradas
llevaba o encarnadas
las medias una niña   50
al alzar la basquiña,
si olvidaba el recato con el lodo;
pero aquesto en el tiempo fue del godo,
y no debió el bigote ser eterno;
se viste de otro modo,   55
para los bajos ya siempre es invierno.

    Aquel a quien *gabán* los españoles
llamaron, y nosotros los franceses
surtout decimos en mejor idioma,
del cofre sale ya para estos meses,   60
en que vemos por brújula los soles;
la capa y su galón se pica y toma,
porque si alguno asoma
con ella, da disgusto,
y no es hombre de gusto   65
si su talle y sus piernas nos esconde,
y el afeitado hocico mete adonde
de su lamida tez nos deje a obscuras,

y aquesto corresponde,
que ya no hay Nuños, aunque sí Rasuras.   70
   Sufren los pajes el rigor tremendo
del hielo, si acompañan la señora
a quien no ha dado coche la fortuna;
su gentil cuerpo va luciendo ahora,
mientras triunfa del frío el reverendo   75
Padre Fray Cabriolé, que lleva el ama;
si no hay platos que lama,
si la ración es chica,
todo aquesto no implica
con la fanfarronada que se ostenta,   80
si él limpio y estirado se presenta,
bien que quisiera más (si mal no atino)
tener en buena cuenta
por Navidades algo de cochino.
   Canción, deja tu curso;   85
no más garapiñarme,
y trata de llevarme
al brasero, que arrastra a mi albedrío.
   Con Lisi, dueño mío,
tostaré las castañas; verás cómo   90
nos burlamos del frío
con frasquillos de anís y cinamomo.

FÉLIX MARÍA SAMANIEGO

Nació de noble familia vasca en La Guardia, en la Rioja alavesa, el 12 de octubre de 1745. Abandonó los estudios de derecho en Valladolid, y viajó por Francia. Su tío, el Conde de Peñaflorida, fundó la Sociedad Vascongada de Amigos del País, la primera sociedad económica de España; y para los alumnos del seminario que la Sociedad mantenía en Vergara compuso Samaniego, socio también, las *Fábulas morales,* su obra más conocida, derivada sobre todo de La Fontaine. Su vida retirada no le evitó escaramuzas con la Inquisición ni el verse envuelto en polémicas contra Huerta y Tomás de Iriarte. Murió en La Guardia el 11 de agosto de 1801.

Ediciones

Fábulas en verso castellano, para el uso del Real Seminario Bascongado. Primera Parte, Valencia: Oficina de Benito Monfort, 1781. Segunda Parte, Madrid: Joaquín Ibarra, 1784.

BAE, LXI.

Fábulas. Madrid: Colección Austral.

Fábulas, ed. Ernesto Jareño. Madrid: Editorial Castalia, 1969.

El jardín de Venus y otros jardines de verde hierba, ed. Emilio Palacios Fernández. Madrid, 1976.

Sigo la edición de Jareño, en la cual se encontrará un estudio y una bibliografía más abundante.

EL LEÓN VENCIDO POR EL HOMBRE

Cierto artífice pintó
una lucha en que, valiente,
un hombre tan solamente
a un horrible león venció.
Otro león, que el cuadro vio,   5
sin preguntar por su autor,
en tono despreciador
dijo: *Bien se deja ver*
que es pintar como querer,
y no fue león el pintor.   10

LOS DOS AMIGOS Y EL OSO

A dos amigos se apareció un oso.
El uno, muy medroso,
en las ramas de un árbol se asegura;
el otro, abandonado a la ventura,
se finge muerto repentinamente.   5
El oso se le acerca lentamente;
mas como este animal, según se cuenta,
de cadáveres nunca se alimenta,
sin ofenderlo lo registra y toca,
huélele las narices y la boca;   10
no le siente el aliento,
ni el menor movimiento;
y así, se fue diciendo sin recelo:
"Éste tan muerto está como mi abuelo."
Entonces el cobarde,   15
de su grande amistad haciendo alarde,
del árbol se desprende muy ligero,
corre, llega y abraza al compañero,
pondera la fortuna
de haberle hallado sin lesión alguna,   20
y al fin le dice: "Sepas que he notado
que el oso te decía algún recado.

¿Qué pudo ser?" "Diréte lo que ha sido;
estas dos palabritas al oído:
   Aparta tu amistad de la persona   25
que si te ve en el riesgo, te abandona."

LOS ANIMALES CON PESTE

  En los montes, los valles y collados,
de animales poblados,
se introdujo la peste de tal modo,
que en un momento lo inficiona todo.
Allí, donde su corte el león tenía,   5
mirando cada día
las cacerías, luchas y carreras
de mansos brutos y de bestias fieras,
se veían los campos ya cubiertos
de enfermos miserables y de muertos.   10
"Mis amados hermanos",
exclamó el triste Rey, "mis cortesanos,
ya veis que el justo cielo nos obliga
a implorar su piedad, pues nos castiga
con tan horrenda plaga;   15
tal vez se aplacará con que se le haga
sacrificio de aquel más delincuente,
y muera el pecador, no el inocente.
Confiese todo el mundo su pecado.
Yo, cruel, sanguinario, he devorado   20
inocentes corderos,
ya vacas, ya terneros,
y he sido, a fuerza de delito tanto,
de la selva terror, del bosque espanto."
"Señor", dijo la zorra, "en todo eso   25
no se halla más exceso
que el de vuestra bondad, pues que se digna
de teñir en la sangre ruin, indigna,
de los viles cornudos animales
los sacros dientes y las uñas reales."   30
Trató la corte al Rey de escrupuloso.

Allí del tigre, de la onza y oso
se oyeron confesiones
de robos y de muertes a millones;
mas entre la grandeza, sin lisonja,   35
pasaron por escrúpulos de monja.
El asno, sin embargo, muy confuso
prorrumpió; "Yo me acuso
que al pasar por un trigo este verano,
yo hambriento y él lozano,   40
sin guarda ni testigo,
caí en la tentación: comí del trigo."
"¡Del trigo! ¡y un jumento!",
gritó la zorra, "¡horrible atrevimiento!"
Los cortesanos claman: "Éste, éste   45
irrita al cielo, que nos da la peste."
Pronuncia el Rey de muerte la sentencia,
y ejecutóla el lobo a su presencia.
   Te juzgarán virtuoso,
si eres, aunque perverso, poderoso;   50
y aunque bueno, por malo detestable,
cuando te miran pobre y miserable.
Esto hallará en la corte quien la vea,
y aun en el mundo todo. ¡Pobre Astrea!

EL LEÓN Y EL RATÓN

   Estaba un ratoncillo aprisionado
en las garras de un león; el desdichado
en la tal ratonera no fue preso
por ladrón de tocino ni de queso,
sino porque con otros molestaba   5
al león, que en su retiro descansaba.
Pide perdón, llorando su insolencia;
al oír implorar la real clemencia,
responde el Rey en majestuoso tono
(no dijera más Tito): "Te perdono."   10
Poco después, cazando, el león tropieza
en una red oculta en la maleza;

quiere salir, mas queda prisionero;
atronando la selva ruge fiero.
El libre ratoncillo, que lo siente,   15
corriendo llega; roe diligente
los nudos de la red de tal manera
que al fin rompió los grillos de la fiera.

   Conviene al poderoso
para los infelices ser piadoso;   20
tal vez se puede ver necesitado
del auxilio de aquel más desdichado.

EL GALLO Y EL ZORRO

   Un gallo muy maduro,
de edad provecta, duros espolones,
pacífico y seguro,
sobre un árbol oía las razones
de un zorro muy cortés y muy atento,   5
más elocuente cuanto más hambriento.
   "Hermano", le decía,
"ya cesó entre nosotros una guerra
que cruel repartía
sangre y plumas al viento y a la tierra.   10
Baja; daré, para perpetuo sello,
mis amorosos brazos a tu cuello."
   "Amigo de mi alma",
responde el gallo, "¡qué placer inmenso
en deliciosa calma   15
deja esta vez mi espíritu suspenso!
Allá bajo, allá voy tierno y ansioso
a gozar en tu seno mi reposo.
   "Pero aguarda un instante,
porque vienen, ligeros como el viento,   20
y ya están adelante,
dos correos que llegan al momento,
de esta noticia portadores fieles,
y son, según la traza, dos lebreles."
   "Adiós, adiós, amigo,"   25

dijo el zorro, "que estoy muy ocupado;
luego hablaré contigo
para finalizar este tratado."
El gallo se quedó lleno de gloria,
cantando en esta letra su victoria: 30
    Siempre trabaja en su daño
el astuto engañador;
a un engaño hay otro engaño,
a un pícaro otro mayor.

EL BÚHO Y EL HOMBRE

    Vivía en un granero retirado
un reverendo búho, dedicado
a sus meditaciones,
sin olvidar la caza de ratones.
Se dejaba ver poco, mas con arte;   5
al Gran Turco imitaba en esta parte.
El dueño del granero
por azar advirtió que en un madero
el pájaro nocturno
con gravedad estaba taciturno.   10
El hombre le miraba y se reía.
"¡Qué carita de pascua!", le decía.
"¿Puede haber más ridículo visaje?
Vaya, que eres un raro personaje.
¿Por qué no has de vivir alegremente   15
con la pájara gente,
seguir desde la aurora
a la turba canora
de jilgueros, calandrias, ruiseñores,
por valles, fuentes, árboles y flores?"   20
"Piensas a lo vulgar, eres un necio";
dijo el solemne búho con desprecio;
"mira, mira, ignorante,
a la sabiduría en mi semblante:
mi aspecto, mi silencio, mi retiro,   25
aun yo mismo lo admiro.

Si rara vez me digno, como sabes,
de visitar la luz, todas las aves
me siguen y rodean; desde luego
mi mérito conocen, no lo niego." 30
"Ah, tonto presumido",
el hombre dijo así; "ten entendido
que las aves, muy lejos de admirarte,
te siguen y rodean por burlarte.
De ignorante orgulloso te motejan, 35
como yo a aquellos hombres que se alejan
del trato de las gentes,
y con extravagancias diferentes
han llegado a doctores en la ciencia
de ser sabios no más que en la apariencia." 40
   De esta suerte de locos
hay hombres como búhos, y no pocos.

JOSÉ IGLESIAS DE LA CASA

Nació en Salamanca el 31 de octubre de 1748, de linaje noble pero en circunstancias humildes. Estudió en Salamanca, y es posible que trabajara de platero en esa ciudad antes de ordenarse de sacerdote en 1783. Después sirvió de párroco cerca de Salamanca. Con González, Meléndez y otros formó la escuela poética salmantina. Cultivó los metros cortos de tema amoroso y ligero, sobresaliendo en los poemas anacreónticos y bucólicos, a veces de gran delicadeza de sentimientos, y en sus sátiras y epigramas, donde no faltan las notas escabrosas. Intentando remontar el vuelo caía fácilmente en el sentimentalismo ramplón. La mayor parte de sus versos se publicó póstumamente. Iglesias murió el 26 de agosto de 1791.

EDICIONES

Poesías póstumas. 2 vols. Salamanca: Francisco de Toxar, 1793.

Poesías póstumas. 2 vols. Salamanca: Francisco de Toxar, 1798.

BAE, LXI.

"Poesías inéditas", ed. R. Foulché-Delbosc. *Revue Hispanique,* II (1895), 77-96.

ESTUDIO

Sebold, Russell P. "Dieciochismo, estilo místico y contemplación en 'La esposa aldeana' de Iglesias de la Casa." *Papeles de Son Armadans,* No. CXLVI (mayo 1968), páginas 117-144. Este artículo se reimprimió en el libro de Sebold, *El rapto de la mente: Poética y poesía dieciochescas* (Madrid, 1970), pp. 197-220.

Sigo las ediciones de 1793 y 1798, salvo que para la letrilla burlesca "Al tiempo que el alba" utilizo el texto de Foulché-Delbosc.

LETRILLAS

DE SU PASTOR

No alma primavera,
bella y apacible,
o el dulce Favonio.
que ámbares respire,
   no rosada Aurora   5
tras la noche triste,
ni el pincel que en flores
bello se matice,
   no nube que Febo
su pabellón pinte,   10
o álamo que abrace
dos émulas vides,
   no fuente que perlas
a cien años fíe,
ni lirio entre rosas,   15
clavel en jazmines,
   al romper el día
son tan apacibles
como el pastorcillo
que en mi pecho vive.   20

FUEGO AMOROSO

Mañanita alegre
del señor San Juan,
al pie de la fuente
del rojo arenal,
   con un listón verde   5
que eché por sedal
y un alfiler corvo
me puse a pescar.
   Llegóse al estanque
mi tierno zagal,   10

y en estas palabras
me empezó a burlar:
    "Cruel pastorcilla,
¿dónde pez habrá
que a tan dulce muerte   15
no quiera llegar?"
    Yo así de él y dije:
"¿Tú también querrás?
Y este pececillo
no, no se me irá."   20

LA ROSA DE ABRIL

    Zagalas del valle,
que al prado venís
a tejer guirnaldas
de rosa y jazmín,
parad en buen hora   5
y al lado de mí
mirad más florida
la rosa de abril.
    Su sien, coronada
de fresco alhelí,   10
excede a la aurora
que empieza a reír,
y más si en sus ojos,
llorando por mí,
sus perlas asoma   15
la rosa de abril.
    Veis allí la fuente,
veis el prado aquí
do la vez primera
sus luceros vi;   20
y aunque de sus ojos
yo el cautivo fui,
su dueño me llama
la rosa de abril.
    La dije: "¿Me amas?"   25

Díjome ella: "Sí."
Y porque lo crea
me dio abrazos mil.
El Amor, de envidia,
cayó muerto allí,   30
viendo cuál me amaba
la rosa de abril.

　　De mi rabel dulce
el eco sutil
un tiempo escucharon   35
londra y colorín;
que nadie más que ellos
me oyera entendí,
y oyéndome estaba
la rosa de abril.   40

　　En mi blanda lira
me puse a esculpir
su hermoso retrato
de nieve y carmín;
pero ella me dijo: 45
"Mira el tuyo aquí";
y el pecho mostróme
la rosa de abril.

　　El rosado aliento
que yo a percibir   50
llegué de sus labios,
me saca de mí;
bálsamo de Arabia
y olor de jazmín
excede en fragancia   55
la rosa de abril.

　　El grato mirar,
el dulce reír,
con que ella dos almas
ha sabido unir,   60
no el hijo de Venus
lo sabe decir,
sino aquel que goza
la rosa de abril.

LETRILLA BURLESCA

Al tiempo que el alba
esparce candores,
dorando las nubes
de nuestro horizonte,
en un valle ameno,   5
riberas del Tormes,
se estaba peinando
mi dulce Licoris.
La misma Citeres
sus hebras descoge,   10
que, hechas rayos de oro,
envidia al sol ponen.
Una concha de agua
que del río coge,
Amor por espejo   15
presenta a sus soles.
Las gracias en tanto
varias rosas cogen,
para que la Cipria
su cabello adorne.   20
Susurrando en torno
vuelan mil amores,
que, riendo en sus labios,
flechan sus arpones.
De mi bien prendados,   25
los demás pastores
la dan la alborada
en dulces canciones.
Dos corderos que ella
orna de listones,   30
por lamer sus manos
olvidan las flores.
De envidia corridas,
las ninfas del bosque,
detrás de las ramas   35
a acechar se esconden.

    Los faunos pasmados
por la selva corren,
nunca habiendo visto
tales perfecciones...   40
    Esto, una mañana,
a orillas del Tormes,
iba yo ideando
cuitadillo y pobre.
    Y al ver que era falso   45
tal dulce Licoris,
tal Amor, tal Venus,
ninfas y pastores,
    conociendo el tiempo
que malgasté, entonces   50
dejando locuras
a mi casa voyme,
    donde, y no de burlas,
a almorzar me ponen
un pernil gallego   55
y un frasco de Aloque. [105]

ANACREÓNTICA

    Debajo de aquel árbol
de ramas bulliciosas,
donde las auras suenan,
donde el favonio sopla,
donde sabrosos trinos   5
el ruiseñor entona
y entre guijuelas ríe
la fuente sonorosa,
la mesa, oh Nise, ponme
sobre las frescas rosas,   10
y de sabroso vino

---

[105] "Especie de vino, cuyo color es rojo subido, que se inclina al tinto. Hayle de dos suertes, natural y artificial. El natural es el que se hace de uva morada; el artificial el que es compuesto de vino tinto y blanco". *(Dicc. Aut.)*

llena, llena la copa,
y bebamos alegres,
brindando en sed beoda,
sin penas, sin cuidados,   15
sin gustos, sin congojas,
y deja que en la corte
los grandes, en buen hora,
de adulación servidos,
con mil cuidados coman.   20

EPIGRAMAS

Díjome Inés: "Esta tarde
se va a Toro mi marido."
Yo la dije, comedido:
"¡Dios de ladrones le guarde!"
Ella se empezó a reír,   5
como que no la entendía.
Ahora bien, ¿qué me querría
la taimada Inés decir?

* * *

Entrando en los Cayetanos,
una dama a un charro vio
y le dijo: "¿Se acabó
la misa de los villanos?"
Viendo él trazas tan livianas,   5
respondió: "Se acabó ya;
pero entrad, que ahora saldrá
otra de las cortesanas."

LETRILLAS SATÍRICAS

Musa, pues eres
de edad tan tierna,
tú, que no puedes,
llévame a cuestas.

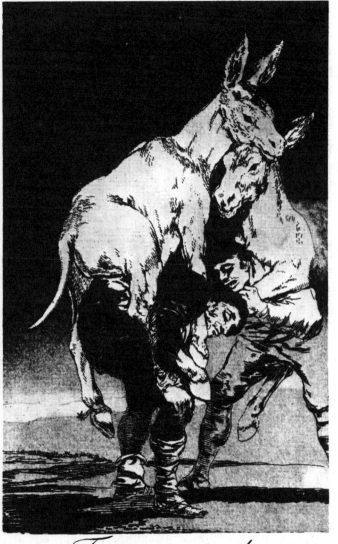

Tu que no puedes.

Capricho n.º 42. Goya

D.ⁿ Tomás de Iriarte.

D. Tomás de Iriarte

Biblioteca Nacional

Si un sabio estudia 5
jurisprudencia,
gasta siete años
para aprenderla;
y en siete días
la *Violeta* [106] 10
le embute a un tonto
todas las ciencias;
    tú, que no puedes,
    llévame a cuestas.

Ve el mayorazgo 15
raras lampreas
y por ser caras
se va sin ellas;
llégase un pobre
lleno de deudas, 20
y aunque sea a duro,
compra la pesca;
    tú, que no puedes,
    llévame a cuestas.

Lleva la usía, 25
noble y con rentas,
una basquiña
de comoquiera;
y una infelice
soez ramera 30
con desdén viste
joyante seda;
    tú, que no puedes,
    llévame a cuestas.

Goza el caballo 35
cuadra muy buena,
regalo eterno,
siempre de huelga;
y el pobre burro
anda diez leguas 40

---

106 Alusión a la obrilla satírica de Cadalso, *Los eruditos a la violeta, o curso completo de todas las ciencias, dividido en siete lecciones para los siete días de la semana* (1772).

lleno de hambre,
palos y leña;
        tú, que no puedes,
        llévame a cuestas.
    Vemos a un grande,   45
que le molesta
que le estén dando
siempre excelencia;
y si a la esposa
de un vendeesteras   50
su *mercé* omito,
no da respuesta;
        tú, que no puedes,
        llévame a cuestas.
    Los capitanes   55
con diez pesetas
dicen que casi
no hay para vueltas;
y en siete cuartos
quieren que tenga   60
plato el soldado,
juego y mozuela;
        tú, que no puedes,
        llévame a cuestas.

                    * * *

Préstame, Fabio, atención
para oír esta letrilla,
        porque no se da morcilla
        a quien no mata lechón.
    ¿Admíraste del marido   5
que sin renta y holgazán
sale al Prado tan galán,
como un Adonis lucido?
Pues mira, esto ha conseguido
por ser manso de la villa,   10
o en buen romance, cabrón;
        porque no se da morcilla
        a quien no mata lechón.

¿Preguntas que por qué exceso
en el más triste lugar   15
a los frailes han de dar
pan, vino, tocino y queso?
Pues créete que por eso
nos llaman con campanilla
en la cuaresma a sermón;   20
    porque no se da morcilla
    a quien no mata lechón.

    ¿Espántaste de la maja
que, cuando sale a paseo,
con sus galas y meneo   25
a la más chusca aventaja?
Pues mira, tanto trabaja,
que por trabajar se humilla
bajo de cualquier varón;
    porque no se da morcilla   30
    a quien no mata lechón.

    ¿Pregúntasme que en qué penda
que otros con poco estudiar
se atrevan hoy a sacar
de la corte una prebenda?   35
Pues mira, aunque no se venda,
o ya por faldas se pilla,
o ya por mucho doblón;
    porque no se da morcilla
    a quien no mata lechón.   40

    ¿Lastímate el ver tomando
a don Martín las unciones,
que quiebra los corazones
verle amarillo y babeando?
Pues mira, para eso holgando   45
con su amiga Mariquilla
gozó harto tiempo el bribón;
    porque no se da morcilla
    a quien no mata lechón.

    ¿Admíraste del letrado   50
que a Juan, sin tener derecho,

se lo hizo tener, y de hecho
se ha en su favor sentenciado?
Pues sábete que ha logrado
una lucida vajilla,   55
y *ainda mais* un talegón:
        porque no se da morcilla
        a quien no mata lechón.

    Dices, por fin, que ¡cuán bruto
es el que se pone a hacer   60
versos sin echar de ver
que no aguarda premio o fruto!
Pues mira, yo lo reputo
por la más quieta, sencilla
y racional diversión;   65
        porque no se da morcilla
        a quien no mata lechón.

                    *   *   *

    En eso de que por tema
de no ceder a ninguno,
sin esperar premio alguno,
me ponga con mucha flema
a escribir un gran poema,   5
como el pobretón del Tasso,
        paso.
    Mas en que por diversión
se suelte mi tarabilla
en cantar una letrilla   10
donde saque a colación
tanto esposo chivatón
como a cada paso encuentro,
        entro.
    Que yo cual camaleón   15
esté a un gran sofí adulando,
mil sobarbadas pasando
por lograr mi pretensión,
cautivo de la ambición,
de sueño y de gusto escaso,   20
        paso.

Mas en que mis gustos ame
donde hallo fortuna cierta,
y cuando más me divierta,
ningún cuidado me llame,   25
pues buey suelto bien se lame
por defuera y por de dentro,
        entro.

Que quieran que a una función
vaya yo en diciembre helado,   30
a beber, de convidado,
aguas de agraz y limón
que dejen mi corazón
tan helado como el vaso,
        paso.   35

Pero que con mi vecino
y otros amigos, de broma,
sentado en un corro coma
buenas lonjas de tocino,
y un gran pellejo de vino   40
haya por copa en el centro,
        entro.

En que vestido de gala
dance yo serio un amable,
sin que toque y sin que hable   45
a las damas de la sala,
pues me echarán noramala
si a algo de esto me propaso,
        paso.

Mas en el ir a enredar   50
a los bailes de candil,
donde pueda yo entre mil
con las chicas retozar,
apagar la luz, y andar
a ésta cojo, a la otra encuentro,   55
        entro. [107]

___

[107] Para esta letrilla trae muchas variantes la edición de Foulché-
Delbosc. Entre otras de menor monta, se omiten las estrofas 3 y 4, se
cambia el orden de las restantes y se añaden éstas: "En que yo adore
a Lucía, / a quien hablar no he podido, / porque un instante el

TOMÁS DE IRIARTE

Nació en el Puerto de la Cruz de Orotava (Canarias) el 18 de septiembre de 1750. Aún joven, pasó a Madrid, donde le educó su tío D. Juan de Iriarte. Fue oficial traductor de la Secretaría de Estado y archivero del Consejo Supremo de la Guerra. Amigo de los autores más destacados de su época, Iriarte concurrió a la tertulia de la Fonda de San Sebastián y tomó parte en vigorosas polémicas contra Sedano, Huerta y Forner. Hizo traducciones del teatro francés, del *Arte poética* de Horacio y de parte de la *Eneida*. Compuso comedias, un poema didáctico *(La Música)* y poesías líricas; pero la obra más conocida de Iriarte son las *Fábulas literarias* (1782), de cuya originalidad se enorgullecía especialmente. Fue procesado por la Inquisición en 1786. Murió de la gota, en Madrid, el 17 de septiembre de 1791.

EDICIONES

Colección de obras en verso y prosa. 6 vols. Madrid: En la Oficina de Benito Cano, 1787.
Colección de obras en verso y prosa. 8 vols. Madrid: En la Imprenta Real, 1805.
BAE, LXIII.
Poesías, ed. Alberto Navarro González. Madrid: Clásicos Castellanos, 1953.

ESTUDIOS

Cioranescu, Alejandro. "Sobre Iriarte, La Fontaine y fabulistas en general", en su libro *Estudios de literatura española y comparada* (La Laguna, 1954), pp. 197-204.
Clarke, Dorothy C. "On Iriarte's Versification." *PMLA,* LXVIII (1952), 411-419.

---

marido / no deja la compañía, / temiéndose que algún día / pague su frente el fracaso, / paso. / Mas en querer y adorar / a Inés, que tiene un esposo / poquísimo escrupuloso, / que se va luego a pasear, / si en yéndola a visitar / dentro de casa le encuentro, / entro. / En que, con una ramera / que, falaz, sabe fingir / que me ama, he de consumir / cuanto hay en mi faltriquera, / cuando yo sé que a cualquiera / da en su casa franco paso, / paso. / Mas en amar como yo amo / a las mozas de servicio / que por tenerme propicio / me dan cuanto tiene su amo, / y si a mis brazos las llamo, / tan fáciles las encuentro, / entro".

Cossío, José M.ª de. "Las fábulas literarias de Iriarte." *Revista Nacional de Educación* (Madrid), I (sept. 1941), 53-64.

Cotarelo y Mori, Emilio. *Iriarte y su época*. Madrid, 1897.

Lentzen, Manfred. "Tomás de Iriartes Fabeln und der Neoklassizismus in Spanien: Ein Beitrag zur Erforschung des spanischen 18. Jahrhunderts." *Romanische Forschungen*, LXXIX (1967), 603-620.

Sebold, Russell P. *Tomás de Iriarte: poeta de "rapto racional"*. *Cuadernos de la Cátedra Feijoo*, N.° 11. Oviedo, 1961. Este estudio viene reimpreso en el libro de Sebold, *El rapto de la mente: Poética y poesía dieciochescas* (Madrid, 1970), pp. 141-196.

Sigo la edición de 1805.

FÁBULAS LITERARIAS

EL BURRO FLAUTISTA

*(Sin reglas del arte, el que en algo acierta,
acierta por casualidad.)*

Esta fabulilla,
salga bien o mal,
me ha ocurrido ahora
por casualidad.
    Cerca de unos prados   5
que hay en mi lugar,
pasaba un borrico
por casualidad.
    Una flauta en ellos
halló, que un zagal   10
se dejó olvidada
por casualidad.
    Acercóse a olerla
el dicho animal,
y dio un resoplido   15
por casualidad.
    En la flauta el aire
se hubo de colar,
y sonó la flauta
por casualidad.   20
    "¡Oh!" dijo el borrico;
"¡qué bien sé tocar!
¡Y dirán que es mala
la música asnal!"
    Sin reglas del arte,   25
borriquitos hay
que una vez aciertan
por casualidad.

LA ARDILLA Y EL CABALLO

*(Algunos emplean en obras frívolas tanto afán
como otros en las importantes.)*

Mirando estaba un ardilla
a un generoso alazán, sorrel
que dócil a espuela y rienda, spur, rein
se adestraba en galopar.
Viéndole hacer movimientos   5
tan veloces y a compás,
de aquesta suerte le dijo
con muy poca cortedad:
    "Señor mío,
    de ese brío,   10
    ligereza
    y destreza
    no me espanto,
    que otro tanto
suelo hacer, y acaso más.   15
    Yo soy viva,
    soy activa,
    me meneo,
    me paseo,
    yo trabajo,   20
    subo y bajo,
no me estoy quieta jamás."
El paso detiene entonces
el buen potro, y muy formal
en los términos siguientes   25
respuesta a la ardilla da:
    "Tantas idas
    y venidas,
    tantas vueltas
    y revueltas   30
    (quiero, amiga,
    que me diga),
¿son de alguna utilidad?
Yo me afano;

mas no en vano.   35
Sé mi oficio,
y en servicio
de mi dueño,
tengo empeño
de lucir mi habilidad."   40
      Conque algunos escritores
ardillas también serán
si en obras frívolas gastan
todo el calor natural.

EL TÉ Y LA SALVIA

*(Algunos sólo aprecian la literatura extranjera,
y no tienen la menor noticia de la de su nación.)*

      El té, viniendo del imperio chino,
se encontró con la salvia en el camino.
Ella le dijo: "¿Adónde vas, compadre?"
"A Europa voy, comadre,
donde sé que me compran a buen precio."   5
"Yo", respondió la salvia, "voy a China,
que allá con sumo aprecio
me reciben por gusto y medicina. [108]
En Europa me tratan de salvaje,
y jamás he podido hacer fortuna."   10
"Anda con Dios. No perderás el viaje,
pues no hay nación alguna
que a todo lo extranjero
no dé con gusto aplausos y dinero."
      La salvia me perdone,   15
que al comercio su máxima se opone.
Si hablase del comercio literario,
yo no defendería lo contrario,

[108] "Los chinos estiman tanto la salvia que por una caja de esta
hierba suelen dar dos, y a veces tres, de té verde. Véase el *Diccionario de historia natural*, de M. Valmont de Bomare, en el artículo
Sauge". (Nota de Iriarte.)

porque en él para algunos es un vicio
lo que es en general un beneficio;   20
y español que tal vez recitaría
quinientos versos de Boileau y el Tasso,
puede ser que no sepa todavía
en qué lengua los hizo Garcilaso.

EL GATO, EL LAGARTO Y EL GRILLO

*(Por más ridículo que sea el estilo retumbante,
siempre habrá necios que le aplaudan,
sólo por la razón de que se quedan
sin entenderle.)*

Ello es que hay animales muy científicos
en curarse con varios específicos,
y en conservar su construcción orgánica,
como hábiles que son en la botánica,
pues conocen las hierbas diuréticas,   5
catárticas, narcóticas, eméticas,
febrífugas, estípticas, prolíficas,
cefálicas también y sudoríficas.
    En esto era gran práctico y teórico
un gato, pedantísimo retórico,   10
que hablaba en un estilo tan enfático
como el más estirado catedrático.
Yendo a caza de plantas salutíferas,
dijo a un lagarto: "¡Qué ansias tan mortíferas!
Quiero por mis turgencias semihidrópicas   15
chupar el zumo de hojas *heliotrópicas.*"
    Atónito el lagarto con lo exótico
de todo aquel preámbulo estrambótico,
no entendió más la frase macarrónica
que si le hablasen lengua babilónica;   20
pero notó que el charlatán ridículo,
de hojas de girasol llenó el ventrículo,
y le dijo: "Ya, en fin, señor hidrópico,
he entendido lo que es zumo *heliotrópico.*"

¡Y no es bueno que un grillo, oyendo el diálogo,   25
aunque se fue en ayunas del catálogo
de términos tan raros y magníficos,
hizo del gato elogios honoríficos!
Sí; que hay quien tiene la hinchazón por mérito,
y el hablar liso y llano por demérito.   30
    Mas ya que esos amantes de hiperbólicas
cláusulas y metáforas diabólicas,
de retumbantes voces el depósito
apuran, aunque salga un despropósito,
caiga sobre su estilo problemático   35
este apólogo esdrújulo-enigmático.

EL ESCARABAJO

*(Lo delicado y ameno de las buenas letras no agrada
a los que se entregan al estudio de una erudición
                pesada y de mal gusto.)*

    Tengo para una fábula un asunto,
que pudiera muy bien... pero algún día
suele no estar la musa muy en punto.
    Esto es lo que hoy me pasa con la mía;
y regalo el asunto a quien tuviere   5
más despierta que yo la fantasía;
    porque esto de hacer fábulas requiere
que se oculte en los versos el trabajo,
lo cual no sale siempre que uno quiere.
    Será, pues, un pequeño escarabajo   10
el héroe de la fábula dichosa,
porque conviene un héroe vil y bajo.
    De este insecto refieren una cosa:
que, comiendo cualquiera porquería,
nunca pica las hojas de la rosa.   15
    Aquí el autor con toda su energía
irá explicando, como Dios le ayude,
aquella extraordinaria antipatía.
    La mollera es preciso que le sude

para insertar después una advertencia   20
con que entendamos a lo que esto alude;
   y según le dictare su prudencia,
echará circunloquios y primores,
con tal que diga en la final sentencia
   que así como la reina de las flores   25
al sucio escarabajo desagrada,
así también a góticos doctores [109]
toda invención amena y delicada.

SONETO

Tres potencias bien empleadas en un caballerito
de estos tiempos

Levántome a las mil, como quien soy.
Me lavo. Que me vengan a afeitar.
Traigan el chocolate, y a peinar.
Un libro... Ya leí. Basta por hoy.
   Si me buscan, que digan que no estoy...   5
Polvos... Venga el vestido verdemar...
¿Si estará ya la misa en el altar?...
¿Han puesto la berlina? Pues me voy.
   Hice ya tres visitas. A comer...
Traigan barajas. Ya jugué. Perdí...   10
Pongan el tiro. Al campo, y a correr...
   Ya doña Eulalia esperará por mí...
Dio la una. A cenar, y a recoger...
"¿Y es éste un racional?" "Dicen que sí."

---

109 *Gótico* tiene para Iriarte y muchos de sus contemporáneos el
significado de *medieval* y por consiguiente, según creían ellos, de
bárbaro y *poco culto*. También se aplicaba a la filosofía escolástica,
muy combatida por los partidarios de la Ilustración.

JUAN MELÉNDEZ VALDÉS

Nació en Ribera del Fresno (Badajoz) el 11 de marzo de 1754. Estudió en Salamanca, donde se unió al grupo de González, Iglesias, etc., y donde conoció a Cadalso. También entabló relaciones epistolares con Jovellanos, quien le animó a cultivar la poesía seria. Le dio renombre su égloga *Batilo*, premiada por la Real Academia Española en 1780. Meléndez fue profesor de humanidades en Salamanca y luego magistrado. Durante la Guerra de la Independencia siguió el partido de José Napoleón, viéndose obligado a emigrar al terminar la contienda. Murió en Montpellier el 24 de mayo de 1817. Meléndez fue el primer poeta del siglo XVIII, destacándose no sólo en sus anacreónticas y sus poesías amorosas de exquisita elegancia rococó, sino también en las odas sobre temas filosóficos y religiosos, expresiones poéticas de la ideología Ilustrada.

EDICIONES

Poesías. Madrid: Joachin Ibarra, 1785.

Poesías. 3 vols. Valladolid: Viuda e hijos de Santander, 1797.

Poesías. 4 vols. Madrid: Imprenta Nacional (I y IV), Imprenta Real (II y III), 1820.

BAE, LXIII.

Poesías, ed. Pedro Salinas. Madrid: Clásicos Castellanos, 1925 [edición poco correcta].

Poesías inéditas. Introducción bibliográfica de Antonio Rodríguez-Moñino. Madrid, 1954.

Poesías, ed. Emilio Palacios. Madrid, 1979.

Poesías selectas. La lira de marfil, ed. J. H. R. Polt y Georges Demerson. Madrid, 1981.

Obras en verso. Edición crítica, prólogo y notas por Juan H. R. Polt y Jorge Demerson. 2 vols. Oviedo, 1981-83.

ESTUDIOS

Colford, William E. *Juan Meléndez Valdés: A Study in the Transition from Neo-Classicism to Romanticism in Spanish Poetry.* Nueva York, 1942.

Cox, R. Merritt. *Juan Meléndez Valdés.* Nueva York, 1974.

Demerson, Georges. *Don Juan Meléndez Valdés et son temps (1754-1817)*. París, 1962. Traducción española: *Don Juan Meléndez Valdés y su tiempo (1754-1817)*. 2 vols. Madrid, 1971.

Froldi, Rinaldo. *Un poeta illuminista: Meléndez Valdés*. Milán-Varese, 1967.

Polt, John H. R. *Batilo. Estudios sobre la evolución estilística de Meléndez Valdés*. Berkeley y Oviedo, 1987.

Sigo la edición crítica.

ODAS ANACREÓNTICAS

EL AMOR MARIPOSA

Viendo el Amor un día
que mil lindas zagalas
huían de él medrosas
por mirarle con armas,
dicen que, de picado,   5
les juró la venganza,
y una burla les hizo,
como suya, extremada.

Tornóse en mariposa,
los bracitos en alas,   10
y los pies ternezuelos
en patitas doradas.
¡Oh! ¡qué bien que parece!
¡Oh! ¡qué suelto que vaga,
y ante el sol hace alarde   15
de su púrpura y nácar!

Ya en el valle se pierde,
ya en una flor se para,
ya otra besa festivo,
y otra ronda y halaga.   20
Las zagalas, al verle,
por sus vuelos y gracia
mariposa le juzgan,
y en seguirle no tardan.

Una a cogerle llega,   25
y él la burla y se escapa;
otra en pos va corriendo,
y otra simple le llama,
despertando el bullicio
de tan loca algazara   30
en sus pechos incautos
la ternura más grata.

Ya que juntas las mira
dando alegres risadas

súbito Amor se muestra,   35
y a todas las abrasa.
　　Mas las alas ligeras
en los hombros por gala
se guardó el fementido,
y así a todos alcanza.   40
　　También de mariposa
le quedó la inconstancia:
llega, hiere, y de un pecho
a herir otro se pasa.

A DORILA

　　¡Cómo se van las horas,
y tras ellas los días,
y los floridos años
de nuestra frágil vida!
　　La vejez luego viene,   5
del amor enemiga,
y entre fúnebres sombras
la muerte se avecina,
　　que escuálida y temblando,
fea, informe, amarilla,   10
nos aterra, y apaga
nuestros fuegos y dichas.
　　El cuerpo se entorpece,
los ayes nos fatigan,
nos huyen los placeres   15
y deja la alegría.
　　Si esto, pues, nos aguarda,
¿para qué, mi Dorila,
son los floridos años
de nuestra frágil vida?   20
　　Para juegos y bailes
y cantares y risas
nos los dieron los cielos,
las Gracias los destinan.
　　Ven, ¡ay! ¿qué te detienes?   25

Ven, ven, paloma mía,
debajo de estas parras,
do lene el viento aspira,
    y entre brindis süaves
y mimosas delicias,   30
de la niñez gocemos,
pues vuela tan aprisa.

DE LOS LABIOS DE DORILA

La rosa de Citeres,
primicia del verano,
delicia de los dioses
y adorno de los campos,
    objeto del deseo   5
de las bellas, del llanto
del Alba feliz hija,
del dulce Amor cuidado,
    ¡oh! ¡cuán atrás se queda
si necio la comparo   10
en púrpura y fragancia,
Dorila, con tus labios!;
    ora el virginal seno
al soplo regalado
de aura vital despliegue   15
del sol al primer rayo,
    o inunde en grato aroma
tu seno relevado,
más feliz si tú inclinas
la nariz por gozarlo.   20

DE MIS NIÑECES

Siendo yo niño tierno,
con la niña Dorila
me andaba por la selva
cogiendo florecillas,

de que alegres guirnaldas,   5
con gracia peregrina,
para ambos coronarnos
su mano disponía.
    Así en niñeces tales
de juegos y delicias   10
pasábamos felices
las horas y los días.
    Con ellos poco a poco
la edad corrió deprisa,
y fue de la inocencia   15
saltando la malicia.
    Yo no sé; mas al verme
Dorila se reía;
y a mí de sólo hablarla
también me daba risa.   20
    Luego al darle las flores
el pecho me latía;
y al ella coronarme
quedábase embebida.
    Una tarde, tras esto   25
vimos dos tortolitas
que con trémulos picos
se halagaban amigas,
    y de gozo y deleite,
cola y alas caídas,   30
centellantes sus ojos,
desmayadas gemían.
    Alentónos su ejemplo,
y entre honestas caricias
nos contamos turbados   35
nuestras dulces fatigas;
    y en un punto, cual sombra
voló de nuestra vista
la niñez; mas en torno
nos dio el Amor sus dichas.   40

DEL CAER DE LAS HOJAS

¡Oh, cuál con estas hojas,
que en sosegado vuelo
de los árboles giran,
circulando en el viento,
  mil imágenes tristes   5
hierven ora en mi pecho,
que anublan su alegría
y apagan mis deseos!
  Símbolo fugitivo
del mundanal contento,   10
que si fósforo brilla,
muere en humo deshecho,
  no hace nada que el bosque
florecidas cubriendo,
la vista embelesaban   15
con su animado juego,
  cuando entre ellas vagando
el cefirillo inquieto,
sus móviles cogollos
colmó de alegres besos.   20
  Las dulces avecillas
ocultas en su seno
el ánimo hechizaron
con sus sonoros quiebros;
  y entre lascivos píos,   25
llagadas ya del fuego
del blando amor, bullían,
de aquí y de allá corriendo,
  los más despiertos ojos
su júbilo y el fresco   30
de las sombras amigas
solicitando al sueño.
  Pero el Can abrasado
vino en alas del tiempo,
y a su fresca verdura   35
mancilló el lucimiento.

Sucedióle el otoño;
tras de él, árido el cierzo
con su lánguida vida
acabó en un momento;   40
    y en lugar de sus galas
y del susurro tierno
que al más leve soplillo
vagas antes hicieron,
    hoy muertas y ateridas,   45
ni aun de alfombrar el suelo
ya valen, y la planta
las huella con desprecio.
    Así sombra mis años
pasarán, y con ellos,   50
cual las hojas fugaces,
volará mi cabello;
    mi faz de ásperas rugas
surcará el crudo invierno,
de flaqueza mis pasos,   55
de dolores mi cuerpo;
    y apagado a los gustos,
miraré como un puerto
de salud en mis males,
de la tumba el silencio.   60

EL ABANICO

    ¡Con qué indecible gracia,
tan varia como fácil,
el voluble abanico,
Dorila, llevar sabes!
    ¡Con qué de movimientos   5
has logrado apropiarle
a los juegos que enseña
de embelesar el arte!
    Esta invención sencilla
para agitar el aire,   10
da, abriéndose, a tu mano

bellísima el realce
de que sus largos dedos,
plegándose süaves,
con el mórbido brazo   15
felizmente contrasten.
   Este brazo enarcando,
su contorno tornátil
ostentas cuando al viento
sobre tu rostro atraes.   20
   Si rápido lo mueves,
con los golpes que bates
parece que tu seno
relevas palpitante;
   si plácida lo llevas,   25
en las pausas que haces,
que de amor te embebece
dulcemente la imagen.
   De tus pechos entonces,
en la calma en que yacen,   30
medir los ojos pueden
el ámbito agradable.
   Cuando con él intentas
la risita ocultarme
que en ti alegre concita   35
algún chiste picante,
   y en tu boca de rosa,
desplegándola afable,
de las perlas que guarda
releva los quilates,   40
   me incitas, cuidadoso,
a ver por tu semblante
la impresión que te causan
felices libertades.
   Si el rostro, ruborosa,   45
te cubres por mostrarme
que en tu pecho, aun sencillo,
pudor y amor combaten,
   al ardor que me agita
nuevo pábulo añades   50

con la débil defensa
que me opones galante.
   Al hombro golpecitos,
con gracioso donaire,
con él dándome, dices: 55
"¿De qué tiemblas, cobarde?
   "No es mi pecho tan crudo,
que no pueda apiadarse,
ni me hicieron los cielos
de inflexible diamante.   60
   "Insta, ruega, demanda,
sin temor de enojarme;
que la roca más dura
con tesón se deshace."
   Al suelo, distraída,   65
jugando se te cae,
y es porque cien rendidos
se inquieten por alzarle.
   Tú, festiva, lo ríes,
y una mirada amable   70
es el premio dichoso
de tan dulces debates.
   Mientras llamas de nuevo
con medidos compases
al fugaz cefirillo   75
a tu seno anhelante,
   en mis ansias y quejas,
fingiendo no escucharme,
con raudo movimiento
lo cierras y lo abres;   80
   mas súbito rendida,
batiéndolo incesante,
me indicas, sin decirlo,
las llamas que en ti arden.
   Una vez que en tu seno   85
maliciosa lo entraste,
yo, suspirando, dije:
"¡Allí quisiera hallarme!"
   Y otra vez ¡ay Dorila!

que a mi rival hablaste   90
no sé qué, misteriosa,
poniéndolo delante,
    lloréme ya perdido,
creyéndote mudable,
y ardiéndoseme el pecho   95
con celos infernales.
    Si quieres con alguno
hacer la inexorable,
le dice tu abanico:
"No más, necio, me canses."   100
    Él a un tiempo te sirve
de que alejes y llames,
favorable acaricies,
y enojada amenaces.
    Cerrado en tu alba mano,   105
cetro es de amor brillante,
ante el cual todos rinden
gustoso vasallaje;
    o bien pliega en tu seno
con gracia inimitable   110
la mantilla, que tanto
lucir hace tu talle.
    A la frente lo subes,
a que artero señale
los rizos que a su nieve   115
dan un grato realce.
    Lo bajas a los ojos,
y en su denso celaje
se eclipsan un momento
sus llamas centellantes   120
    porque logren lumbrosos,
de súbito al mostrarse,
su triunfo más seguro
y como el rayo abrasen.
    ¡Ah, quién su ardor entonces   125
resista, y qué de amantes,
burlándose, embebecen
sus niñas celestiales!

En todo eres, Dorila,
donosa, a todo sabes   130
llevar, sin advertirlo
tus gracias y tus sales.

   ¡Feliz mil y mil veces
quien en unión durable,
de ti correspondido,   135
cual yo merece amarte!

ODA

De LA PALOMA DE FILIS [110]

Filis, ingrata Filis,
tu paloma te enseña;
ejemplo en ella toma
de amor y de inocencia.

   Mira cómo a tu gusto   5
responde, cómo deja
gozosa, si la llamas,
por ti sus compañeras.

   ¿Tu seno y tus halagos
olvida, aunque severa   10
la arrojes de la falda,
negándote a sus quejas?

   No, Fili; que aun entonces,
si intento detenerla,
mi mano fiel esquiva,   15
y a ti amorosa vuela.

   ¡Con cuánto suave arrullo
te ablanda! ¡Cómo emplea
solícita sus ruegos,
y en giros mil te cerca!   20
   ¡Ah crédula avecilla!

---

110 *La paloma de Filis* es el título que dio Meléndez a una serie
de odas, de las cuales ésta es la tercera.

En vano, en vano anhelas;
que son para tu dueño
agravio las finezas.
    Pues ¿qué cuando en la palma   25
el trigo le presentas,
y al punto de picarlo,
burlándote la cierras?
    ¡Cuán poco del engaño,
incauta, se recela,   30
y pica, aunque vacía,
la mano que le muestras!
    ¡Qué fácil se entretiene!
Un beso le consuela;
siempre festiva arrulla,   35
siempre amorosa juega.
    Su ejemplo, Filis, toma,
pero conmigo empieza,
y repitamos juntos
lo que a su lado aprendas.   40

LETRILLAS

FILIS CANTANDO

Venid, avecillas,
venid a tomar
de mi zagaleja
lección de cantar.
    Venid; de sus labios,   5
do la suavidad
suspira entre rosas
y miel y azahar,
    la alegre alborada
canoras llevad,   10
para cuando el día
comience a rayar.
    Venid, avecillas,

venid a tomar
de mi zagaleja   15
lección de cantar.
　　Con vuestros piquitos
dulces remedad
sus juegos alegres,
su tono y compás,   20
　　las fugas y vueltas
con que enajenar
de amor logra a cuantos
oyéndola están.
　　Venid, avecillas,   25
venid a tomar
de mi zagaleja
lección de cantar.
　　Seguid su elevado
y ardiente trinar,   30
o el desfallecido
blando suspirar,
　　que el alma penetra
de dulzura tal,
que en pos de sus ayes   35
se quiere exhalar.
　　Venid, avecillas,
venid a tomar
de mi zagaleja
lección de cantar.   40
　　Yo, que lo he sentido,
no alcanzo a explicar
cuál mueve y encanta
su voz celestial.
　　Venidlo, vosotras,   45
venidlo a probar,
por más que su gracia
tengáis que envidiar.
　　Venid, avecillas,
venid a tomar   50
de mi zagaleja
lección de cantar.

Venid, parlerillas;
no dejéis pasar
la ocasión dichosa,   55
pues cantando está.
   Venid revolando;
que no ha de cesar
su voz regalada
con vuestro llegar.   60
      Venid, avecillas,
      venid a tomar
      de mi zagaleja
      lección de cantar.

EL LUNARCITO

      La noche y el día,
      ¿qué tienen de igual?
¿De dónde, donosa,
el lindo lunar
que sobre tu seno   5
se vino a posar?
   ¿Cómo, di, la nieve
lleva mancha tal?
      La noche y el día,
      ¿qué tienen de igual?   10
   ¿Qué tienen las sombras
con la claridad,
ni un oscuro punto
con la alba canal
que un val de azucenas   15
hiende por mitad?
      La noche y el día,
      ¿qué tienen de igual?
   Premiando sus hojas
el ciego rapaz,   20
por juego un granate
fue entre ellas a echar;
   mirólo y riose,

y dijo vivaz:
    "La noche y el día,   25
      ¿qué tienen de igual?"
   En él sus saetas
se puso a probar,
mas nunca lo hallara
su punta fatal.   30
   Y diz que, picado,
se le oyó gritar:
    "La noche y el día,
      ¿qué tienen de igual?"
   Entonces su madre   35
la parda señal
por término puso
de gracia y beldad,
   do clama el deseo,
al verse estrellar: 40
    "La noche y el día,
      ¿qué tienen de igual?"
   Estréllase y mira,
y torna a mirar,
mientra el pensamiento   45
mil vueltas le da,
   iluso, perdido,
ansiando encontrar,
    la noche y el día,
    qué tienen de igual.   50
   Cuando tú lo cubres
de un albo cendal,
por sus leves hilos
se pugna escapar.
   ¡Señuelo del gusto!   55
¡dulcísimo imán!
    La noche y el día,
    ¿qué tienen de igual?
   Turgente tu seno
se ve palpitar,   60
y a su blando impulso
él viene y él va;

diciéndome mudo
con cada compás:
    "La noche y el día,   65
    ¿qué tienen de igual?"
  Semeja una rosa
que en medio el cristal
de un limpio arroyuelo
meciéndose está,   70
  clamando yo al verle
subir y bajar:
    "La noche y el día,
    ¿qué tienen de igual?"
  ¡Mi bien! si alcanzases   75
la llaga mortal
que tu lunarcito
me pudo causar,
  no así preguntaras,
burlando mi mal: 80
    "La noche y el día,
    ¿qué tienen de igual?"

ROMANCES

LA TARDE

Ya el Héspero delicioso,
entre nubes agradables,
cual precursor de la noche,
por el Occidente sale,
  do con su fúlgido brillo   5
deshaciendo mil celajes,
a los ojos se presenta
cual un hermoso diamante.
  Las sombras que le acompañan
se apoderan de los valles,   10
y sobre la mustia hierba
su fresco rocío esparcen.
  Su corona alzan las flores,

y de un aroma süave,
despidiéndose del día,   15
embalsaman todo el aire.
   El sol afanado vuela,
y sus rayos celestiales
contemplar tibios permiten,
al morir, su augusta imagen,   20
   símil a un globo de fuego
que en vivas centellas arde,
y en la bóveda parece
del firmamento enclavarse.
   Él de su altísima cumbre   25
veloz se despeña, y cae
del Océano en las aguas,
que a recibirlo se abren.
   ¡Oh! ¡qué visos! ¡qué colores!
¡qué ráfagas tan brillantes   30
mis ojos embebecidos
registran de todas partes!
   Mil sutiles nubecillas
cercan su trono, y mudables,
el cárdeno cielo pintan   35
con sus graciosos cambiantes.
   Los reverberan las aguas,
y parece que retrae
indeciso el sol los pasos,
y en mirarlos se complace.   40
   Luego vuelve, huye y se esconde,
y deja en poder la tarde
del Héspero, que en los cielos
alza su pardo estandarte,
   como un cendal delicado,   45
que en su ámbito inmensurable,
en un momento extendido,
súbito al suelo se abate,
   a que en tan rápida fuga
su vislumbre centellante,   50
envuelto en débiles nieblas,
ya sin pábulo desmaye.

Del nido al caliente abrigo
vuelan al punto las aves,
cuál al seno de una peña,   55
cuál a lo hojoso de un sauce;
   y a sus guaridas los rudos
selváticos animales,
temblando al sentir la noche,
se precipitan cobardes.   60
   Suelta el arador sus bueyes;
y entre sencillos afanes,
para el redil los ganados
volviendo van los zagales;
   suena un confuso balido,   65
gimiendo que los separen
del dulce pasto, y las crías
corren, llamando a sus madres.
   Lejos las chozas humean,
y los montes más distantes   70
con las sombras se confunden,
que sus altas cimas hacen.
   De ellas a la excelsa esfera
grupándose desiguales
estas sombras en un velo   75
a la vista impenetrable,
   el universo parece
que, de su acción incesante
cansado, el reposo anhela,
y al sueño va a abandonarse.   80
   Todo es paz, silencio todo,
todo en estas soledades
me conmueve, y hace dulce
la memoria de mis males.
   El verde oscuro del prado,   85
la niebla que undosa a alzarse
empieza del hondo río,
los árboles de su margen,
   su deleitosa frescura,
los vientecillos que baten   90
entre las flores las alas,

y sus esencias me traen,
me enajenan y me olvidan
de las odiosas ciudades
y de sus tristes jardines, 95
hijos míseros del arte.
Liberal naturaleza,
porque mi pecho se sacie,
me brinda con mil placeres
en su copa inagotable. 100
Yo me abandono a su impulso;
dudosos los pies no saben
dó se vuelven, dó caminan,
dó se apresuran, dó paren.
Cruzo la tendida vega 105
con inquietud anhelante
por si en la fatiga logro
que mi espíritu se calme;
mis pasos se precipitan;
mas nada en mi alivio vale, 110
que aun gigantescas las sombras
me siguen para aterrarle.
Trepo, huyéndolas, la cima,
y al ver sus riscos salvajes,
"¡Ay!", exclamo, "¡quién, cual ellos, 115
insensible se tornase!"
Bajo del collado al río,
y entre sus lóbregas calles
de altos árboles, el pecho
más pavoroso me late. 120
Miro las tajadas rocas,
que amenazan desplomarse
sobre mí, tornar oscuros
sus cristalinos raudales.
Llénanme de horror sus sombras, 125
y el ronco fragoso embate
de las aguas, más profundo
hace este horror, y más grave.
Así, azorado y medroso,
al cielo empiezo a quejarme 130

de mis amargas desdichas,
y a lanzar dolientes ayes,
    mientras de la luz dudosa
expira el último instante,
y el manto la noche tiende   135
que el crepúsculo deshace.

LOS ARADORES

    ¡Oh! ¡qué bien ante mis ojos
por la ladera pendiente,
sobre la esteva encorvados,
los aradores parecen!
    ¡Cómo la luciente reja   5
se imprime profundamente,
cuando en prolongados surcos
el tendido campo hienden!
    Con lentitud fatigosa
los animales pacientes,   10
la dura cerviz alzada,
tiran del arado fuerte.
    Anímalos con su grito,
y con su aguijón los hiere
el rudo gañán, que en medio   15
su fatiga canta alegre.
    La letra y pausado tono
con las medidas convienen
del cansado lento paso
que asientan los tardos bueyes.   20
    Ellos las anchas narices
abren a su aliento ardiente,
que por la frente rugosa
el hielo en aljófar vuelve;
    y el gañán aguija y canta,   25
y el sol que alzándose viene
con sus vivíficos rayos
le calienta y esclarece.
    ¡Invierno! ¡invierno! aunque triste,

aun conservas tus placeres,   30
y entre tus lluvias y vientos
halla ocupación la mente.
　Aun agrada ver el campo
todo alfombrado de nieve,
en cuyo cándido velo   35
sus rayos el sol refleje.
　Aun agrada con la vista
por sus abismos perderse,
yerta la naturaleza
y en un silencio elocuente,   40
　sin que halle el mayor cuidado
ni el lindero de la suerte,
ni sus desiguales surcos,
ni la mies que oculta crece.
　De los árboles las ramas,   45
al peso encorvadas, ceden,
y a la tierra fuerzas piden
para poder sostenerse.
　La sierra con su albo manto
una muralla esplendente,   50
que une el suelo al firmamento,
allá a lo lejos ofrece,
　mientra en las hondas gargantas
despeñados los torrentes,
la imaginación asustan,   55
cuanto el oído ensordecen;
　y en quietud descansa el mundo,
y callado el viento duerme,
y en el redil el ganado,
y el buey gime en el pesebre.   60
　¿Pues qué, cuando de las nubes
horrísonos se desprenden
los aguaceros, y el día
ahogado entre sombras muere,
　y con estrépito inmenso   65
cenagosos se embravecen
fuera de madre los ríos,
batiendo diques y puentes?

Crece el diluvio; anegadas
las llanuras desparecen,   70
y árboles y chozas tiemblan
del viento el furor vehemente,
   que arrebatando las nubes,
cual sierras de niebla leve,
de aquí allá en rápido soplo,   75
en formas mil las revuelve;
   y el imperio de las sombras,
y los vendavales crecen;
y el hombre, atónito y mudo,
a horror tanto tiembla y teme.   80
   O bien la helada punzante
la tierra en mármol convierte,
y al hogar en ocio ingrato
el gañán las horas pierde.
   Cubiertos de blanca escarcha,   85
como de marfil parecen
los árboles ateridos,
y de alabastro la fuente.
   Sonoro y rígido el prado
la planta, hollado, repele;   90
y doquier el dios del hielo
su ominoso mando ejerce,
   hasta que el suave favonio,
medroso y tímido al verse
nuevo volar, con su aliento   95
tan duros grillos disuelve.
   El día rápido anhela;
no asoma el sol por oriente,
cuando sin luz al ocaso
precipitado desciende,   100
   porque la noche sus velos
sobre la tierra despliegue,
de los fantasmas seguida
que en ella el vulgo ver suele.
   Así el invierno ceñudo   105
reina con cetro inclemente,
y entre escarchas y aguaceros

y nieve y nubes se envuelve.
   ¿Y de dónde estos horrores,
este trastorno aparente,   110
que en enero su fin halla,
y que ya empezó el noviembre?
   Del orden con que los tiempos
alternados se suceden,
durando naturaleza   115
la misma y mudable siempre.
   Estos hielos erizados,
estas lluvias, estas nieves,
y nieblas y roncos vientos,
que hoy el ánimo estremecen,   120
   serán las flores del mayo,
serán de julio las mieses,
y las perfumadas frutas
con que octubre se enriquece.
   Hoy el arador se afana,   125
y en cada surco que mueve,
miles encierra de espigas
para los futuros meses,
   misteriosamente ocultas
en esos granos, que extiende   130
doquier liberal su mano,
y en los terrones se pierden.
   Ved cuál, fecunda la tierra,
sus gérmenes desenvuelve
para abrirnos sus tesoros   135
otro día en faz riente.
   Ved cómo ya pululando
la rompe la hojilla débil,
y con el rojo sombrío
cuán bien contrasta su verde,   140
   verde que el tostado julio
en oro convertir debe,
y en una selva de espigas
esos cogollos nacientes.
   Trabaja, arador, trabaja,   145
con ánimo y pecho fuerte,

ya en tu esperanza embriagado
del verano en las mercedes.
  Llena tu noble destino,
y haz, cantando, tu afán leve,   150
mientras insufrible abruma
el fastidio al ocio muelle,
  que entre la pluma y la holanda
sumido en sueño y placeres,
jamás vio del sol la pompa   155
cuando lumbroso amanece,
  jamas gozó con el alba
del campo el plácido ambiente,
de la matinal alondra
los armónicos motetes.   160
  Trabaja, y fía a tu madre
la prolífica simiente,
por cuyo felice cambio
la abundancia te prometes,
  que ella te dará profusa   165
con que tu seno se aquiete,
se alimenten tus deseos,
tu sudor se remunere,
  puesto que en él y tus brazos,
honrado, la fausta suerte   170
vinculas de tu familia,
y libre en tus campos eres.
  Tu esposa al hogar humilde,
apacible te previene
sobria mesa, grato lecho,   175
y cariño y fe perennes,
  que oficiosa compañera
de tus gozos y quehaceres,
su ternura cada día
con su diligencia crece;   180
  y tus pequeñuelos hijos,
anhelándote impacientes,
corren al umbral, te llaman,
y tiemblan si te detienes.
  Llegas, y en torno apiñados   185

halagándote enloquecen;
la mano el uno te toma,
de tu cuello el otro pende;
    tu amada al paternal beso
desde sus brazos te ofrece   190
el que entre su seno abriga,
y alimenta con su leche,
    que en sus fiestas y gorjeos
pagarte ahincado parece
del pan que ya le preparas,   195
de los surcos donde vienes.

    Y la aijada el mayorcillo
como en triunfo llevar quiere;
la madre el empeño ríe,
y tú, animándole alegre,   200
    te imaginas ver los juegos
con que en tus faustas niñeces
a tu padre entretenías,
cual tu hijuelo hoy te entretiene.

    Ardiendo el hogar te espera,   205
que con su calor clemente
lanzará el hielo y cansancio
que tus miembros entorpecen;
    y luego, aunque en pobre lecho,
mientras que plácido duermes,   210
la alma paz y la inocencia
velarán por defenderte,
    hasta que el naciente día
con sus rayos te despierte
y a empuñar tornes la esteva   215
y a regir tus mansos bueyes.

    ¡Vida ignorada y dichosa!,
que ni alcanza ni merece
quien de las ciegas pasiones
el odioso imperio siente.   220
    ¡Vida angelical y pura!,
en que con su Dios se entiende
sencillo el mortal, y le halla
doquier próvido y presente,

a quien el poder perdona,   225
que los mentirosos bienes
de la ambición tiene en nada,
cuanto ignora sus reveses.
      Vida de fácil llaneza,
de libertad inocente,   230
en que dueño de sí el hombre,
sin orgullo se ennoblece,
      en que la salud abunda,
en que el trabajo divierte,
el tedio se desconoce,   235
y entrada el vicio no tiene;
      y en que un día y otro día
pacíficos se suceden,
cual aguas de un manso río,
siempre iguales y rientes.   240
      ¡Oh! ¡quién gozarte alcanzara!
¡Oh! ¡quién tras tantos vaivenes
de la inclemente fortuna,
un pobre arador viviese!,
      uno cual estos que veo,   245
que ni codician, ni temen,
ni esclavitud los humilla,
ni la vanidad los pierde,
      lejos de la envidia torpe
y de la calumnia aleve,   250
hasta que a mi aliento frágil
cortase el hilo la muerte.

SONETO

LA FUGA INÚTIL

Tímido corzo, de cruel acero
el regalado pecho traspasado,
ya el seno de la hierba emponzoñado,
por demás huye del veloz montero;
      en vano busca el agua y el ligero   5
cuerpo revuelve hacia el doliente lado;

cayó y se agita, y lanza congojado
la vida en un bramido lastimero.
　Así la flecha al corazón clavada,
huyo [111] en vano la muerte, revolviendo　　10
el ánima a mil partes dolorida;
　crece el veneno, y de la sangre helada
se va el herido corazón cubriendo,
y el fin se llega de mi triste vida.

ELEGÍA

LA PARTIDA

En fin voy a partir, bárbara amiga,
voy a partir, y me abandono ciego
a tu imperiosa voluntad. Lo mandas;
ni sé, ni puedo resistir; adoro
la mano que me hiere, y beso humilde　　5
el dogal inhumano que me ahoga.
No temas ya las sombras que te asustan,
las vanas sombras que te abulta el miedo
cual fantasmas horribles, a la clara
luz de tu honor y tu virtud opuestas,　　10
que nacer sólo hicieran... En mi labio
la queja bien no está; gima y suspire;
no a culpar tu rigor dé los instantes
del más ardiente amor tal vez postreros;
tú, de ti misma juez, mis ansias juzga,　　15
mi dolor justifica; a mí no es dado
sino partir. ¡Oh Dios! ¡de mi inefable
felicidad huir! ¡en mis oídos
no sonará su voz! ¡no las ternezas
de su ardiente pasión! ¡mis ojos tristes　　20
no la verán, no buscarán los suyos,
y en ellos su alegría y su ventura!

111　En las eds. de 1785, 1797 y 1820 se lee *huyó*, lo que creo errata y corrijo de acuerdo con Vicente Salvá (ed. de *Poesías escogidas*, Valencia, 1811, lista de erratas), Quintana (*Poesías selectas castellanas*, IV, Madrid, 1830), y, modernamente, Eleanor Turnbull (*Ten Centuries of Spanish Poetry*, Baltimore, 1955).

No sentiré su delicada mano
dulcemente tal vez premiar la mía,
yo extático de amor... ¡Bárbara! ¡injusta!   25
¿Qué pretendes hacer? ¿qué placer cabe
en afligir al mismo a quien adoras,
que te idolatra ciego? No, no es tuyo
este exceso de horror; tu blando pecho,
de dulzura y piedad a par formado,   30
no inhumano bastara a concebirlo.
Tu amable boca, el órgano süave
de amor, que sólo articular palabras
de alegría y consuelo antes supiera,
no lo alcanzó a mandar. Sí; te conozco,   35
te justifico, y las congojas veo
de tu inocente corazón... Mi vida,
mi esperanza, mi bien, ¡ah! ve el abismo
do vamos a caer; que te fascinas;
que no conoces el horrible trance   40
en que vas a quedar, que a mí me aguarda
con tan amarga arrebatada ausencia.
No lo conoces, deslumbrada; en vano,
tranquila ya, despavorida y sola
me llamarás con doloridos ayes.   45
Habré partido yo; y el rechinido
del eje, el grito del zagal, el bronco
confuso son de las volantes ruedas,
a herir tu oído y afligir tu pecho
de un tardío pesar irán agudos.   50
Yo entre tanto abatido, desolado,
a tu estancia feliz vueltos los ojos,
mis ojos ciegos en su llanto ardiente,
te diré adiós, y besaré con ellos
las dichosas paredes que te guardan,   55
mis fenecidas glorias repasando,
y mis presentes invencibles males.
¡Ay! ¿dó, si un paso das, donde no encuentres
de nuestro tierno amor mil dulces muestras?
Entra aquí, corre allá, pasa a otra estancia: 60
"Aquí", ellas te dirán, "se postró humilde

a tus pies, y la mano allí le diste;
allá, loco en su ardor, corrió a tu encuentro;
y allí le viste en lágrimas bañado,
en lágrimas de amor; con mil ternezas   65
más allá fino te ofreció su llama;
y al cielo hizo testigo, y los luceros,
de su lazada eterna, indisoluble,
en la noche feliz..." Sedlo, fulgentes
antorchas del Olimpo, y tú, callada   70
luna, que atiendes mis sentidas quejas
y antes mi gloria y sus finezas viste,
sedlo; y benignas en mi amarga suerte
ved a mi amada, vedla, y recordadle
su santo indisoluble juramento.   75
Vedla, y gozad de su donosa vista,
de las sencillas animadas gracias
de su semblante. ¡Oh Dios! yo afortunado
las gozaba también; su voz oía,
su voz encantadora, que elevada   80
lleva el alma tras sí; su voz, que sabe
hacer dulce hasta el *no,* gratas las quejas.
¡Oh, qué de veces de sus tiernos labios
me enajenó la plácida sonrisa,
las vivas sales y hechiceras gracias!   85
¡Oh qué de tardes, de agradables horas
de nuestra dicha hablando, instantes breves
se nos huyeran! ¡Qué de ardientes votos,
qué de suspiros y esperanzas dulces
crédulas nuestras almas concibieron,   90
y el cielo hoy en su cólera condena!
¡Qué proyectos formáramos...! Mi vida,
mi delicia, mi amor, mi bien, señora,
amiga, hermana, esposa, ¡oh si yo hallara
otro nombre aun más dulce! ¿qué pretendes?   95
¿Sabes dó quieres despeñarme? Espera,
aguarda pocos días; no me ahogues;
después yo mismo partiré; tú nada
tendrás que hacer ni que mandar; humilde
correré a mi destierro y resignado.   100

Mas ora, ¡irme! ¡dejarte! Si me amas,
¿por qué me echas de ti, bárbara amiga?...
Ya lo veo, te canso; cuidadosa
conmigo evitas el secreto; me huyes;
sola te asustas y de todo tiemblas.   105
Tu lengua se tropieza balbuciente,
y embarazada estás cuando me miras.
Si yo te miro, desmayada tornas
la faz, y alguna lágrima... ¡oh martirio!
Yo me acuerdo de un tiempo en que tus ojos   110
otros, ¡ay! otros eran; me buscaban,
y en su mirar y regaladas burlas
alentaban mis tímidos deseos.
¿Te has olvidado de la selva hojosa,
do huyendo veces tantas del bullicio,   115
en sus oscuras solitarias calles
buscamos un asilo misterioso,
do alentar libres de mordaz censura?
¿Qué sitio no oyó allí nuestras ternezas?
¿no ardió con nuestra llama? Al lugar corre   120
do reposar solíamos, y escucha
tu blando corazón; si él mis suspiros
se atreve a condenar, dócil al punto
cedo a tu imperio, y parto. Pero en vano
te reconvengo; yo te canso; acaba   125
de arrojarme de ti, cruel... Perdona,
perdona a mi delirio; de rodillas
tus pies abrazo y tu piedad imploro.
¡Yo acusar tu fineza!... ¡Yo cansarte!
A ti, que me idolatras... No; la pluma   130
se deslizó; mis lágrimas lo borren.
¡Oh Dios! yo la he ultrajado; esto restaba
a mi inmenso dolor. Mi bien, señora,
dispón, ordena, manda: te obedezco;
sé que me adoras; no lo dudo: humilde   135
me resigno a tu arbitrio... El coche se oye,
y del sonante látigo el chasquido,
el ronco estruendo, el retiñir agudo
viene a colmar la turbación horrible

de mi agitado corazón... Se acerca 140
veloz y para; te obedezco y parto.
Adiós, amada, adiós... El llanto acabe,
que el débil pecho en su dolor se ahoga.

EPÍSTOLA

EL FILÓSOFO EN EL CAMPO

Bajo una erguida populosa encina,
cuya ancha copa en torno me defiende
de la ardiente canícula, que ahora
con rayo abrasador angustia el mundo,
tu oscuro amigo, Fabio, te saluda. 5
Mientras tú en el guardado gabinete
a par del feble ocioso cortesano
sobre el muelle sofá tendido yaces,
y hasta para alentar vigor os falta,
yo en estos campos, por el sol tostado, 10
lo afronto sin temor, sudo y anhelo;
y el soplo mismo que me abrasa ardiente,
en plácido frescor mis miembros baña.
Miro y contemplo los trabajos duros
del triste labrador, su suerte esquiva, 15
su miseria, sus lástimas, y aprendo
entre los infelices a ser hombre.
¡Ay Fabio, Fabio! en las doradas salas,
entre el brocado y colgaduras ricas,
el pie hollando entallados pavimentos, 20
¡qué mal al pobre el cortesano juzga!
¡qué mal en torno la opulenta mesa,
cubierta de mortíferos manjares,
cebo a la gula y la lascivia ardiente,
del infeliz se escuchan los clamores! 25
Él carece de pan; cércale hambriento
el largo enjambre de sus tristes hijos,
escuálidos, sumidos en miseria,
y acaso acaba su doliente esposa

de dar ¡ay! a la patria otro infelice,   30
víctima ya de entonces destinada
a la indigencia, y del oprobio siervo;
y allá en la corte, en lujo escandaloso
nadando en tanto, el sibarita ríe
entre perfumes y festivos brindis,   35
y con su risa a su desdicha insulta.
    Insensibles nos hace la opulencia,
insensibles nos hace. Ese bullicio,
ese contino discurrir veloces
mil doradas carrozas, paseando   40
los vicios todos por las anchas calles;
esas empenachadas cortesanas,
brillantes en el oro y pedrería
del cabello a los pies; esos teatros,
de lujo y de maldades docta escuela,   45
do un ocioso indolente a llorar corre
con Andrómaca o Zaida, [112] mientras sordo
al anciano infeliz vuelve la espalda
que a sus umbrales su dureza implora;
esos palacios y preciosos muebles,   50
que porque más y más se infle el orgullo,
labró prolijo el industrioso china; [113]
ese incesante hablar de oro y grandezas,
ese anhelo pueril por los más viles
despreciables objetos, nuestros pechos   55
de diamante tornaron; nos fascinan,
nos embebecen, y olvidar nos hacen
nuestro común origen y miserias.
Hombres, ¡ay! hombres, Fabio amigo, somos,
vil polvo, sombra, nada; y engreídos   60
cual el pavón en su soberbia rueda,
deidades soberanas nos creemos.
    "¿Qué hay", nos grita el orgullo, "entre el colono,
de común, y el señor? ¿Tu generosa
antigua sangre, que se pierde oscura   65

112 Heroínas trágicas de Racine y Voltaire, respectivamente.
113 Sustantivo de género común, 'chino' (Dicc. R.A.E.).

allá en la edad dudosa del gran Nino,
y de héroe en héroe hasta tus venas corre,
de un rústico a la sangre igual sería?
El potentado distinguirse debe
del tostado arador; próvido el cielo   70
así lo ha decretado, dando al uno
el arte de gozar, y un pecho al otro
llevador del trabajo; su vil frente
del alba matinal a las estrellas
en amargo sudor los surcos bañe,   75
y exhausto expire, a su señor sirviendo,
mientras él coge venturoso el fruto
de tan ímprobo afán, y uno devora
la sustancia de mil." ¡Oh, cuánto, cuánto
el pecho se hincha con tan vil lenguaje,   80
por más que grite la razón severa
y la cuna y la tumba nos recuerde
con que justa natura nos iguala!
    No, Fabio amado, no; por estos campos
la corte olvida; ven y aprende en ellos,   85
aprende la virtud. Aquí, en su augusta
amable sencillez, entre las pajas,
entre el pellico y el honroso arado
se ha escogido un asilo, compañera
de la sublime soledad; la corte   90
las puertas le cerró, cuando entre muros
y fuertes torreones y hondas fosas,
de los fáciles bienes ya cansados
que en mano liberal su Autor les diera,
los hombres se encerraron imprudentes,   95
la primitiva candidez perdiendo.
En su abandono triste religiosas
en sus chozas pajizas la abrigaron
las humildes aldeas, y de entonces
con simples cultos fieles la idolatran.   100
    Aquí los dulces, los sagrados nombres
de esposo, padres, hijos, de otro modo
pronuncia el labio y suenan al oído.
Del entrañable amor seguidos siempre,

y del tierno respeto, no tu vista   105
ofenderá la escandalosa imagen
del padre injusto que la amable virgen
hostia infeliz arrastra al santüario
y al sumo Dios a su pesar consagra,
por correr libre del burdel al juego;   110
no la del hijo indigno que pleitea
contra el autor de sus culpables días
por el ciego interés; no la del torpe
impudente adulterio en la casada
que en venta al Prado sale, convidando   115
con su mirar y quiebros licenciosos
la loca juventud, y al vil lacayo,
si el amante tardó, se prostituye;
no la del impio abominable nieto
que cuenta del abuelo venerable   120
los lentos días, y al sepulcro quiere
llevarlo en cambio de su rica herencia;
del publicano el corazón de bronce
en la común miseria, de la insana
disipación las dádivas, y el precio   125
de una ciudad en histrïones viles;
ni, en fin, de la belleza melindrosa,
que jamás pudo ver sin desmayarse
de un gusanillo las mortales ansias,
empero hasta el patíbulo sangriento   130
corre, y con faz enjuta y firmes ojos
mira el trágico fin del delincuente,
lívida faz y horribles convulsiones,
quizá comprando este placer impío,
la atroz curiosidad te dará en rostro.   135
    Otras, otras imágenes tu pecho
conmoverán, a la virtud nacido.
Verás la madre al pequeñuelo infante
tierna oprimir en sus honestos brazos,
mientra oficiosa por la casa corre,   140
siempre ocupada en rústicas tareas,
ayuda, no ruina del marido;
el cariño verás con que le ofrece

sus llenos pechos, de salud y vida
rico venero; juguetón el niño   145
ríe, y la halaga con la débil mano,
y ella enloquece en fiestas cariñosas.
La adulta prole en torno le acompaña,
libre, robusta, de contento llena,
o empezando a ser útil, parte en todo   150
tomar anhela, y gózase ayudando
con manecillas débiles sus obras.
En el vecino prado brincan, corren,
juegan y gritan un tropel de niños
al raso cielo en su agradable trisca,   155
a una pintados en los rostros bellos
el gozo y las pasiones inocentes,
y la salud en sus mejillas rubias.
Lejos, del segador el canto suena
entre el blando balido del rebaño   160
que el pastor guía a la apacible sombra,
y el sol sublime en el cenit señala
el tiempo del reposo; a casa vuelve,
bañado en sudor útil, el marido
de la era polvorosa; la familia   165
se asienta en torno de la humilde mesa.
¡Oh, si tan pobre no la hiciese el yugo
de un mayordomo bárbaro, insensible!
Mas, expilada de su mano avara,
de Tántalo el suplicio verdadero   170
aquí, Fabio, verías; los montones
de mies dorada en frente están mirando,
premio que el cielo a su afanar dispensa,
y hasta de pan los míseros carecen.
Pero, ¡oh buen Dios! del rico con oprobio,   175
su corazón en reverentes himnos
gracias te da por tan escasos dones,
y en tu entrañable amor constante fía.
    Y mientras charlan corrompidos sabios
de ti, Señor, para ultrajarte, o necios   180
tu inescrutable ser definir osan
en aulas vocingleras, él contempla

la hoguera inmensa de ese sol, tu imagen,
del vago cielo en la extensión se pierde,
siente el aura bullir, que de sus miembros   185
el fuego templa y el sudor copioso,
goza del agua el refrigerio grato,
del árbol que plantó la sombra amiga,
ve de sus padres las nevadas canas,
su casta esposa, sus queridos hijos,   190
y en todo, en todo con silencio humilde
te conoce, te adora religioso.

    ¿Y éstos miramos con desdén? ¿La clase
primera del estado, la más útil,
la más honrada, el santüario augusto   195
de la virtud y la inocencia hollamos?
Y ¿para qué? Para exponer tranquilos
de una carta al azar ¡oh noble empleo
del tiempo y la riqueza! lo que haría
próvido heredamiento a cien hogares;   200
para premiar la audacia temeraria
del rudo gladiador, que a sus pies deja
el útil animal que el corvo arado
para sí nos demanda; los mentidos
halagos con que artera al duro lecho,   205
desde sus brazos, del dolor nos lanza
una impudente cortesana; el raro
saber de un peluquero, que elevando
de gasas y plumaje una alta torre
sobre nuestras cabezas, las rizadas   210
hebras de oro en que ornó naturaleza
a la beldad, afea y desfigura
con su indecente y asquerosa mano.

    ¡Oh oprobio! ¡oh vilipendio! La matrona,
la casta virgen, la vïuda honrada   215
¿ponerse pueden al lascivo ultraje,
a los toques de un hombre? ¿Esto toleran
maridos castellanos? ¿El ministro
de tan fea indecencia por las calles,
en brillante carroza y como en triunfo,   220
atropellando al venerable anciano,

al sacerdote, al militar valiente,
que el pecho ornado con la cruz gloriosa
del Patrón de la patria, a pie camina?
    Huye, Fabio, esa peste. ¿En tus oídos   225
de la indigencia mísera no suena
el suspirar profundo, que hasta el trono
sube del sumo Dios? ¿Su justo azote
amenazar no ves? ¿No ves la trampa,
el fraude, la bajeza, la insaciable   230
disipación, el deshonor lanzarlos
en el abismo del oprobio, donde
mendigarán sus nietos infelices,
con los mismos que hoy huellan confundidos?
    Húyelos, Fabio; ven, y estudia dócil   235
conmigo las virtudes de estos hombres
no conocidos en la corte. Admira,
admira su bondad; ve cuál su boca,
llana y veraz como su honrado pecho,
sin velo, sin disfraz, celebra, increpa   240
lo que aplaudirse o condenarse debe.
Mira su humanidad apresurada
al que sufre acorrer; de boca en boca
oirás volar ¡oh Fabio! por la corte
esta voz celestial; mas no, imprudente,   245
en las almas la busques, ni entre el rico
brocado blando abrigo al infelice.
Sólo los que lo son, sólo en los campos
los miserables condolerse saben,
y dar su pan al huérfano indigente.   250
Goza de sus sencillas afecciones
el plácido dulzor, el tierno encanto;
ve su inocente amor con qué energía,
con qué verdad en rústicos conceptos
pinta sus ansias a la amable virgen,   255
que en mutua llama honesta le responde,
el bello rostro en púrpura teñido;
y bien presto ante el ara el yugo santo
el nudo estrechará, que allá forjaran
vanidad o ambición, y aquí la dulce   260

naturaleza, el trato y la secreta
simpática virtud que unió sus almas.
Sus amistades ve; desatendida
en las altas ciudades do enmudece
su lengua el interés, sólo en el rudo   265
labio del labrador oirás las voces
de esta santa virtud, gozarás pura
sólo en su seno su celeste llama.

Admira su paciente sufrimiento,
o más bien llora, viéndolos desnudos,   270
escuálidos, hambrientos, encorvados,
lanzando ya el suspiro postrimero
bajo la inmensa carga que en sus hombros
puso la suerte. El infeliz navega,
deja su hogar, y afronta las borrascas   275
del inmenso Oceano, porque el lujo
sirva a tu gula, y su soberbio hastío,
el café que da Moca perfumado
o la canela de Ceilán. La guerra
sopla en las almas su infernal veneno,   280
y en insano furor las cortes arden;
desde su esteva el labrador paciente,
llorando en torno la infeliz familia,
corre a la muerte, y en sus duros brazos
se libra de la patria la defensa.   285
Su mano apoya el anhelante fisco;
la aciaga mole de tributos carga
sobre su cerviz ruda, y el tesoro
del estado hinche de oro la miseria.

Ese sudor amargo con que inunda   290
los largos surcos que su arado forma,
es la dorada espiga que alimenta,
Fabio, del cortesano el ocio muelle.
Sin ella el hambre pálida... ¿Y osamos
desestimarlos? Al robusto seno   295
de la fresca aldeana confiamos
nuestros débiles hijos, porque el dulce
néctar y la salud felices hallen,
de que los privan nuestros feos vicios.

¿Y por vil la tenemos? ¿Al membrudo   300
que nos defiende injustos desdeñamos?
sus útiles fatigas nos sustentan,
¿y en digna gratitud con pie orgulloso
hollamos su miseria, porque al pecho
la roja cinta o la brillante placa   305
y el ducal manto para el ciego vulgo
con la clara Excelencia nos señalen?

   ¿Qué valen tantas raras invenciones
de nuestro insano orgullo, comparadas
con el montón de sazonadas mieses   310
que crio el labrador? Débiles niños,
fináramos bien presto en hambre y lloro
sin el auxilio de sus fuertes brazos.

ODAS FILOSÓFICAS Y SAGRADAS

LA PRESENCIA DE DIOS

   Doquiera que los ojos
inquieto torno en cuidadoso anhelo,
allí ¡gran Dios! presente
atónito mi espíritu te siente.
   Allí estás, y llenando   5
la inmensa creación, so el alto empíreo,
velado en luz, te asientas
y tu gloria inefable a un tiempo ostentas.
   La humilde hierbecilla
que huello, el monte que de eterna nieve   10
cubierto se levanta,
y esconde en el abismo su honda planta;
   el aura que en las hojas
con leve pluma susurrante juega,
y el sol que en la alta cima   15
del cielo ardiendo el universo anima,
   me claman que en la llama
brillas del sol, que sobre el raudo viento
con ala voladora

cruzas del occidente hasta la aurora,   20
  y que el monte encumbrado
te ofrece un trono en su elevada cima;
  la hierbecilla crece
por tu soplo vivífico, y florece.

  Tu inmensidad lo llena   25
todo, Señor, y más: del invisible
insecto al elefante,
  del átomo al cometa rutilante.

  Tú a la tiniebla oscura
das su pardo capuz, y el sutil velo   30
a la alegre mañana,
sus huellas matizando de oro y grana;
  y cuando primavera
desciende al ancho mundo, afable ríes
entre sus gayas flores,   35
y te aspiro en sus plácidos olores.

  Y cuando el inflamado
Sirio más arde en congojosos fuegos,
tú las llenas espigas
volando mueves, y su ardor mitigas.   40

  Si entonce al bosque umbrío
corro, en su sombra estás, y allí atesoras
el frescor regalado,
  blando alivio a mi espíritu cansado.

  Un religioso miedo   45
mi pecho turba, y una voz me grita:
"En este misterioso
silencio mora; adórale humildoso."
  Pero a par en las ondas
te hallo del hondo mar: los vientos llamas,   50
y a su saña lo entregas,
o, si te place, su furor sosiegas.

  Por doquiera infinito
te encuentro, y siento en el florido prado
y en el luciente velo   55
con que tu umbrosa noche entolda el cielo
  que del átomo eres
el Dios, y el Dios del sol, del gusanillo

que en el vil lodo mora,
y el ángel puro que tu lumbre adora.   60
    Igual sus himnos oyes,
y oyes mi humilde voz, de la cordera
el plácido balido,
y del león el hórrido rugido;
    y a todos dadivoso   65
acorres, Dios inmenso, en todas partes
y por siempre presente.
¡Ay! oye a un hijo en su rogar ferviente.
    Óyele blando, y mira
mi deleznable ser; dignos mis pasos   70
de tu presencia sean,
y doquier tu deidad mis ojos vean.
    Hinche el corazón mío
de un ardor celestial que a cuanto existe
como tú se derrame   75
y ¡oh Dios de amor! en tu universo te ame.
    Todos tus hijos somos:
el tártaro, el lapón, el indio rudo,
el tostado africano,
es un hombre, es tu imagen y es mi hermano.   80

AL SOL

    Salud, oh sol glorioso,
adorno de los cielos y hermosura,
fecundo padre de la lumbre pura;
oh rey, oh dios del día,
salud; tu luminoso   5
rápido carro guía
por el inmenso cielo,
hinchendo de tu gloria el bajo suelo.
    Ya velado en vistosos
albores alzas la divina frente,   10
y las cándidas horas tu fulgente
corte alegres componen.
Tus caballos fogosos

a correr se disponen
por la rosada esfera   15
su inmensurable, sólita carrera.
    Te sonríe la aurora,
y tus pasos precede, coronada
de luz, de grana y oro recamada.
Pliega su negro manto   20
la noche veladora;
rompen en dulce canto
las aves; cuanto alienta,
saltando de placer, tu pompa aumenta.
    Todo, todo renace   25
del fúnebre letargo en que envolvía
la inmensa creación la noche fría.
La fuente se deshiela,
suelto el ganado pace,
libre el insecto vuela,   30
y el hombre se levanta
extático a admirar belleza tanta.
    Mientras tú, derramando
tus vivíficos fuegos, las riscosas
montañas, las llanadas deliciosas,   35
y el ancho mar sonante
vas feliz colorando;
ni es el cielo bastante
a tu carrera ardiente
de las puertas del alba hasta occidente,   40
    que en tu luz regalada,
más que el rayo veloz, todo lo inundas,
y en alas de oro rápido circundas
el ámbito del suelo;
el África tostada,   45
las regiones del hielo
y el Indo celebrado
son un punto en tu círculo dorado.
    ¡Oh, cuál vas! ¡cuán gloriosa
del cielo la alta cima enseñoreas,   50
lumbrera eterna, y con tu ardor recreas
cuanto vida y ser tiene!

Su ancho gremio amorosa
la tierra te previene;
sus gérmenes fecundas,   55
y en vivas flores súbito la inundas.

   En la rauda corriente
del Oceano, en conyugales llamas
los monstruos feos de su abismo inflamas;
por la leona fiera   60
arde el león rugiente;
su pena lisonjera
canta el ave, y sonando
el insecto a su amada va buscando.

   ¡Oh padre! ¡oh rey eterno   65
de la naturaleza! a ti la rosa,
gloria del campo, del favonio esposa,
debe aroma y colores,
y su racimo tierno
la vid, y sus olores   70
y almíbar tanta fruta
que en feudo el rico otoño te tributa.

   Y a ti del caos umbrío
debió el salir la tierra tan hermosa,
y debió el agua su corriente undosa,   75
y en luz resplandeciente
brillar el aire frío,
cuando naciste ardiente
del tiempo el primer día,
¡oh de los astros gloria y alegría!   80

   Que tú en profusa mano
tus celestiales y fecundas llamas,
fuente de vida, por doquier derramas,
con que súbito el suelo,
el inmenso Oceano   85
y el trasparente cielo
respiran: todo vive,
y nuevos seres sin cesar recibe.

   Próvido así reparas
de la insaciable muerte los horrores;   90
las víctimas que lanzan sus furores

en la región sombría,
por ti a las luces claras
tornan del almo día,
y en sucesión segura,   95
de la vida el raudal eterno dura.

Si mueves la flamante
cabeza, ya en la nube el rayo ardiente
se enciende, horror al alma delincuente;
el pavoroso trueno   100
retumba horrisonante,
y de congoja lleno,
tiembla el mundo vecina
entre aguaceros su eternal ruina.

Y si en serena lumbre   105
arder velado quieres, en reposo
se aduerme el universo venturoso,
y el suelo reflorece.
La inmensa muchedumbre
ante ti desparece   110
de astros en la alta esfera,
donde arde sólo tu inexhausta hoguera.

De ella la lumbre pura
toma que al mundo plácida derrama
la luna, y Venus su brillante llama;   115
mas tu beldad gloriosa
no retires: oscura
la luna alzar no osa
su faz, y en hondo olvido
cae Venus, cual si nunca hubiera sido.   120

Pero ya fatigado
en el mar precipitas de occidente
tus flamígeras ruedas. ¡Cuál tu frente
se corona de rosas!
¡Qué velo nacarado!   125
¡Qué ráfagas vistosas
de viva luz recaman
el tendido horizonte, el mar inflaman!

La vista embebecida
puede mirar la desmayada lumbre   130

de tu inclinado disco; la ardua cumbre
de la opuesta montaña
la refleja encendida,
y en púrpura se baña,
mientras la sombra oscura   135
cubriendo cae del mundo la hermosura.

¡Qué magia, qué ostentosas
decoraciones, qué agraciados juegos
hacen doquiera tus volubles fuegos!
El agua, de ellos llena,   140
arde en llamas vistosas,
y en su calma serena
pinta ¡oh pasmo! el instante
do al polo opuesto te hundes centellante.

¡Adiós, inmensa fuente   145
de luz, astro divino; adiós, hermoso
rey de los cielos, símbolo glorioso
del Excelso! y si ruego
a ti alcanza ferviente,
cantando tu almo fuego   150
me halle la muerte impía
a un postrer rayo de tu alegre día.

EL HOMBRE IMPERFECTO A SU PERFECTÍSIMO AUTOR

Señor, a cuyos días son los siglos
instantes fugitivos, Ser Eterno,
torna a mí tu clemencia,
pues huye vana sombra mi existencia.

Tú que hinches con tu espíritu inefable   5
el universo y más, Ser Infinito,
mírame en faz pacible,
pues soy menos que un átomo invisible.

Tú en cuya diestra excelsa valedora
el cielo firme se sustenta, oh Fuerte,   10
pues sabes del ser mío
la vil flaqueza, me defiende pío.

Tú, que la inmensa creación alientas,

oh fuente de la vida indefectible,
oye mi voz rendida,   15
pues es muerte ante Ti mi triste vida.

Tú que ves cuanto ha sido en tu honda mente,
cuanto es, cuanto será, Saber inmenso,
tu eterna luz imploro,
pues en sombras de error perdido lloro.   20

Tú que allá sobre el cielo el trono santo
en luz gloriosa asientas, oh Inmutable,
con tu eternal firmeza
sostén, Señor, mi instable ligereza.

Tú, que si el brazo apartas, al abismo   25
los astros ves caer, oh Omnipotente,
pues yo no puedo nada,
de mi miseria duélete extremada.

Tú, a cuya mano por sustento vuela
el pajarillo, oh bienhechor, oh Padre,   30
tus dones con largueza
derrama en mí, que todo soy pobreza.

Ser Eterno, Infinito, Fuerte, Vida,
Sabio, Inmutable, Poderoso, Padre,
desde tu inmensa altura   35
no te olvides de mí, pues soy tu hechura.

ELEGÍA MORAL

A JOVINO: [114] EL MELANCÓLICO

Cuando la sombra fúnebre y el luto
de la lóbrega noche el mundo envuelven
en silencio y horror, cuando en tranquilo
reposo los mortales las delicias
gustan de un blando saludable sueño,   5
tu amigo solo, en lágrimas bañado,
vela, Jovino, y al dudoso brillo
de una cansada luz, en tristes ayes,

114 *Jovino* es el seudónimo poético de Jovellanos.

contigo alivia su dolor profundo.
  ¡Ah! ¡cuán distinto en los fugaces días   10
de sus venturas y soñada gloria
con grata voz tu oído regalaba,
cuando ufano y alegre, seducido
de crédula esperanza al fausto soplo,
sus ansias, sus delicias, sus deseos   15
depositaba en tu amistad paciente,
burlando sus avisos saludables!
Huyeron prestos como frágil sombra,
huyeron estos días, y al abismo
de la desdicha el mísero ha bajado.   20
  Tú me juzgas feliz... ¡Oh si pudieras
ver de mi pecho la profunda llaga,
que va sangre vertiendo noche y día!
Oh si del vivo, del letal veneno,
que en silencio le abrasa, los horrores,   25
la fuerza conocieses! ¡Ay Jovino!
¡ay amigo! ¡ay de mí! Tú solo a un triste,
leal confidente en su miseria extrema,
eres salud y suspirado puerto.
En tu fiel seno, de bondad dechado,   30
mis infelices lágrimas se vierten,
y mis querellas sin temor; piadoso
las oye, y mezcla con mi llanto el tuyo.
Ten lástima de mí; tú solo existes,
tú solo para mí en el universo.   35
Doquiera vuelvo los nublados ojos,
nada miro, nada hallo que me cause
sino agudo dolor o tedio amargo.
Naturaleza, en su hermosura varia,
parece que a mi vista en luto triste   40
se envuelve umbría, y que sus leyes rotas,
todo se precipita al caos antiguo.
  Sí, amigo, sí; mi espíritu, insensible
del vivaz gozo a la impresión süave,
todo lo anubla en su tristeza oscura,   45
materia en todo a más dolor hallando
y a este fastidio universal que encuentra

en todo el corazón perenne causa. [115]
La rubia aurora entre rosadas nubes
plácida asoma su risueña frente,   50
llamando al día; y desvelado me oye
su luz molesta maldecir los trinos
con que las dulces aves la alborean,
turbando mis lamentos importunos.
El sol, velando en centellantes fuegos   55
su inaccesible majestad, preside
cual rey al universo, esclarecido
de un mar de luz que de su trono corre.
Yo empero, huyendo de él, sin cesar llamo
la negra noche y a sus brillos cierro   60
mis lagrimosos fatigados ojos.
La noche melancólica al fin llega,
tanto anhelada; a lloro más ardiente,
a más gemidos su quietud me irrita.
Busco angustiado el sueño; de mí huye   65
despavorido, y en vigilia odiosa
me ve desfallecer un nuevo día,
por él clamando detestar la noche.
    Así tu amigo vive; en dolor tanto,
Jovino, el infelice. de ti lejos,   70
lejos de todo bien, sumido yace.
¡Ay! ¿dónde alivio encontraré a mis penas?
¿Quién pondrá fin a mis extremas ansias,
o me dará que en el sepulcro goce
de un reposo y olvido sempiternos?...   75
Todo, todo me deja y abandona.
La muerte imploro, y a mi voz la muerte
cierra dura el oído; la paz llamo,
la suspirada paz, que ponga al menos
alguna leve tregua a las fatigas   80
en que el llagado corazón guerrea;

---

115 Sobre estos versos, véase el artículo de Russell P. Sebold,
"Sobre el nombre español del *dolor romántico*", *Ínsula*, XXIII,
No. 264 (noviembre 1968), pp. 1, 4-5, reimpreso ahora en su libro
El rapto de la mente: Poética y poesía dieciochescas (Madrid, 1970),
pp. 123-137. El poema de Meléndez es de 1794.

con fervorosa voz en ruego humilde
alzo al cielo las manos; sordo se hace
el cielo a mi clamor; la paz que busco
es guerra y turbación al pecho mío. 85
    Así huyendo de todos, sin destino,
perdido, extraviado, con pie incierto,
sin seso corro estos medrosos valles,
ciego, insensible a las bellezas que ora
al ánimo doquiera reflexivo 90
Natura ofrece en su estación más rica.
Un tiempo fue que de entusiasmo lleno
yo las pude admirar, y en dulces cantos
de gratitud holgada celebrarlas
entre éxtasis de gozo el labio mío. 95
¡Oh cómo entonces las opimas mieses
que de dorada arista defendidas
en su llena sazón ceden al golpe
del abrasado segador, oh cómo
la ronca voz, los cánticos sencillos 100
con que su afán el labrador engaña,
entre sudor y polvo revolviendo
el rico grano en las tendidas eras,
mi espíritu inundaran de alegría!
Los recamados centellantes rayos 105
de la fresca mañana, los tesoros
de llama inmensos que en su trono ostenta
majestüoso el sol, de la tranquila
nevada luna el silencioso paso,
tanta luz como esmalta el velo hermoso 110
con que en sombras la noche envuelve el mundo,
melancólicas sombras, jamás fueran
vistas de mí sin bendecir humilde
la mano liberal que omnipotente
de sí tan rica muestra hacernos sabe; 115
jamás lo fueran sin sentir batiendo
mi corazón en celestial zozobra.
    Tú lo has visto, Jovino: en mi entusiasmo
perdido, dulcemente fugitivas
volárseme las horas... Todo, todo 120

se trocó a un infeliz; mi triste musa
no sabe ya sino lanzar suspiros,
ni saben ya sino llorar mis ojos,
ni más que padecer mi tierno pecho.
En él su hórrido trono alzó la oscura   125
melancolía, y su mansión hicieran
las penas veladoras, los gemidos,
la agonía, el pesar, la queja amarga,
y cuanto monstruo en su delirio infausto
la azorada razón abortar puede. [116]   130
    ¡Ay! ¡si me vieses elevado y triste,
inundando mis lágrimas el suelo,
en él los ojos, como fría estatua
inmóvil y en mis penas embargado,
de abandono y dolor imagen muda!   135
¡Ay! ¡si me vieses ¡ay! en las tinieblas
con fugaz planta discurrir perdido,
bañado en sudor frío, de mí propio
huyendo, y de fantasmas mil cercado!
    ¡Ay! ¡si pudieses ver... el devaneo   140
de mi ciega razón, tantos combates,
tanto caer, y levantarme tanto,
temer, dudar, y de mi vil flaqueza
indignarme afrentado, en vivas llamas
ardiendo el corazón al tiempo mismo!   145
¡hacer al cielo mil fervientes votos,
y al punto traspasarlos... el deseo...
la pasión, la razón ya vencedoras...
ya vencidas huir!... Ven, dulce amigo,
consolador y amparo; ven y alienta   150
a este infeliz, que tu favor implora.
Extiende a mí la compasiva mano,
y tu alto imperio a domeñar me enseñe
la rebelde razón; en mis austeros

---

[116] Sobre el tema de estos versos, que recuerdan el *Capricho* 43 de Goya (reproducido frente a la p. 288), v. Edith F. Helman, *Trasmundo de Goya* (Madrid, 1963), pp. 174-177. Consúltese también Paul Ilie, "Goya's Teratology and the Critique of Reason", *Eighteenth-Century Studies*, 18 (1984-85), 35-56.

155

deberes me asegura en la escabrosa
difícil senda que temblando sigo.
La virtud celestial y la inocencia
llorando huyeran de mi pecho triste,
y en pos de ellas la paz; tú conciliarme
con ellas puedes, y salvarme puedes.

160

No tardes, ven, y poderoso templa
tan insano furor; ampara, ampara
a un desdichado que al abismo que huye
se ve arrastrar por invencible impulso,
y abrasado en angustias criminales,

165

su corazón por la virtud suspira.

JUAN PABLO FORNER Y SEGARRA

Nació en Mérida, de familia valenciana, el 17 de febrero de 1756. Después de criarse en Madrid bajo la tutela del médico Andrés Piquer, tío de su madre, estudió en Salamanca y Toledo, donde se dice que se graduó. Volvió a Madrid para dedicarse a la jurisprudencia y a las letras; y habiéndose dado a conocer por su ruidosa polémica con Tomás de Iriarte, primera de muchas, el Conde de Floridablanca facilitó la publicación de su discutida *Oración apologética por la España y su mérito literario* (1786). Forner también fue autor de versos líricos, satíricos y didácticos, de dramas, y de muchas otras obras en prosa, entre ellas la sátira literaria *Exequias de la lengua castellana,* publicada póstumamente. Con la protección de Godoy fue nombrado fiscal del crimen en la real audiencia de Sevilla en 1790, y fiscal del Consejo de Castilla en 1796. Murió en Madrid el 16 de marzo de 1797.

MANUSCRITO

Manuscritos de D. Juan Pablo Forner y Segarra, del Consejo de S. M. y su Fiscal que fue en el Real y Supremo de Castilla. 7 vols. Madrid, Biblioteca Nacional, Mss. 9582-9588. Las poesías están en el tomo III, Ms. 9584.

EDICIONES

Obras, ed. Luis Villanueva. Tomo I [y único]. Madrid: Imprenta de La Amistad, 1843.
BAE, LXIII.

ESTUDIOS

Jiménez Salas, María. *Vida y obras de D. Juan Pablo Forner y Segarra.* Madrid, 1944.
Jurado, José. "Repercusiones del pleito con Iriarte en la obra literaria de Forner." *Thesaurus* (Boletín del Instituto Caro y Cuervo), XXIV (1969), 228-277.

Sigo la edición de Cueto, corrigiendo de acuerdo con el Ms. 9584 los poemas que también incluye éste.

A LUCINDA, EN EL FIN DEL AÑO

¿Qué importa que ligera
la edad, huyendo en presuroso paso,
mi vida abrevie en la callada huida,
si cobro nueva vida
cuando en las llamas de tu amor me abraso,   5
y logro renacer entre su hoguera,
como el ave del sol, que vida espera?
Amor nunca fue escaso,
¡oh, Lucinda amorosa!
y aumenta gustos en los pechos tiernos.   10
Si el año tuvo fin, serán eternos
los que goce dichosa
mi dulce suerte entre tus dulces brazos,
¡oh mi Lucinda hermosa!,
brazos con tal blandura, que los lazos   15
vencerán de la Venus peregrina,
cuando, suelto el cabello,
a Marte desafía
y al victorioso dios vence en batalla;
en ellos mi amor halla   20
la vida, que en sus vueltas a porfía
el sol fúlgido y bello
me lleva en su carrera presurosa,
¡oh Lucinda amorosa!,
y en la estación helada,   25
cuando su margen despojada enfría
el yerto Manzanares,
al año despidiendo con su hielo,
la lumbre de tu cielo
dará calor a la esperanza mía,   30
ajena de pesares,
no perdida mi edad, mas renovada,
por más que el año huya,
con el calor de la esperanza tuya.
¡Oh! siempre acompañada   35
te goces del deseo que me anima,

más años que agradable
flores esparce en la húmeda ribera
la alegre primavera;
y nunca el cielo oprima   40
la dulce risa de tu rostro hermoso
con disgusto enojoso,
permitiendo que goce yo las flores
(como fiel mariposa
o cual dorada abeja, que su aliento   45
chupa, y en ellas forma su alimento)
de tus dulces amores,
¡oh mi Lucinda hermosa!
Y vuele el tiempo, pues su paso lento
detiene mi contento,   50
detiene torpe su estación tardía,
que tú me llames tuyo, y yo a ti mía;
vuele, vuele en buen hora,
y este año tenga fin, y juntamente
le tengan otros y otros; y el violento   55
curso de Febo, que la tierra dora
con su madeja ardiente,
su carrera apresure,
y tanto, en tanto mi ventura dure,
cuanto en tu pecho vea   60
reinar la llama que mi amor desea.
Vuelen, vuelen las horas,
y llévense los días y los años
en sus vueltas traidoras,
y llegue el tiempo en que mi amor posea   65
tu pecho unido al amoroso mío,
y la suerte gozosa
dé fin dichoso al ruego que la envío,
oh Lucinda amorosa;
y en tanto los engaños   70
de amor tengan tu pecho entretenido
con deseo, esperanza,
manjares que alimentan a Cupido.
¡Oh tardos días de presentes daños!
Por vosotros alcanza   75

su fin cuanto en el mundo es comprendido.
Pues huid, y dad fin al encendido
fuego en que mis deseos se alimentan;
mas, lográndolos luego,
el paso diligente   80
que detengáis os ruego;
dejad que entonces, pues que ahora cuentan
siglos los años, yo, mi bien gozando,
haga siglos los días,
y tanto dure en las venturas mías,   85
cuanto el alegre tiempo dar pudiera
estación venturosa
de tu edad a la hermosa primavera,
oh mi Lucinda hermosa.

PEQUEÑEZ DE LAS GRANDEZAS HUMANAS

Salgo del Betis a la ondosa orilla
cuando traslada el sol su nácar puro
al polo opuesto, y en el cielo oscuro
la luna ya majestüosa brilla.
    Entre la opaca luz su honor humilla   5
la soberbia ciudad y el roto muro
que, al rigor de los siglos mal seguro,
reliquia funeral, ciñe a Sevilla.
    Pierde la sombra su grandeza ufana; [117]
la altiva población y sus destrozos   10
lúgubres se divisan y espantables.
    Fía, Licino, en la grandeza humana;
contémplala en la noche de sus gozos,
y los verás medrosos, miserables.

---

117 Así se leen las palabras de este verso en el Ms. 9584. Lo
puntúo de acuerdo con mi interpretación, que es que la sombra pierde o desluce la grandeza ufana del muro. En Cueto, como en la
ed. de 1843, se lee: "Pierde en las sombras su grandeza ufana /
la altiva población, y sus destrozos..." Según esta versión, los destrozos son los de la ciudad misma, y no los del muro, como creo yo.

EPIGRAMAS

EPITAFIO

Aquí yace Jazmín, gozque mezquino,
que sólo al mundo vino
para abrigarse en la caliente falda
de madama Crisalda,
tomar chocolatito,   5
bizcochos y confites,
el pobre animalito,
desazonar visitas y convites,
alzando la patita
para orinar las capas y las medias   10
con audacia maldita,
ladrar rabiosamente
al yente y al viniente,
ir en coche a paseos y comedias
y ser martirio eterno de criados,   15
por él o despedidos o injuriados
con furor infernal y grito horrendo.
Si inútil fue y aborrecible bicho,
y petulante y puerco y disoluto,
culpas no fueron suyas, era bruto;   20
educóle el capricho
de delicia soez con estupendo
horror de la razón; naturaleza
no le inspiró tan bárbara torpeza.
Los que en la tierra al Hacedor retratan,   25
sus hechuras divinas desbaratan,
corrompen y adulteran.
Los vicios de Jazmín, de su ama eran.

EPITAFIO BURLESCO

Esta breve pizarra en hoyo poco
albo esqueleto encierra,
no de varón que armado de diamante

en mortífera guerra
apresuró el imperio de la muerte   5
del Tajo al Orinoco,
porque supo matar, nombre triunfante
del tiempo y del olvido.
Ni yace aquí, a basura reducido,
el encanto de amor, la rosa, el oro   10
que en lascivo cabello
almas aprisionó con lazo fuerte,
y a quien rindieron el cautivo cuello,
por antojo de fácil hermosura,
la verdad y justicia,   15
avasallando su ínclito decoro
de una ramera al imperioso ceño.
Ni aquí la sombra obscura
ennegrece los huesos formidables
de un animado lodo,   20
para cuya codicia,
según ansiaba su insaciable dueño,
se creó el universo todo, todo,
y quiso Dios que fuesen miserables
los animales que se llaman hombres.   25
    Ni sella (no te asombres)
esta losa a un devoto, que cantando
himnos al Hacedor en compungido
tono y clamor doliente,
pálido, cabizbajo y penitente   30
dejaba el templo, y sus dineros sacros
derramaba en profanos simulacros,
mientra el mendigo mísero y transido
recibía a sus puertas,
a la ambición y al aparato abiertas,   35
vil ochavillo o tísica piltrafa;
en fin, no aquí la estafa
yace disuelta en polvo y podredumbre,
ni la ambición impía,
congoja y pesadumbre   40
del humano linaje; ni es ya fría
ceniza en esta huesa

la linajuda vanidad de un necio
que en la ajena virtud puso su precio,
y siendo abominable   45
de todo vicio escandalosa presa,
se juzgó ente sublime y adorable
porque serie de vulvas conocidas
al mundo le arrojaron;
no locos devaneos que llenaron   50
las regiones del orbe divididas
de terror con el oro o con el hierro.
    Aquí descansa, oh caminante, un perro
de quien jamás el mundo tuvo quejas.
Defendió de los lobos las ovejas   55
con robusto vigor y ágiles zancas.
Sus dientes y carlancas
fueron defensa al tímido rebaño,
y atronando los vagos horizontes
con fiel ladrido en las nocturnas horas,   60
ahuyentó de los montes
las bestias carniceras,
y los hombres, más fieros que las fieras.
Hizo bien a su grey, a nadie daño
con intento maligno.   65
Agradeció leal parco sustento,
y vigilante, a su deber atento,
no a ambición, no a interés, no a gloria vana,
no a delicia liviana
le ajustó, mas a sola la obediencia   70
de obrar cual le dictó la Providencia.
Bien tan gran perro de epitafio es digno;
y si no lo confiesas, caminante,
búscale entre los héroes semejante.

LEANDRO FERNÁNDEZ DE MORATÍN

Nació en Madrid el 10 de marzo de 1760, hijo de Nicolás Fernández de Moratín, quien se ocupó de su educación. Estudió el dibujo, y de joven trabajó en un obrador de joyería. Protegido por Jovellanos pudo viajar por el extranjero. Después recibió órdenes menores y desempeñó varios puestos administrativos bajo Godoy. Fue el comediógrafo más destacado de su época, recordado sobre todo por su brillante *El sí de las niñas* (1801). Habiéndose adherido Moratín a la causa bonapartista, su situación después de la Guerra de la Independencia se hizo ambigua y difícil. Emigró a Francia en 1817, y de nuevo, después de una breve estancia en España, en 1820. Murió en París el 21 de junio de 1828.

EDICIONES

Obras dramáticas y líricas. 3 vols. París: Imprenta de Augusto Bobée, 1825.

Obras. 4 vols. Madrid: Aguado, 1830-1831.

Obras dramáticas y líricas. 6 vols. Madrid: Oficina del Establecimiento Central, 1840-1841.

Obras, ed. Buenaventura Carlos Aribau (*BAE,* II). Madrid, 1846.

Obras póstumas. 3 vols. Madrid: M. Rivadeneyra, 1867-1868.

Diario (Mayo 1780-Marzo 1808), ed. René y Mireille Andioc. Madrid: Editorial Castalia, 1968.

Epistolario, ed. René Andioc. Madrid: Editorial Castalia, 1973.

Arce, Joaquín. "La lírica de Moratín y el ideal neoclásico". En *Coloquio internacional sobre Leandro Fernández de Moratín, Bolonia, 27-29 de octubre de 1978.* Abano Terme, 1980, pp. 23-36.

ESTUDIOS

Dowling, John. *Leandro Fernández de Moratín.* Nueva York, 1971.

Oliver, Antonio. "Verso y prosa en Leandro Fernández de Moratín." *Revista de la Universidad de Madrid,* IX (1960), 643-674.

Ruiz Morcuende, Federico. *Vocabulario de Leandro Fernández de Moratín,* 2 vols. Madrid, 1945.

Sigo la edición de 1825, aceptando en muchos casos la puntuación más correcta de la de 1830-31.

ODA

A DON GASPAR DE JOVELLANOS

Id en las alas del raudo céfiro, [118]
humildes versos, de las floridas
vegas que diáfano fecunda el Arlas,
adonde lento mi patrio río [119]
ve los alcázares de Mantua excelsa.   5
Id, y al ilustre Jovino, tanto
de vos amigo, caro a las Musas,
para mí siempre numen benévolo,
id, rudos versos, y veneradle,
que nunca, o rápidas las horas vuelen,   10
o en larga ausencia viva remoto,
olvida méritos suyos Inarco. [120]
No, que mil veces su nombre presta
voz a mi cítara, materia al verso,
y al numen tímido llama celeste.   15
Yo le celebro, y al son armónico
toda enmudece la selva umbría,

[118] "Sin abandonar el uso de la rima, tan autorizado ya en todas las naciones de Europa, puede la nuestra variar sus composiciones poéticas adoptando en parte la versificación de griegos y latinos, en que no se necesita la consonancia. Es cierto que la prosodia de aquéllos no es aplicable a las lenguas vivas; pero para juzgar el mérito de la aproximación (ya que la identidad es cosa imposible) basta un oído acostumbrado a conocer y comparar las combinaciones de la armonía. No todas las clases de versos que fueron comunes a Grecia y Roma pudieran admitirse, puesto que en algunos ya no sabemos percibir el número, y nos parecen prosa, defecto que no está en ellos seguramente, sino en nosotros; pero eligiendo para la imitación aquéllos en que no hay este inconveniente, se lograría dar a la versificación castellana mucha riqueza y variedad.

"Jerónimo Bermúdez fue el primero que lo practicó en los coros de sus tragedias. Don Esteban de Villegas, en su traducción de Anacreonte y en sus hexámetros, sáficos y adónicos, repitió el mismo laudable atrevimiento, que debiera haber tenido más imitadores. Aún quedan muchas cuerdas que añadir a la lira española". (Nota de Moratín.)

[119] El Manzanares, río de Madrid (Mantua Carpetanorum). Sobre el Arlas, véase la n. 123.

[120] Inarco Celenio fue el seudónimo de D. Leandro en la Academia de los Árcades de Roma.

Capricho n.º 43. Goya

D. Juan Meléndez Valdés. Goya

por donde el Tajo plácidas ondas
vierte, del árbol sacro a Minerva
la sien ceñida, flores y pámpanos.   20
Tal vez sus ninfas, girando en torno,
sonora espuma cándida rompen,
del cuello apartan las hebras húmidas,
y el pecho alzando de formas bellas,
conmigo al ínclito varón aplauden,   25
dando a los aires coros alegres
que el eco en grutas repite cóncavas.

EPÍSTOLAS

A DON SIMÓN RODRÍGUEZ LASO,
RECTOR DEL COLEGIO DE SAN CLEMENTE DE BOLONIA

Laso, el instante que llamamos vida,
¿es poco breve, di, que el hombre deba
su fin apresurar? O los que al mundo
naturaleza dio males crueles,
¿tan pocos fueron, que el error disculpen   5
con que aspiramos a crecer [121] la suma?
¿Ves afanarse en modos mil, buscando
riquezas, fama, autoridad y honores,
la humana multitud ciega y perdida?
Oye el lamento universal. Ninguno   10
verás que a la Deidad con atrevidos
votos no canse y otra suerte envidie.
Todos, desde la choza mal cubierta

---

[121] Las eds. de 1825 y 1840 imprimen *crecer*; la de 1830-31,
acrecer. Mis diccionarios no registran *crecer* como transitivo con el
valor de 'aumentar'; pero en tal sentido lo emplea igualmente el
autor en su idilio *La ausencia:* "Este es Guadiela, cuyas ondas puras /
van a crecer del Tajo la corriente" (ed. de 1825, III, 293; ed. de
1830-31, IV, 311; *BAE*, II, 608b). Este uso lo califica Ruiz Morcuende, equivocadamente, de intransitivo, en su *Vocabulario de Leandro Fernández de Moratín* (Madrid, 1945), s.v. *crecer*. En el v. 5 se
lee en la ed. de 1825 *disculpe*, lo que me parece errata.

de rudos troncos, al robusto alcázar
de los tiranos donde truena el bronce,   15
infelices se llaman. ¡Ay! y acaso
todos lo son: que de un afecto en otro,
de una esperanza, y otra, y mil creídos,
hallan, huyendo el bien, fatiga y muerte.
Así buscando el navegante asturo   20
la playa austral que en vano solicita,
si ve, muriendo el sol, nube distante,
allá dirige las hinchadas lonas.
Su error conoce al fin; pero distingue
monte de hielo entre la niebla obscura,   25
y a esperar vuelve, y otra vez se engaña,
hasta que horrible tempestad le cerca,
braman las ondas, y aquilón sañudo
el frágil leño en remolinos hunde,
o yerto escollo de coral le rompe.   30
    La paz del corazón, única y sola
delicia del mortal, no la consigue
sin que el furor de su ambición reprima,
sin que del vicio la coyunda logre
intrépido romper. Ni hallarle espere   35
en la estrechez de sórdida pobreza,
que las pálidas fiebres acompañan,
la desesperación y los delitos,
ni los metales que a mi rey tributa
Lima opulenta poseyendo. El vulgo   40
vano, sin luz, de la fortuna adora
el ídolo engañoso; la prudente
moderación es la virtud del sabio.
    Feliz aquél que en aurea medianía,
ambos extremos evitando, abraza   45
ignorada quietud. Ni el bien ajeno
su paz turbó, ni de insolente orgullo
las iras teme, ni el favor procura;
suena en su labio la verdad; detesta
al vicio, aunque del orbe el cetro empuñe   50
y envilecida multitud le adore.
Libre, inocente, obscuro, alegre vive,

a nadie superior, de nadie esclavo. [122]

¿Pero cuál frenesí la mente ocupa
del hombre, y llena su existencia breve   55
de angustias y dolor? Tú, si en las horas
de largo estudio el corazón humano
supiste conocer, o en los famosos
palacios donde la opulencia habita,
la astucia y corrupción, ¿hallaste alguno   60
de los que el aura del favor sustenta,
y martiriza áspera sed de imperio,
que un placer guste, que una vez descanse?
¡Y cómo burla su esperanza, y postra
la suerte su ambición! Los sube en alto,   65
para que al suelo con mayor ruina
se precipiten. Como en noche obscura
centella artificial los aires rompe,
la plebe admira el esplendor mentido
de su rápida luz; retumba y muere.   70
¿Ves, adornado con diamantes y oro,
de vestiduras séricas cubierto
y púrpuras del sur que arrastra y pisa,
al poderoso audaz? ¿La numerosa
turba no ves que le saluda humilde,   75
ocupando los pórticos sonoros
de la fábrica inmensa, que olvidado
de morir, ya decrépito, levanta?
¡Ay! no le envidies, que en su pecho anidan
tristes afanes. La brillante pompa,   80
esclavitud magnífica, los humos
de adulación servil, las militares
puntas que en torno a defenderle asisten,
ni los tesoros que avariento oculta,
ni cien provincias a su ley sujetas,   85
alivio le darán. Y en vano al sueño

---

122 Adopto la puntuación de la ed. de 1830-31. En la de 1825 se
lee:

> Al vicio; aunque del orbe el cetro empuñe
> Y envilecida multitud le adore,
> Libre, inocente, obscuro, alegre vive.

invoca en pavorosa y luenga noche;
busca reposo en vano, y por las altas
bóvedas de marfil vuela el suspiro.
   ¡Oh tú, del Arlas [123] vagaroso humilde   90
orilla, rica de las mies de Ceres,
de pámpanos y olivos! ¡Verde prado
que pasta mudo el ganadillo errante,
áspero monte, opaca selva y fría!
¿Cuándo será que habitador dichoso   95
de cómodo, rural, pequeño albergue,
templo de la Amistad y de las Musas,
al cielo grato y a los hombres, vea
en deliciosa paz los años míos
volar fugaces? Parca mesa, ameno   100
jardín, de frutos abundante y flores,
que yo cultivaré, sonoras aguas
que de la altura al valle se deslicen,
y lentas formen transparente lago
a los cisnes de Venus, escondida   105
gruta de musgo y de laurel cubierta,
aves canoras, revolando alegres
y libres como yo, rumor süave
que en torno zumbe del panal hibleo, [124]
y leves auras espirando olores;   110
esto a mi corazón le basta... Y cuando
llegue el silencio de la noche eterna,
descansaré, sombra feliz, si algunas
lágrimas tristes mi sepulcro bañan.

[123] Arroyo de la Alcarria, tributario del Tajo. Pasa muy cerca de Pastrana, lugar frecuentado por los Moratín. V. los primeros versos de *La barquerilla* de Nicolás F. de Moratín, más arriba, p. 137.
[124] El pueblo de Hibla, en Sicilia, fue famoso en la Antigüedad por su miel, como lo ha sido y es la Alcarria.

A CLAUDIO [125]

El filosofastro

Ayer don Ermeguncio, aquel pedante,
locuaz declamador, a verme vino
en punto de las diez. Si de él te acuerdas,
sabrás que no tan sólo es importuno,
presumido, embrollón, sino que a tantas   5
gracias añade la de ser goloso
más que el perro de Filis. No te puedo
decir con cuántas indirectas frases
y tropos elegantes y floridos
me pidió de almorzar. Cedí al encanto   10
de su elocuencia, y vieras conducida
del rústico gallego que me sirve
ancha bandeja con tazón chinesco
rebosando de hirviente chocolate
(ración cumplida para tres prelados   15
benedictinos), [126] y en cristal luciente,
agua que serenó barro de Andújar;
tierno y sabroso pan, mucha abundancia
de leves tortas y bizcochos duros,
que toda absorben la poción süave   20
de Soconusco, [127] y su dureza pierden.
No con tanto placer el lobo hambriento
mira la enferma res, que en solitario
bosque perdió el pastor, como el ayuno
huésped el don que le presento opimo.   25
    Antes de comenzar el gran destrozo,
altos elogios hizo del fragante
aroma que la taza despedía,
del esponjoso pan, de los dorados
bollos, del plato, del mantel, del agua;   30

---

[125] Estas palabras faltan en la ed. de 1825.
[126] Así en las eds. de 1825 y 1840. En la de 1830-31: "(a tres
pajes hambrientos y golosos / ración cumplida)".
[127] Cacao que viene del departamento de este nombre en el
Estado de Chiapas (Méjico).

y empieza a devorar. Mas no presumas
que por eso calló; diserta y come,
engulle y grita, fatigando a un tiempo
estómago y pulmón. ¡Qué cosas dijo!
¡Cuánta doctrina acumuló, citando,   35
vengan al caso o no, godos y etruscos!
Al fin, en ronca voz: "¡Oh edad nefanda,
vicios abominables! ¡Oh costumbres!
¡Oh corrupción!" exclama, y de camino
dos tortas se tragó. "¡Que a tanto llegue   40
nuestra depravación, y un placer solo
tantos afanes y dolor produzca
a la oprimida humanidad! Por este
sorbo llenamos de miseria y luto
la América infeliz; por él Europa,   45
la culta Europa en el Oriente usurpa
vastas regiones, porque puso en ellas
naturaleza el cinamomo [128] ardiente;
y para que más grato el gusto adule
este licor, en duros eslabones   50
hace gemir al atezado pueblo
que en África compró, simple y desnudo.
¡Oh! ¡qué abominación!" Dijo, y llorando
lágrimas de dolor, se echó de un golpe
cuanto en el hondo cangilón quedaba.   55
    Claudio, si tú no lloras, pues la risa
llanto causa también, de mármol eres,
que es mucha erudición, celo muy puro,
mucho prurito de censura estoica
el de mi huésped; y este celo, y esta   60
comezón docta, es general locura
del filosofador siglo presente.
Más difíciles somos y atrevidos
que nuestros padres, más innovadores,
pero mejores no. Mucha doctrina,   65
poca virtud. No hay picarón tramposo,
venal, entremetido, disoluto,

---

[128] Substancia aromática que algunos identifican con la canela.

infame delator, amigo falso,
que ya no ejerza autoridad censoria   70
en la Puerta del Sol, y allí gobierne
los estados del mundo, las costumbres,
los ritos y las leyes mude y quite.
Próculo, que se viste y calza y come
de calumniar y de mentir, publica   75
centones de moral. Nevio, que puso
pleito a su madre y la encerró por loca,
dice que ya la autoridad paterna
ni apoyos tiene ni vigor, y nace
la corrupción de aquí. Zenón, que trata   80
de no pagar a su pupila el dote,
habiéndola comido el patrimonio
que en su mano rapaz la ley le entrega,
dice que no hay justicia, y se conduele
de que la probidad es nombre vano.   85
Rufino, que vendió por precio infame
las gracias de su esposa, solicita
una insignia de honor. Camilo apunta
cien onzas, mil, a la mayor de espadas,
en ilustres garitos disipando   90
la sangre de sus pueblos infelices,
y habla de patriotismo... Claudio, todos
predican ya virtud, como el hambriento
don Ermeguncio cuando sorbe y llora...
Dichoso aquél que la practica y calla.

ELEGÍA A LAS MUSAS

Esta corona, adorno de mi frente,
esta sonante lira y flautas de oro
y máscaras alegres, que algún día
me disteis, sacras Musas, de mis manos
trémulas recibid, y el canto acabe,   5
que fuera osado intento repetirle.
He visto ya cómo la edad ligera,
apresurando a no volver las horas,
robó con ellas su vigor al numen.

Sé que negáis vuestro favor divino   10
a la cansada senectud, y en vano
fuera implorarle; pero en tanto, bellas
ninfas, del verde Pindo habitadoras,
no me neguéis que os agradezca humilde
los bienes que os debí. Si pude un día,   15
no indigno sucesor de nombre ilustre,
dilatarle famoso, a vos fue dado
llevar al fin mi atrevimiento. Sólo
pudo bastar vuestro amoroso anhelo
a prestarme constancia en los afanes   20
que turbaron mi paz, cuando insolente,
vano saber, enconos y venganzas,
codicia y ambición la patria mía
abandonaron a civil discordia.

Yo vi del polvo levantarse audaces   25
a dominar y perecer tiranos,
atropellarse efímeras las leyes,
y llamarse virtudes los delitos.
Vi las fraternas armas nuestros muros
bañar en sangre nuestra, combatirse,   30
vencido y vencedor, hijos de España,
y el trono desplomándose al vendido
ímpetu popular. De las arenas
que el mar sacude en la fenicia Gades,
a las que el Tajo lusitano envuelve   35
en oro y conchas, uno y otro imperio,
iras, desorden esparciendo y luto,
comunicarse el funeral estrago.
Así cuando en Sicilia el Etna ronco
revienta incendios, su bifronte cima   40
cubre el Vesuvio en humo denso y llamas,
turba el Averno sus calladas ondas;
y allá del Tibre en la ribera etrusca
se estremece la cúpula soberbia,
que da sepulcro al sucesor de Cristo. [129]   45

[129] En las eds. de 1830-31 y 1840: "que al Vicario de Cristo da sepulcro".

¿Quién pudo en tanto horror mover el plectro?
¿Quién dar al verso acordes armonías,
oyendo resonar grito de muerte?
Tronó la tempestad; bramó iracundo
el huracán, y arrebató a los campos   50
sus frutos, su matiz; la rica pompa
destrozó de los árboles sombríos;
todas huyeron tímidas las aves
del blando nido, en el espanto mudas:
no más trinos de amor. Así agitaron   55
los tardos años mi existencia, y pudo
sólo en región extraña el oprimido
ánimo hallar dulce descanso y vida.
      Breve será, que ya la tumba aguarda
y sus mármoles abre a recibirme;   60
ya los voy a ocupar... Si no es eterno
el rigor de los hados, y reservan
a mi patria infeliz mayor ventura,
dénsela presto, y mi postrer suspiro
será por ella... Prevenid en tanto   65
flébiles tonos, enlazad coronas
de ciprés funeral, Musas celestes;
y donde a las del mar sus aguas mezcla
el Garona [130] opulento, en silencioso
bosque de lauros y menudos mirtos,   70
ocultad entre flores mis cenizas.

[130] Río que nace en el Valle de Arán y pasa por Burdeos, donde vivió Moratín de 1821 a 1827.

CONDE DE NOROÑA (Gaspar María de Nava Álvarez de Noroña)

Nació en Castellón de la Plana el 6 de mayo de 1760. Fue militar y diplomático, dramaturgo y poeta; y ayudó a afianzar en la poesía castellana la moda sepulcral y el exotismo prerrománticos. Sus *Poesías asiáticas* son traducciones de las versiones inglesas de Joseph Dacre Carlyle (*Specimens of Arabian Poetry*, 1796) y Samuel Rousseau (*The Flowers of Persian Literature*, 1801) y de las latinas de Sir William Jones (*Poeseos asiaticae commentarii*, 1774). Bajo el lema horaciano *Carmina non prius audita... virginibus puerisque canto*, Noroña pretendía renovar la poesía española con sus traducciones, contrastando las "composiciones llenas de fuego e imágenes pintorescas" de los orientales y su "calor y entusiasmo" con "las insulsas filosóficas prosas rimadas" de los franceses. Noroña murió en Madrid en 1815.

EDICIONES

Poesías. 2 vols. Madrid: Vega y Compañía, 1799-1800.
Poesías asiáticas puestas en verso castellano. París: Imprenta de Julio Didot Mayor, 1833.
BAE, LXIII.

ESTUDIO

Fitzmaurice-Kelly, James. "Noroña's *Poesías asiáticas*". *Revue Hispanique*, XVIII (1908), 439-467.

Sigo las ediciones de 1799-1800 y 1833, abreviando o suprimiendo algunas notas de las *Poesías asiáticas*, en su mayoría también traducidas de los citados autores.

ANACREÓNTICAS

CHASCO CRUEL

Entre sueños anoche
me figuraba un prado
en donde unas muchachas
un baile concertaron;
saltaban y reían,   5
hacía yo otro tanto,
cuando de pronto miro
a Lisis a mi lado;
al verla tan hermosa,
suspensos nos quedamos,   10
como si nos hiriera
Júpiter con su rayo.
Vuelvo del susto, busco
la causa de mi pasmo,
la encuentro, y la alegría   15
retozaba en mis labios;
voy a dar a mi Lisis
mil besos, mil abrazos;
despierto, y con el lecho
encuéntrome abrazado.   20

DE CUPIDO Y LISIS

En el jardín de Lisis
cogiendo está Cupido
mil flores, que deshace,
jugando como niño;
salta una mariposa,   5
alarga sus deditos,
y por pillarla, deja
sus armas con descuido.
Lisis, que así le mira,

se acerca de improviso,   10
le toma las saetas
y el arco vengativo;
menea la cabeza,
mofándole infinito;
mas él dice sereno,   15
con un blando sonriso:
"¿Por qué tomas mis armas,
si tus ojos divinos
son dardos, que atraviesan
mucho más que los míos?"   20

A LISIS

De tu boca a la mía
pasa, Lisis, el vaso...
Pero tú, ¿qué veneno
mantienes en los labios,
que como fuego activo   5
el borde está quemando?
—Al Amor, que allí posa
y lo abrasó al tocarlo.

UN BORRACHO

Coronado de yedra,
el rostro abotargado,
los ojos encendidos,
espumosos los labios,
el habla balbuciente,   5
desiguales los pasos,
desabrochado el pecho
y trémulas sus manos,
llevando en la derecha
un anchuroso vaso,   10
tan colmado de vino,

que lo va derramando,
se acerca hacia nosotros
Filogeno el borracho.
¡Oh qué extraña figura!   15
¡Qué lástima está dando!
¡Ay Dios, cómo tropieza!
¡Cuál ríen los muchachos!
Éste le tira un troncho,
aquél le vierte un jarro.   20
¡Que se halle entre los hombres
quien se exponga, insensato,
por un vicio tan feo,
a un general escarnio!
"Callad", responde él mismo;   25
"que cuando el padre Baco
en mis entrañas bulle
y me acalora el casco,
no sé qué son tristezas
ni a qué llaman cuidados,   30
ni se me da que todos
se rían de mi estado.
En calma está mi pecho,
mil dulzuras gozando,
ignoradas de aquéllos   35
aún más afortunados;
y así al punto apuremos
el vino: ea, bebamos,
y de lo que otros digan
no se nos dé un ochavo."   40
Y en su dulce bebida
ambos ojos fijando,
hasta la última gota
deja el vaso apurado.

ODA

DE UNA LÁGRIMA

Cuando yo pensaba
encontrar desvío
en la zagaleja
por quien me hallo herido,
vi de sus ojuelos,   5
del Amor hechizo,
lágrimas ardientes
correr hilo a hilo.
Una en su mejilla
paró de improviso   10
y exclamé al momento:
"¿Qué es esto, bien mío?
¿Quién es tan tirano,
quién tan atrevido,
que a tu pecho amable   15
llena de martirios?
¿Y quién de tu llanto
parar ha podido
ese indicio leve?"
"Mírale", me dijo,   20
"y ahí ve quién causa
mi amargo gemido."
Miréla, y... ¡oh cielos!
me encontré a mí mismo.

POESÍAS ASIÁTICAS

A UN AMIGO, EL DÍA DE SU CUMPLEAÑOS

Naciendo, el llanto humedeció tus ojos,
y reímos en torno de tu cuna.
¡Ojalá rías al perder tus luces,
mereciendo te lloren en la tumba!

A LA MUERTE DE NEDHAM AL MOLK [131]
POR SHEBAL ADDAULET

Era Nedham Al Molke perla pura,
de lo más noble por Alá formada;
brilló, y no siendo cual debió estimada,
a su concha volvióla con dulzura.

DESCRIPCIÓN DE UNA MUCHACHA,
FRAGMENTO DEL MOALLAKAH DE AMRALKEIS

Delicada muchacha, refulgente,
de cuerpo enhiesto, pecho relevado,
como líquida plata rebruñido,
se aparta, y vuelve su apacible rostro,
mirando tiernamente, como suele   5
la recelosa madre del cervato;
su cuello, ornado en torno de collares,
al de hermosa gacela se parece
cuando ufana pompea por el prado;
sus cabellos, adorno de sus hombros,   10
son negros, son negrísimos y espesos,
cual los densos racimos de la palma;
su cintura un cordón en lo delgado,
su pierna como ramo de palmera
regado de continuo por el agua,   15
esclarece las sombras de la noche,
cual la sagrada lámpara esplendente
de oculto vigilante solitario;
su faz, como la perla roji-blanca,
alimentada en aguas cristalinas,   20
no turbadas jamás de vïajantes.

131 "*Nedham* en árabe significa un hilo de perlas. Durante los
reinados de los tres Selsucidas o reyes pastores de Persia... fue gran
visir Nedham Al Molk; y mientras estos tres príncipes consumieron
los años en continuas guerras, gobernó el estado con absoluto poder,
e hizo brillar su religión, su ciencia y su justicia; pero a los 93 años
de edad, y 30 de la más admirable administración, fue derrocado de
su puesto por las intrigas de una mujer, y asesinado por un fará-
tico..." (Nota de Noroña.)

MANUEL MARÍA DE ARJONA

Nació en Osuna el 12 de junio de 1761. Siguió la carrera eclesiástica en Sevilla y Córdoba, y fue director de la Sociedad Económica de Córdoba. Entre sus versos abundan los de amor profano; y en casi todos ellos, incluso los de tema religioso, utiliza la mitología pagana. Murió en Madrid el 25 de julio de 1820.

EDICIÓN
BAE, LXIII.

Sigo esta edición.

JÁCARA

Junto al gran Guadalquivir,
en la patria de Lucano,
se tuvo el baile gitano
que ahora voy a describir.

Graciosas hijas de Menfis, [132]   5
hoy, que es noche de San Juan,
sigamos la antigua usanza
y vamos a retozar.

Vamos corriendo, Juanilla,
eche el pandero el compás,   10
y hasta hacerse una jalea
no dejemos de saltar.

¡Bueno! Guapa va la danza;
Dieguillo, un paso hacia atrás,
que haces que Chuca recule   15
y no luzca el delantal.

¡Cota! ¡Qué lindas chinelas!
Se conoce que tu Blas
echó el resto en esa media
tan luciente y tan igual.   20

Esa guitarra, Cacharro,
se ha empezado a destemplar;
esos palillos, Andrea;
ese moño, Nicolás.

Ya se ha bailado una hora,   25
y es tiempo de descansar.
Ea, divino Montillano,
tú nuestro gozo serás.

Vamos, cada cual su vaso
hasta arriba ha de llenar,   30
y sin dejarle golilla,
que ha de venir ras con ras.

Ya estamos todos armados...
Pues, hijitos, escuchad:

132 Gitanas, por su supuesto origen egipcio.

ha de ir trago por vaso,   35
y el que cayere, caerá.

Sólo os advierto, muchachas,
que no caigáis hacia atrás,
que en damas tan principales
esa caída es mortal.   40

Pecho firme, que despúes
al baile se ha de tornar,
y es menester que los cuerpos
guarden su elasticidad.

Primer brindis: por el Rey.   45
Su Divina Majestad
le dé más años de vida
que arenas tiene la mar,

y de una reina más linda
que la que en descanso está,   50
tenga, dentro de diez años,
más hijos que un colmenar.

Cayó todo el vaso entero...
Pues volvamos a cargar,
y que un vaso solo caiga   55
por la familia real.

Se apuró... Vamos, que falta
un trago muy principal
por aquel amigo mío
que nos tiene que amparar.   60

¿Os acordáis de quién hablo?
—¿No nos hemos de acordar,
si no puede ser por otro
que por el señor don Juan?

Usted mismo nos ha dicho   65
que nos las puede apostar
a todos nosotros juntos
y a otros cuatrocientos más.

—Ése es, hijos; que mis ojos
lo vean de cardenal;   70
que bien con lo blanco y rubio
lo encarnado pegará.

Que a los que tengan envidia

los envíe a pasear,
y el que no pueda, reviente,   75
que muchos reventarán.

Que Dios le dé más pesetas
que a un judío en Gibraltar;
que en esa parte, hijos míos,
poco aprovechado está.   80

Que pueda cuanto quisiere,
y que quiera hasta no más;
y en cuanto ponga la mano
salga con prosperidad.

Y que el ángel de mi guarda   85
no lo deje descansar
hasta que todos logremos
lo que a todos nos valdrá...

—Viva, padrino, que viva.
¡Oh con cuánta suavidad   90
se nos coló todo el vaso,
todo sin pestañear!

—Pues me parece, muchachos,
que ésa es muy buena señal;
repitamos el agüero,   95
que es digno de averiguar.

Lo mismo se ha deslizado
el vaso sin tropezar,
y cuantos vasos se pongan,
sin derramarse entrarán.   100

Pues volvamos a la danza;
que pronto va a madrugar,
y en la Virgen del Amparo
a misa tocando están.

Vamos a pedirle a Dios,   105
que es quien las cosas nos da,
que sin su divino auxilio
es un cuento lo demás.

No nos paremos; que si uno
la cama llega a tomar,   110
no despierta en todo el día,
aunque lo mande San Juan.

FRANCISCO SÁNCHEZ BARBERO

Nació en Moríñigo (Salamanca) en enero de 1764. Abandonando los estudios teológicos en Salamanca, se trasladó a Madrid, donde se dedicó a la jurisprudencia y a las letras. Escribió versos castellanos y latinos, prefiriendo en aquéllos las silvas y las composiciones polimétricas. Durante la Guerra de la Independencia fue periodista en Cádiz, y a la vuelta de Fernando VII se le persiguió como liberal. Fue encarcelado y luego desterrado a Melilla, donde murió el 24 de octubre de 1819.

Edición
BAE, LXIII.

Utilizo la edición citada.

ODA A LA BATALLA DE TRAFALGAR

I

Quis fuit horrendos primus qui protulit enses?
. . . .
At nihil ille miser meruit: nos ad mala nostra
vertimus, in sævas quod dedit ille feras.
Divitis hoc vitium est auri. [133]

TIBULO, Elegía x.

¡Cuán corta y suspirada
fue en nuestro seno tu mansión risueña,
oh del fulgente Olimpo descendida,
del suelo desterrada,
fecunda paz! Apenas de la vida   5
el aura dulce a respirar volvimos,
volvimos a penar con la pesada
cadena de los males,
y en nuestra sangre bárbaros teñimos
las mismas armas que otorgara el cielo   10
para seguridad de los mortales.
   Nosotros, más que fieras inhumanos,
a la voz halagüeña resistimos
de fraternal concordia;
el fuego y la discordia   15
con que asolados fuimos,
contra nosotros atizando insanos,
y enemigos haciéndonos de hermanos.
   Con ala arrebatada
huiste a nuestra vista,   20
¡oh paz, dorada paz! y nuestro gozo

133   "¿Quién descubrió primero la horrible espada?... Pero la culpa no es de aquel miserable; nosotros convertimos a nuestro propio daño lo que él nos dio para luchar contra las fieras. Ésta es culpa del oro precioso."

así voló como liviana arista,
por el astro flamígero tostada,
en quien su saña el aquilón emplea:
levántala del suelo,   25
y en remolino rápido voltea.

Tú, de la santa humanidad desdoro,
¡oh tétrica Albïón! tú, de la tierra
execrada por siempre, a precio de oro
conquistas la maldad; en dura guerra   30
al hombre contra el hombre precipitas,
y la cólera irritas
del cielo sufridor; tú en cautiverio
anhelas sola encadenar los mares,
sola extender el insaciable imperio   35
de tu codicia atroz, a las regiones
tributarias hacer... "A mi albedrío
el comercio y el mar sujetos sean."
"El comercio y el mar libres se vean",
responden las naciones,   40
"del vano y usurpado señorío
con que Albïón injusta las oprime.
Lo que es del orbe, el orbe
disfrute a su placer, y nuestra saña
pruebe cualquiera que, voraz, absorba   45
la propiedad común..." Rabiosa gime,
y hombres y naves a la lid apresta.
Hombres y naves a la lid funesta
dispone de consuno con España
el galo triunfador. Cádiz al cielo   50
confusa gritería
alza asustada; con horrible vuelo
gira el pálido espanto,
robando la alegría,
llenando a todos de aflicción y llanto.   55

Neptuno, al ver la formidable armada
y su espalda agobiada
al peso enorme de los buques, grita:
"Eolo, ven; a tu oprimido hermano
acude velocísimo." Del cielo   60

mueve el poder, excita
las tempestades, de la nube el velo
los apolíneos rayos oscurece;
arde la esfera, suenan
los aguaceros, zumban   65
todos los vientos, cruje
el polo al ronco estruendo
con que los truenos sin cesar retumban.

   Brama el ponto y revuélvese; a las naves
montañas de olas con furor embisten,   70
y a estrellarlas, hundirlas, dispersarlas,
el viento, el mar, el cielo se conjuran;
mas vanamente su pujanza apuran,
que hombres y naves su furor resisten
y al hado inevitable se abandonan.   75

   "¡Guerra, guerra!", pregonan
con no visto ardimiento
los soldados impávidos, gritando
en ellos el honor, todo tu aliento
consigo ¡oh patria! cada cual llevando,   80
y toda tu esperanza,
toda tu gloria y próspera bonanza.
Ordenan sus navíos y los vuelven
del enemigo en faz; acá se mudan,
y allá precipitados se revuelven;   85
unos con otros a encontrarse vuelan,
unos a otros con valor se escudan,
unos a otros por rendir anhelan.
Con su tea fatal la mecha enciende
Belona; el duro, el implacable Marte,   90
de muertes coronado,
tremolando en los aires su estandarte,
aguija, acosa al infeliz soldado,
desnudo el pecho, a despreciar la bala;
y en feroz complacencia,   95
¡ay! con sangre las víctimas señala
que inmoladas serán a su demencia.

II

Bella, horrida bella. [134]
VIRGILIO

¿Quién es bastante a contener el llanto
al ver la más atroz carnicería
de hombres contra hombres, el clamor y espanto   100
tan cruel, la enconada
barbarie, la fiereza
de los que en lazo del amor fraterno
unió naturaleza?
¡Ay! llora, musa mía,   105
llora conmigo, humanidad sagrada,
cuando la encapotada
noche la oscuridad al mundo envía,
y cuando alegre con su luz le dora
la lámpara febea.   110
Llora, mi musa, llora,
y acento de dolor tu canto sea.

El tirano del mar con su *Victoria* [135]
las filas rompe audaz; pero Gravina, [136]
de Hesperia y Francia dulce honor y gloria,   115
intrépido camina
su torrente a atajar... Vuela, ¡oh navío!
tú, que el augusto nombre
llevas de aquel a cuya voz un día
se inclinarán dos mundos; [137]   120
vuela, lidia, deshaz la altanería
del insular... No ufano
el triunfo ostentes, campeón furioso;
que vive, vive el español glorioso

[134] "Guerras, horribles guerras". *(Eneida,* VI, 86.)
[135] La capitana del almirante inglés Nelson.
[136] Federico Carlos Gravina, noble nacido en Palermo en 1756, jefe de la escuadra española en la batalla de Trafalgar (21 de octubre de 1805), muerto en Cádiz el 2 de marzo de 1806 a consecuencia de una herida que recibió en aquel encuentro.
[137] "Llamábase *El Príncipe de Asturias* el navío que montaba el almirante Gravina". (Nota de Cueto.)

por quien será tu sangre derramada.   125
Sobre tu cuello alzada
ya veo, ya, la vengadora mano,
y ¡oh si de tu nación el poderío,
como el tuyo será, fuera tan vano!
Tan noble empresa el inmortal Gravina   130
va acaudillando; denodado brío
le sigue de los otros combatientes,
y a Nelson los britanos inclementes.

    La lid se traba; el ciego
furor por dondequiera   135
y la turbada confusión se extiende.
Dos mil volcanes de rabioso fuego
a un tiempo en cada hilera
estallan; dos mil truenos pavorosos
se escuchan a la vez; arden, humean   140
los vientos nebulosos,
el piélago se hiende,
las naves en el Tártaro sumiendo;
encontradas pelean
las olas, en sus hombros sosteniendo   145
los bajeles al cielo levantados;
estremécese Gades,
y sus altivas torres bambolean.
Doce mil muertes sin parar rodean
a los hijos de Marte enardecidos,   150
que en sangre propia y en sudor se bañan;
doce mil orfandades acompañan,
a su lado, la pálida indigencia,
¡ay! los males prolijos
de esposas, madres y de tiernos hijos.   155

    Ni ceden: el despecho,
la desesperación y la sangrienta
venganza que respiran,
son la deidad que su acerado pecho
implora, la deidad que los alienta,   160
deidad suprema, que presente miran.
Al último combate se provocan;
su gloria está en morir, morir matando,

que en su valor estriba
la nacional fortuna,   165
y su salud en no esperar ninguna.
  Más que nunca se aviva
el furor; naves contra naves chocan,
ya de costado, ya de frente dando.
Ésta se rinde, aquélla   170
se abre anchamente, y a la mar salada
concede franca vía.
La otra, míseramente abandonada
al poder de los vientos, se desvía
y en los peñascos con fragor se estrella.   175
A ésta el velamen, el mesana falta
a la de más allá; por la otra sube
el fuego asolador, y al aire salta
con hórrido estampido,
de humo y de llamas entre densa nube.   180
  El náutico alarido
se ensancha por el reino de Neptuno,
en la región nubífera se esconde,
y resuena de lleno
en tierra el eco asombrador; responde   185
el promontorio consagrado a Juno,
responden Calpe y el corense seno; [138]
responden con clamores triplicados,
sobre el mar agolpados,
los habitantes de la hermosa Gades,   190
de tantas mortandades
testigos dolorosos.
El hijo perecer la madre mira;
la triste amante de su amado escucha
el largo *adiós:* con ojos cariñosos   195
hacia su patria vuelto el fuerte joven,
salúdala y expira.
Contra las olas lucha
el tierno esposo, el agitado acento

---

[138] "El promontorio consagrado a Juno" es Trafalgar. Calpe es
Gibraltar. "*Corense*, esto es, de la Bética, al este de Cádiz". (Nota
de Cueto.)

de sus hijos oyendo y de su esposa;   200
los ve, se acerca, alarga
la mano... ¡Oh Dios! su aliento
no puede; desfallece
al embate de la ola temerosa,
que viene, sobre él carga,   205
y oyéndolos y viéndolos perece.
    Héroes sublimes de la patria mía,
que en su defensa ufanos
la sangre prodigasteis, de sus manos
la espléndida corona   210
recibid. Será un día
que vuestros hijos, en edad creciendo,
tantas hazañas asombrados lean,
y el vigor en sus almas renaciendo,
de vuestro ardor se llenen,   215
honor y escudo de la patria sean,
y a par de vuestras ínclitas acciones
las suyas grandes por el mundo suenen.
En ellos viviréis; su noble aliento
el vuestro infundirá; vuestra la gloria   220
será de su heroísmo;
vosotros su memoria
llevaréis al Olimpo refulgente,
adonde el generoso patriotismo
en el más alto asiento   225
de la florida eternidad preside,
y donde en lauro vividor la frente
corona de sus hijos,
donde la paz reside,
residen los celestes regocijos   230
y todo es bienandanza,
todo placeres y deleites puros,
que nunca en pecho terrenal cupieron,
ni humana mente a concebir alcanza...
    Mas ¿qué voz melancólica ensordece   235
del piélago la indómita pujanza?
En luto se ennegrece
del general britano

el alcázar soberbio. *¡Ay, ay!* al viento
con general lamento   240
sale desde su nave coronada,
Nelson, Nelson murió... ¡Mano sagrada,
que del héroe más bárbaro y tirano
los mares libertó! ¡Sagrada mano,
que la venganza fiera   245
de tantos inocentes
supo tomar! Sus lágrimas ardientes
la congojada humanidad modera,
y los manes sangrientos,
víctimas tristes de su rabia impía,   250
he aquí que en su agonía
ya todos se presentan,
le acosan, le horrorizan, y en su alma
los rabiosos tormentos,
premio de su maldad, sin fin aumentan.   255
Yace en silencio helado
el furor a su lado;
respira el mar, y su bravura calma.
   Entre tanto las sombras de la noche
el cielo y tierra y el común estrago   260
de Marte insano y de Neptuno envuelven,
y a sus seguros puertos
los combatientes, en matarse expertos,
ni vencedores ni vencidos vuelven;
a ti, Cádiz hermosa, a ti quedando,   265
a vista de tan míseros despojos,
luto en el corazón, llanto en los ojos.

III

Ecce autem subitum atque oculis mirabile monstrum. [139]

   Del piélago profundo
el sol con majestad su hermosa frente

[139] "Mas he aquí un inesperado prodigio, maravilloso de ver."
Eneida, VIII, 81.

270
va poco a poco alzando,
en las cavernas lóbregas lanzando
la noche, de fantasmas rodeada.
Con su presencia el mundo
de luz y de placer henchirse siente,
y la onda sosegada   275
mil soles reverbera
en la arenosa trémula ribera.
    Dejan su lecho al punto
de Cádiz los llorosos moradores,
y todos de tropel a la muralla   280
solícitos ascienden.
Por el inmenso mar la vista tienden,
y ven ¡qué horror! de la cruel batalla
los destrozos sin fin y los furores:
navíos estrellados,   285
navíos sin velamen junto al puerto,
hendidos y varados;
orgulloso el Océano, cubierto
de triunfos y despojos, las riquezas,
el afán y sudor de las naciones   290
acá y allá con lentitud llevando,
de ondas y vientos al impulso blando;
cadáveres deshechos
meciéndose en la margen espumosa...
    Aquí otra vez en lágrimas se inundan   295
sus ojos; otra vez sus corazones
de pena congojosa
en mil partes y mil se despedazan.
Aquí las madres con dolor abrazan
a sus hijos, la guerra detestando;   300
allí, casi expirando,
en su cándido seno palpitante
estrecha muda al malogrado esposo
la que su esposa se llamó, y apenas
con canto delicioso   305
al dulce lecho conyugal saluda,
cuando a los cielos se lamenta viuda.
Y más allá una amante

a su querido exánime volando,
el cabello ondeante   310
se mesa insana, y el furor provoca
del cielo contra sí; boca con boca
aprieta, con su aliento
a la vida volverle imaginando.
Llama al amor desconsolada y mustia,   315
y amor la entrega a su mortal angustia.
   Toda es luto y lamento
la triste Cádiz; por sus calles suenan
gritos continuos, que la opuesta orilla
repite, pueblan la región del viento,   320
y las comarcas próximas atruenan.
¡Oh guerra despiadada,
acá contra los débiles humanos
por la celeste cólera lanzada!
Y ¡oh de la compasión al tierno acento   325
indóciles britanos,
que de muertes y sangre y destrucciones
aun no saciados, a la lucha infanda
tornáis; los corazones
con cercos triplicados   330
de bronce endurecéis, y despechados
allá corréis donde el furor os manda!
¡Ay patria mía! Ya volver los siento,
las ondas ceden al pasar, las velas
expande en popa el vagoroso viento.   335
   ¡Oh numen tutelar, que atento velas
en la grandeza del emporio hispano!
¡Alcides soberano,
de Carteya [140] famosa
excelso fundador! Si aquí te plugo   340
morar, si el gaditano
en tu honor reverente
aras y templo te erigió; si amable
sus víctimas y ruegos acogiste;
tú, que armado de clava formidable   345

---

[140] "Ciudad de la Bética, junto a Calpe". (Nota de Cueto.)

con brazo omnipotente
los monstruos destruiste;
tú, que de Ábila a Calpe separaste,
el Estrecho rasgaste
y un mar con otro uniste,   350
a estos perjuros con tu voz confunde,
dispérsalos, en guerra
haz que entre sí se despedacen fieros
o a todos juntos en el mar los hunde...
¡Oh prodigio! La tierra   355
en derredor se mueve; compelido
el golfo por divinas
fuerzas, a su pesar las crespas olas
contra las naos rebela enfurecido.
El arte falta; atónito se espanta   360
el marinero inglés. De entre las ruinas
de la antigua Carteya
he aquí que de improviso se levanta
Alcides soberano,
y extendiendo la mano,   365
y la clava nudosa
sobre una y otra nave revolviendo,
con ímpetu tremendo
esta voz sale de su boca: "¡Aleves!
tened; vuestra terrible   370
cólera cese; al español defiendo,
y él en mi numen protector reposa.
Yo soy el invencible
Alcides; esa undosa
llanura inmensa a mi placer se calma,   375
a mi placer airada se embravece.
¡Desdichado de aquel que no obedece
mi incontrastable voluntad! Piratas
mayores que en los bárbaros han sido,
decidme, ¿qué regiones   380
habéis, por el comercio, respetado?
¿qué derechos guardado?
¿qué palabras cumplido?
y ¿cuántas sediciones,

qué de guerras y crímenes vosotros   385
no habéis entre los hombres esparcido?
¿Cuáles son las naciones
que vuestro yugo pérfido no sientan,
y de vuestra amistad no se arrepientan?
  "Desde Albïón umbría   390
arribáis a los piélagos hispanos,
de la negra traición sobre las alas;
de aquí, extendiendo las avaras manos,
al Oriente alcanzáis y al Mediodía.
Y ¿aun no estáis satisfechos   395
de oro, de sangre, de maldad, impíos?
¿Ver deseáis la mortandad y estrago
común, y el fruto cierto
de vuestras pretensiones, los navíos
que buscáis, y de Marte el desconcierto?   400
Mirad: ¡Ábrete, oh mar!..." Y el mar fue abierto
largo espacio en redondo.
Las ondas, replegándose veloces,
murmuran sordamente contra el fondo.
Hércules dijo; y luego, los atroces   405
ojos fijando en el inglés medroso,
calló, contuvo de su furia brava
el ímpetu fogoso,
y apoyado quedó sobre su clava.
  Entonces de ver era   410
los pueblos comarcanos
solícitos correr a la ribera,
atónitos quedarse al prodigioso
nunca visto espectáculo ni oído
desde que el mar tendido   415
busca el astro lunar, y se levanta
a besar tierno su argentada planta.
Por la primera vez el sol radiante
penetra el reino de Neptuno inmenso
y sus profundas simas esclarece.   420
Descúbrese otra Cádiz; la famosa
Atlántida aparece;
mil ríos con estrépito sonante

corren por bajo; mil raudales manan
de las ocultas venas, y se afanan   425
por deshacerse en fuego centellante
volcanes estruendosos.
¡Qué de monstruos sin fin! ¡Qué de portentos!
¡Qué raras producciones!
¡Qué de tesoros en su seno encierra   430
el imperio del mar, y cuán costosos
al hombre audaz! Aquí los avarientos
pagaron su tributo, aquí la tierra
de continuo es tragada.
¡Gran Dios!... Allí la sumergida armada   435
se ve, y allí en los ínclitos guerreros
mil peces, apiñados, a porfía
se ceban voracísimos. ¡Oh fieros
hombres! ¡Oh guerra impía!...
    No pueden resistir; huyen llorando,   440
a los ingleses y a la guerra odiando.
"¿Veis", dice entonces el glorioso Alcides
con voz espantadora,
"el fruto de las lides?
¿Veis, ¡oh ciegos mortales! veis ahora   445
lo que vencer y dominar se llama?
¿lo que desea vuestro pecho ardiente?
¿lo que a la gloria y al honor le inflama?
No hay gloria, no hay honor sin la indulgente
humanidad. La humanidad os guíe,   450
ella sola os encienda,
ella su imperio por el orbe extienda."
    Cerróse el mar. Alcides
entre las ruinas de Carteya luego
ocultóse con plácido sosiego.   455

NICASIO ÁLVAREZ DE CIENFUEGOS

Nació en Madrid, de familia asturiana, el 14 de diciembre de 1764. Fue alumno de los Reales Estudios de San Isidro y cursó derecho en la Universidad de Oñate y en la de Salamanca, donde conoció a Meléndez, iniciador suyo en la poesía. Ejerciendo después la abogacía en Madrid fue amigo de Quintana. Absorbió las ideas liberales y se dedicó también a las letras, publicando sus versos y tragedias. Se dio a conocer igualmente como periodista, y llegó a ser oficial de la Secretaría de Estado. En 1799 fue elegido a la Real Academia Española. Su ingreso en la Orden de Carlos III fue aprobado en la histórica fecha del 2 de mayo de 1808. La actitud digna de Cienfuegos frente a los invasores franceses le valió ser llevado en rehenes a Francia, donde murió, tuberculoso, en Orthez el 30 de junio de 1809.

EDICIONES

Poesías. Tomo I [y único]. Madrid: Imprenta Real, 1798.
Poesías. Valencia: Ildefonso Mompié, 1816.
Obras poéticas. 2 vols. Madrid: Imprenta Real, 1816.
Poesías. Madrid: Sancha, 1821.
BAE, LXVII.
Poesías, ed. José Luis Cano. Madrid: Editorial Castalia, 1969. [Esta edición contiene también un estudio y una amplia bibliografía.]

ESTUDIOS

Campos, Jorge. "Nicasio Álvarez de Cienfuegos", en Guillermo Díaz-Plaja, ed., *Historia general de las literaturas hispánicas,* Vol. IV, 2.ª Parte. Barcelona, 1957.
Cano, José Luis. "Cienfuegos, poeta social". *Papeles de Son Armadans,* Año II, Tomo VI, N.º XVIII (septiembre 1957), pp. 248-270. Reproducido en *Heterodoxos y prerrománticos.* Madrid, 1975, pp. 85-102.
———. "Cienfuegos y la amistad". *Clavileño,* VI, N.º 34 (julio-agosto 1955), pp. 35-40.
Mas, Amédée. "Cienfuegos et le préromantisme européen", en *Mélanges à la mémoire de Jean Sarrailh.* París, 1966. Tomo II, pp. 121-137.

Sigo la edición de Cano.

MI PASEO SOLITARIO DE PRIMAVERA

Mihi natura aliquid semper amare dedit. [141]

Dulce Ramón, en tanto que, dormido
a la voz maternal de primavera,
vagas errante entre el insano estruendo
del cortesano mar siempre agitado,
yo, siempre herido de amorosa llama,   5
busco la soledad y en su silencio
sin esperanza mi dolor exhalo.
Tendido allí sobre la verde alfombra
de grama y trébol, a la sombra dulce
de una nube feliz que marcha lenta,   10
con menudo llover regando el suelo,
late mi corazón, cae y se clava
en el pecho mi lánguida cabeza,
y por mis ojos violento rompe
el fuego abrasador que me devora.   15
Todo despareció; ya nada veo
ni siento sino a mí, ni ya la mente
puede enfrenar la rápida carrera
de la imaginación que, en un momento,
de amores en amores va arrastrando   20
mi ardiente corazón, hasta que prueba
en cuántas formas el amor recibe
toda su variedad y sentimientos.
Ya me finge la mente enamorado
de una hermosa virtud: ante mis ojos   25
está Clarisa; [142] el corazón palpita
a su presencia; tímido no puede
el labio hablarla; ante sus pies me postro,
y con el llanto mi pasión descubro.
Ella suspira y, con silencio amante,   30
jura en su corazón mi amor eterno;

---

141 "La naturaleza me ha concedido siempre amar algo". No
sé de quién es esta cita.
142 Nombre de la heroína virtuosa de la novela sentimental *Clarissa* (1747-1748), de Samuel Richardson.

y llora y lloro, y en su faz hermosa
el labio imprimo, y donde toca ardiente
su encendido color blanquea en torno...
Tente, tente, ilusión... Cayó la venda   35
que me hacía feliz; un cefirillo
de repente voló, y al son del ala
voló también mi error idolatrado.
Torno ¡mísero! en mí, y hállome solo,
llena el alma de amor y desamado   40
entre las flores que el abril despliega,
y allá sobre un amor lejos oyendo
del primer ruiseñor el nuevo canto.
¡Oh mil veces feliz, pájaro amante,
que naces, amas, y en amando mueres!   45
Ésta es la ley que, para ser dichosos,
dictó a los seres maternal natura.
¡Vivificante ley! el hombre insano,
el hombre solo en su razón perdido
olvida tu dulzor, y es infelice.   50
El ignorante en su orgullosa mente
quiso regir el universo entero,
y acomodarle a sí. Soberbio réptil, [143]
polvo invisible en el inmenso todo,
debió dejar al general impulso   55
que le arrastrara, y en silencio humilde
obedecer las inmutables leyes.
¡Ay triste! que a la luz cerró los ojos,
y en vano, en vano por doquier natura,
con penetrante voz, quiso atraerle: 60
de sus acentos apartó el oído,
y en abismos de mal cae despeñado.
Nublada su razón, murió en su pecho
su corazón; en su obcecada mente,
ídolos nuevos se forjó que, impíos,   65
adora humilde, y su tormento adora.
En lugar del amor que hermana al hombre
con sus iguales, engranando a aquéstos

[143] El verso endecasílabo exige la acentuación anómala *réptil*.
Cf. Juan Meléndez Valdés, *Discursos forenses* (Madrid, 1821), p. 292.

con los seres sin fin, rindió sus cultos
a la dominación que injusta rompe   70
la trabazón del universo entero,
y al hombre aísla, y a la especie humana.
Amó el hombre, sí, amó, mas no a su hermano,
sino a los monstruos que crió su idea:
al mortífero honor, al oro infame,   75
a la inicua ambición, al letargoso
indolente placer, y a ti, oh terrible
sed de la fama; el hierro y la impostura
son tus clarines, la anchurosa tierra
a tu nombre retiembla y brota sangre.   80
Vosotras sois, pasiones infelices,
los dioses del mortal, que eternamente
vuestra falsa ilusión sigue anhelante.
Busca, siempre infeliz, una ventura
que huye delante de él, hasta el sepulcro,   85
donde el remordimiento doloroso,
de lo pasado levantando el velo,
tanto mísero error al fin encierra.
¿Dó en eterna inquietud vagáis perdidos,
hijos del hombre, por la senda oscura   90
do vuestros padres sin ventura erraron?
Desde sus tumbas, do en silencio vuelan
injusticias y crímenes comprados
con un siglo de afán y de amargura,
nos clama el desengaño arrepentido.   95
Escuchemos su voz; y, amaestrados
en la escuela fatal de su desgracia,
por nueva senda nuestro bien busquemos,
por virtud, por amor. Ciegos humanos,
sed felices, amad: que el orbe entero   100
morada hermosa de hermanal familia
sobre el amor levante a las virtudes
un delicioso altar, augusto trono
de la felicidad de los mortales.
Lejos, lejos honor, torpe codicia,   105
insaciable ambición; huid, pasiones
que regasteis con lágrimas la tierra;

vuestro reino expiró. La alma inocencia,
la activa compasión, la deliciosa
beneficencia, y el deseo noble   110
de ser feliz en la ventura ajena
han quebrantado vuestro duro cetro.
¡Salve, tierra de amor! mil veces salve,
madre de la virtud! al fin mis ansias
en ti se saciarán, y el pecho mío   115
en tus amores hallará reposo.
El vivir será amar, y dondequiera
Clarisas me dará tu amable suelo.
Eterno amante de una tierna esposa,
el universo reirá en el gozo   120
de nuestra dulce unión, y nuestros hijos
su gozo crecerán con sus virtudes.
¡Hijos queridos, delicioso fruto
de un virtuoso amor! seréis dichosos
en la dicha común, y en cada humano   125
un padre encontraréis y un tierno amigo,
y allí... Pero mi faz mojó la lluvia.   *se despierto*
¿Adónde está, qué fue mi imaginada
felicidad? De la encantada magia
de mi país de amor vuelvo a esta tierra   130
de soledad, de desamor y llanto.
Mi querido Ramón, vos mis amigos,
cuantos partís mi corazón amante,
vosotros solos habitáis los yermos
de mi país de amor. Imagen santa   135
de este mundo ideal de la inocencia,
¡ay, ay! fuera de vos no hay universo
para este amigo que por vos respira.   *de Ramon*
Tal vez un día la amistad augusta
por la ancha tierra estrechará las almas   140
con lazo fraternal. ¡Ay! no; mis ojos
adormecidos en la eterna noche
no verán tanto bien. Pero, entretanto,
amadme, oh amigos, que mi tierno pecho
pagará vuestro amor, y hasta el sepulcro   145
en vuestras almas buscaré mi dicha.

UN AMANTE
AL PARTIR SU AMADA

¡Ay! ¡ay, que parte! ¡que la pierdo! abierta
del coche triste la funesta puerta
la llama a su prisión. Laura adorada,
Laura, mi Laura ¿qué de mí olvidada
entras donde esos bárbaros crueles   5
lejos te llevan de mi lado amante?
¡Ay! que el zagal el látigo estallante
chasquea, y los ruidosos cascabeles
y las esquilas suenan, y al estruendo
los rápidos caballos van corriendo.   10
¿Y corren, corren, y de mí la alejan?
¿La alejan más y más sin que mi llanto
mueva a piedad su bárbara dureza?
Parad, parad, o suspended un tanto
vuestra marcha; que Laura su cabeza   15
una vez y otra asoma entristecida
y me clava los ojos; ¡que no sea
la vez postrera que su rostro vea!
¿Y corréis, y corréis? Dejad al menos
que otra vez nuestros ojos se despidan,   20
otra vez sola, y trasponeos luego.
¡Corazones de mármol! ¿a mi ruego
todos ensordecéis? En vano, en vano
cual relámpago el coche se adelanta;
en pos, en pos mi infatigable planta   25
cual relámpago irá, que amor la guía.
Laura, te seguiré de noche y día
sin que hondos ríos ni fragosos montes
me puedan aterrar: tú vas delante.
Asoma, Laura; que tu vista amante   30
caiga otra vez sobre mis tristes ojos.
¿Tardas, ingrata, y en aquella loma
te me vas a ocultar? Asoma, asoma,
que se acaba el mirar. Sólo una rueda
a lo lejos descubro; todavía   35

la diviso; allí va; tened, que es mía,
es mía Laura; detened, que os veda
robármela el amor: él a mi pecho
para siempre la unió con lazo estrecho...
¡Ay! entretanto que infeliz me quejo   40
ellos ya para siempre se apartaron;
mis ojos para siempre la han perdido;
y sólo en mis dolores me dejaron
el funesto carril por donde han ido.
¿Por qué no es dado a mi cansada planta   45
alcanzar su carrera? ¿Por qué el cielo
sólo a las aves el dichoso vuelo
benigno concedió? Jamás doliente
llora el jilguero de su amor la ausencia;
y yo entretanto de mi Laura ausente   50
en soledad desesperada lloro
y lloraré sin fin. Si yo la adoro,
si ella sensible mis cariños paga,
¿por qué nos separáis? En dondequiera
es mía, lo será; su pecho amante,   55
yo le conozco, me amará constante,
seré su solo amor... ¡Triste! ¿qué digo?
que se aparta de mí, y a un enemigo
se va acercando a quien amó algún día.
Huye, Laura, no creas, desconfía   60
de mi rival, y de los hombres todos.
Todos son falsos, pérfidos, traidores,
que dan pesares recibiendo amores.
¡Almas de corrupción!, jamás quisieron
con la ingenua verdad, con la ternura,   65
con la pureza y la fogosa llama
con que mi pecho enamorado te ama.
Te ama, te ama sin fin; y tú entretanto
¿qué harás? ¿de mí te acordarás? ¿en llanto
regarás mi memoria y tu camino?   70
¿probarás mi dolor, mi desconsuelo,
mi horrible soledad? Astro del cielo,
oh sol, hermoso para mí algún día,
†tú la ves, y me ves: ¿dónde está ahora?

¿qué hace? ¿vuelve a mirar? ¿se aflige? ¿llora?   75
¿o ríe con la imagen lisonjera
de mi odioso rival que allá la espera?
¿Y ésta es la paga de mi amor sincero?
¿Y para esto infeliz, desesperado,
sufro por ella, y entre angustias muero?   80
¡Ah! ninguna mujer ha merecido
un suspiro amoroso, ni un cuidado.
Tan prontas al querer como al olvido,
fáciles, caprichosas, inconstantes,
su amor es vanidad. A cien amantes   85
quieren atar en su cadena a un tiempo,
y ríen de sus triunfos, y se aclaman,
y a nadie amaron porque a todos aman.
¿Y mi Laura también?... No, no lo creo.
Yo vi en sus ojos que me hablaba ansioso   90
su veraz corazón: todo era mío;
yo su labio escuché, y su labio hermoso
mío le declaró; cuantos oyeron
sus palabras, sus ayes, sus gemidos,
"Es tuyo, y todo tuyo", me dijeron.   95
Es mío, yo lo sé; que en tiernos lazos
mil y mil veces la estreché en mis brazos,
y al suyo uní mi corazón ardiente,
y juntos palpitaron blandamente,
jurando amarse hasta la tumba fría.   100
¡Oh memoria cruel! ¿Adónde han ido
tantos, tantos placeres? Laura mía,
¿dónde estás? ¿dónde estás? ¿Que ya mi oído
no escuchará tu voz armonïosa,
mucho más dulce que la miel hiblea?   105
¿que sin cesar mi vista lagrimosa
te buscará sin encontrarte? Al Prado,
que tantas veces a tu tierno lado
me vio, soberbio en mi feliz ventura,
iré, por ti preguntaré, y el Prado,   110
"No está aquí", me dirá; y en la amargura
de mi acerbo dolor, cuantos lugares
allí tocó tu delicada planta

todos los regaré con largo llanto,
en cada cual hallando mil pesares   115
con mil recuerdos. Bajaré perdido
a las Delicias, [144] y con triste acento
"Laura, mi Laura", clamaré, y el viento
mi voz se llevará, y allí tendido
sobre la dura solitaria arena,   120
pondráse el sol, y seguirá mi pena.
A tu morada iré; con planta incierta
toda la correré desesperado,
y toda, toda la hallaré desierta.
Furioso bajaré, y a mis amigos,   125
de mi ardiente pasión fieles testigos,
preguntaré en silencio por mi amante;
y ellos, la compasión en el semblante,
nada responderán. ¡Desventurado!
¿a quién me volveré? Si sólo un día   130
durase mi dolor, yo me diría
feliz, y muy feliz; pero mis ojos
un sol, y otro verán, y cien tras ellos,
y a Laura no verán. Sus labios bellos
no se abrirán y entre cordial ternura   135
"Te amo" repetirán mil y mil veces;
ni con la suya estrechará mi mano,
ni gozaré mirando la hermosura
de su expresivo rostro soberano.
¡Ay, que nunca a mis ojos tan hermosa   140
brilló cual hoy cuando de mí partía!
Jamás, jamás la olvidaré; una diosa,
la diosa del amor me parecía.
Sí, mi diosa serás, Laura adorada,
la única diosa a quien mi pecho amante   145
cultos tributará. Ya en adelante
en todo el orbe para mí no existe
más belleza que tú, ni más deseo:
adorarte será mi eterno empleo.
¡Oh Guadiana, Guadiana hermoso!   150

---

[144] Paseo madrileño, como también lo es el Prado.

¡oh río entre los ríos venturoso!
¡oh mil veces feliz! Tú a Manzanares
su tesoro robaste. Placenteras
mirarán a mi Laura tus riberas
contemplando cuál pasan tus olitas,   155
y unas en otras sin cesar se pierden.
Pensativa al mirarlo, en mí la mente,
ocultará en tu rápida corriente
con mil lágrimas tristes mil amores.
¡Oh si después hacia Madrid corrieras!   160
a las suyas mis lágrimas unieras.
¡Ay! dila, dila, cuando allí la vieres,
que eternamente vivirá en mi pecho
su inextinguible amor; que acongojado
la lloro sin cesar; que lo he jurado,   165
cuando la sien de abril ciñan las flores
iré a exhalar entre sus dulces brazos
todo mi corazón, y mil amores
en cambio a recibir; que ella constante
pague mi fe, porque en el mundo entero   170
no encontrará un amor más verdadero.

A UN AMIGO
EN LA MUERTE DE UN HERMANO

Es justo, sí: la humanidad, el deudo,
tus entrañas de amor, todo te ordena
sentir de veras y regar con llanto
ese cadáver, para siempre inmóvil,
que fue tu hermano. La implacable muerte   5
abrió sin tiempo su sepulcro odioso
y derribóle en él. ¡Ay! ¡a su vida
cuántos años robó! ¡cuánta esperanza!
¡cuánto amor fraternal! y ¡cuánto, cuánto
miserable dolor y hondo recuerdo   10
a su hermano adelanta y sus amigos!
Vive el malvado atormentando, y vive,
y un siglo entero de maldad completa;

y el honrado mortal en cuyo pecho
la bondadosa humanidad se abriga   15
¿nace, y deja de ser? ¡Ay! llora, llora,
caro Fernández, el fatal destino
de un hermano infeliz; también mis ojos
saben llorar, y en tu aflicción presente
más de una vez a tu amistad pagaron   20
su tributo de lágrimas. ¡Si el cielo
benigno oyera los sinceros votos
de la ardiente amistad! Al punto, al punto
hacia el cadáver de tu amor volando
segunda vida le inspirara, y ledo   25
presentándole a ti, "Toma", dijera,
"vuelve a tu hermano y a tu gozo antiguo."
Mas ¡ay! el hombre en su impotencia triste
no puede más que suspirar deseos.
La losa cae sobre el voraz sepulcro   30
y cae la eternidad; y en vano, en vano
al que en su abismo se perdió le llaman
de acá las voces del mortal doliente.
Ni poder, ni virtud, ni humildes ruegos,
ni el ay de la viudez, ni los suspiros   35
de inocente orfandad, ni los sollozos
de la amistad, ni el maternal lamento,
ni amor, el tierno amor que el mundo rige:
nada penetra los oídos sordos
de la muerte insensible. Nuestros ayes   40
a los umbrales de la tumba llegan,
y escuchados no son; que los sentidos
allí cesaron, la razón es muda,
helóse el corazón, y las pasiones
y los deseos para siempre yacen.   45
Yacen, sí, yacen; el dolor empero
también con ellos para siempre yace,
y la vida es dolor. Llama a tus años,
caro Fernández; sin pasión pregunta
¿qué has sido en ellos? y con tristes voces   50
dirán: "Si un día te rió sereno,
ciento y ciento tras él, tempestuosos

tronando sobre ti, huellas profundas
de mal y de temor sólo dejaron."
Hórrido yermo de inflamada arena,   55
do entre aridez universal y muerte
solitario tal vez algún arbusto
se esfuerza a verdear: tal es la imagen
de esta vida cruel que tanto amamos.
Enfermedad, desvalimiento, lloro,   60
ignorancia, opresión: este cortejo
nos espera al nacer, y apesadumbra
la hermosa candidez de nuestra infancia
que en nada es nuestra. Los demás ordenan
a su placer de nuestro débil cuerpo;   65
y nuestra mente a sus antojos sirve.
Si nuestro llanto a su indolencia ofende,
manda que pare su feroz dureza,
o su bárbara mano enfurecida
sobre nosotros cae. ¡Niño infelice!   70
llora ya, llora cuando apenas naces
de la injusticia la opresión sangrienta,
y el desprecio, el baldón, y tantos males,
¡preludios, ay, de los que en pos [145] te aguardan!
Tus años correrán, y por tus años   75
hombre te oirás decir; mas siempre niño
entre niños serás. Injusto y justo,
opresor y oprimido todo a un tiempo
de tus pasiones en el mar furioso
perdido nadarás. En lucha eterna   80
de acciones y deseos, mal seguro
no sabrás qué querer; y fastidiado
con lo presente, volarás ansioso
a otro tiempo y lugar buscando siempre
allá tu dicha donde estar no puedas.   85
¿Y qué valdrá que en tu virtud contento
goces contigo, si mirando en torno
verás la humanidad acongojada

---

[145] La edición de Cano y la de Madrid, 1816, omiten *en*. Prefiero
seguir aquí el texto de Valencia, seguido también por Cueto.

largamente gemir? Despedazado
tu tierno corazón verá los males,   90
querrá aliviarlos, no podrá, y el lloro,
sólo un estéril lloro es el consuelo
que puede dar su caridad fogosa.
¿Hay pena igual a la de oír al triste
sufrir sin esperanza? ¡Oh muerte, muerte!   95
¡oh sepulcro feliz! ¡Afortunados
mil y mil veces los que allí en reposo
terminaron los males! ¡Ay! al menos
sus ojos no verán la escena horrible
de la santa virtud atada en triunfo   100
de la maldad al victorioso carro.
No escucharán la estrepitosa planta
de la injusticia quebrantando el cuello
de la inocencia desvalida y sola,
ni olerán los sacrílegos inciensos   105
que del poder en las sangrientas aras
la adulación escandalosa quema.
¡Oh cuánto no verán! ¿Por qué lloramos,
Fernández mío, si la tumba rompe
tanta infelicidad? Enjuga, enjuga   110
tus dolorosas lágrimas; tu hermano
empezó a ser feliz; sí, cese, cese
tu pesadumbre ya. Mira que aflige
a tus amigos tu doliente rostro,
y a tu querida esposa y a tus hijos.   115
El pequeñuelo Hipólito suspenso,
el dedo puesto entre sus frescos labios,
observa tu tristeza, y se entristece;
y marchando hacia atrás, llega a su madre
y la aprieta una mano, y en su pecho   120
la delicada cabecita posa,
siempre los ojos en su padre fijos.
Lloras, y llora; y en su amable llanto
¿qué piensas que dirá? "Padre", te dice,
"¿será eterno el dolor? ¿no hay en la tierra   125
otros cariños que el vacío llenen
que tu hermano dejó? Mi tierna madre

vive, y mi hermana, y para amarte viven,
y yo con ellas te amaré. Algún día
verás mis años juveniles llenos   130
de ricos frutos, que oficioso ahora
con mil afanes en mi pecho siembras.
Honrado, ingenuo, laborioso, humano,
esclavo del deber, amigo ardiente,
esposo tierno, enamorado padre,   135
yo seré lo que tú. ¡Cuántas delicias
en mí te esperan! Lo verás: mil veces
llorarás de placer, y yo contigo.
Mas vive, vive, que si tú me faltas,
¡oh pobrecito Hipólito! sin sombra   140
¡ay! ¿qué será de ti huérfano y solo?
No, mi dulce papá; tu vida es mía,
no me la abrevies traspasando tu alma
con las espinas de la cruel tristeza.
Vive, sí, vive; que si el hado impío   145
pudo romper tus fraternales lazos,
hermanos mil encontrarás doquiera:
que amor es hermandad, y todos te aman.
De cien amigos que te ríen tiernos
adopta a alguno, y si por mí te guías   150
Nicasio en el amor será tu hermano".

EN ALABANZA DE UN CARPINTERO LLAMADO ALFONSO

Virtutem… invenies… callosas habentem manus.

SÉNECA, *De Vita beata,* 7.

Yo lo juré: mi incorruptible acento
vengará la virtud, que lagrimosa
en infame baldón yace indigente.
En despecho del oro macilento
y de ambición pujante y envidiosa,   5
mil templos la alzaré do reverente,

sus aras perfumando,
al orbe su loor iré cantando.

Nobles magnates, que la humana esencia
osasteis despreciar por un dorado   10
yugo servil que ennobleció un Tiberio,
mi lira desoíd. Vuestra ascendencia,
generación del crimen laureado,
vuestro pomposo funeral imperio,
vuestro honor arrogante,   15
yo los detesto, iniquidad los cante.

¿Del palacio en la mole ponderosa,
que anhelantes dos mundos levantaron
sobre la destrucción de un siglo entero,
morará la virtud? ¡Oh congojosa   20
choza del infeliz!, a ti volaron
la justicia y razón desde que fiero,
ayugando al humano,
de la igualdad triunfó el primer tirano.

Dilo tú, dilo tú, pura morada   25
del íntegro varón, taller divino
de un recto menestral... Adonde, adonde...
¿Quién sacrílego habló? ¿Qué lengua osada
se mueve contra mí porque apadrino
a la miseria do virtud se esconde,   30
mi Apolo condenando,
innoble y bajo al menestral llamando?

¿Innoble? ¡Oh monstruo, en el profundo Averno
perezca para siempre tu memoria
y tu generación! ¿Eternamente   35
habremos de ignorar que el Sempiterno
es Padre universal? ¿que no hay más gloria
ante su rectitud inteligente
que inflexible justicia,
ni más baldón que la parcial malicia?   40

Fue usurpación que, la verdad nublando,
distinciones halló do sus horrores
se ilustrasen. Por ella la nobleza,
del ocioso poder la frente alzando,
dijo al pobre: "Soy más; a los sudores   45

el cielo te crió: tú en la pobreza,
yo en rico poderío,
tu destino es servir, mandar el mío."

¿Y nobles se dirán estos sangrientos
partos de perdición, trastornadores   50
de las eternas leyes de natura?
¿Nobles serán los locos pensamientos
de un ser que innatural huella inferiores
a sus hermanos, y que audaz procura
en sobrehumana esfera   55
divinizar su corrupción grosera?

¿Pueden honrar al apolíneo canto
cetro, toisón y espada matadora,
insignias viles de opresión impía?
¿Y de virtud el distintivo santo,   60
el tranquilo formón, la bienhechora
gubia su infame deshonor sería?
¿Y un insecto envilece
lo que Dios en los cielos ennoblece?

Levantaos, oh grandes de la tierra;   65
seguid mis pasos, que a su tumba oscura
Alfonso os llama. Enhiestos y brillantes
con más tesoros que Golconda encierra,
de vuestra claridad y excelsa altura
presentad los blasones arrogantes,   70
que a los vuestros famosos
él va a oponer sus timbres virtuosos.

Recibiólo al nacer sacra pobreza
para seguirle hasta el postrer aliento.
Nació, y oyendo su primer vagido   75
voló la enfermedad, y con dureza
quebrantó su salud, eterno asiento
fijando en él. Se queja, y al quejido
desde el Olimpo santo
baja virtud para enjugar su llanto.   80

Crece, y sus padres con placer miraron
crecer en él la cándida inocencia.
Corrió su edad, esclareció su mente,
y ya su pecho y su razón le hablaron.

Mira en torno de sí, y es indigencia   85
cuanto miró; y al contemplar doliente
su familia infelice,
un escoplo tomó, y así le dice:
   "Objeto de mi amor, ¡ay! sólo es dado
el sustento al afán, y sólo el vicio   90
se alimenta sin él. ¡Ley adorable
de mi adorable Autor! El triste estado
ves de mis padres, cuánto sacrificio
merezco a su cariño infatigable:
ellos de noche y día   95
compran con su dolor la dicha mía.
   ¿Por siempre gemirán? Es tiempo ahora
de amparar su vejez. Escoplo amigo,
ya te puedo quitar; [146] mi brazo fuerte
a ti se acoge, tu favor implora;   100
tú mi apoyo serás y firme abrigo
contra el hambre y maldad: harás mi suerte
hasta el día postrero,
y yo te juro ser fiel compañero.
   Empieza, empieza; y favorable el cielo   105
bendiga tu empezar, y a tus labores
dé rico galardón: puedas un día
de mi triste familia ser consuelo.
Puedas ¡ay! de mi padre los sudores
para siempre limpiar; y en compañía   110
de su divina esposa
cerrar los ojos en quietud dichosa.
   Y entonces, ¡ay!, cuando orfandad doliente
siembre en mis días soledad y lloro,
¿adónde llevaré la débil planta   115
que temple mi dolor? Tú de mi mente
las fúnebres imágenes que honoro

---

146   *Quitar* reza la ed. de Madrid, 1816. Cano enmienda, tal vez
acertadamente, a *gritar*; pero también me parece posible, aunque no
fácil, leer el verso como expresión de que Alfonso desea llevarse el
escoplo para empezar a trabajar. La ed. de Valencia, 1816, y la de
1798 no incluyen este poema.

piadoso aparta, y la antorcha ardiente [146 a]
al amor concediendo,
con dulce esposa mi penar partiendo.   120
   Modelo de virtud, su fértil seno
sabrá reproducir multiplicadas
sus virtudes sin fin. Gozos filiales,
el bien os ame; su cruel veneno
no os soplen las maldades prosperadas.   125
Estudiad los ejemplos maternales
mientras la mano mía
guarda vuestra niñez de la hambre impía.
   ¡Seductora ilusión! ¡Oh quién me diera
en salud floreciente mis labores   130
no interrumpir jamás! Dios poderoso
que paternal desde tu augusta esfera
del infeliz recibes los clamores,
yo me postro ante ti: vuelve piadoso
hacia mí tu semblante,   135
y mi quebranto cesará al instante.
   Yo no deseo la opulenta suerte
de una alta condición: tú me lo [147] diste,
cual tuyo adoraré mi humilde estado.
Mas ¡oh mi Padre!, que tu brazo fuerte   140
siempre me aparte de la senda triste
del vicio; y que a tu acento recobrado
mi vital desaliento,
en mi labor recoja mi sustento."
   Dijo, y obró; y al verle, estremecido   145
el infierno tembló; y el vicio adusto
miró caer su cetro fulminante.
Por tres veces *Alfonso* repetido
por los ángeles fue; y el nombre augusto
de esferas en esferas resonante,   150

---

146 a   Este verso debiera rimar en *-anta*. Tal vez se trate de una errata en la ed. de Madrid, 1816.

147   *La* en las eds. que he consultado; pero lo que Dios le ha dado a Alfonso no es "la opulenta suerte" ni la "alta condición", sino el "humilde estado" que como don divino adora.

dijo el Ser soberano:
"Éste es el hombre que crió mi mano."
  Ven, oh tierra; venid, cielos hermosos,
cantad las alabanzas del Eterno,
y admirad su poder imponderable;   155
ved entre los anhelos trabajosos,
el hambre y el oprobio sempiterno,
un Carpintero vil; inestimable
tesoro en él se encierra:
es la imagen de Dios, Dios en la tierra.   160
  Es el hombre de bien: oscurecido
en miseria fatal, nubes espesas
su virtud anublaron, despremiada
su difícil virtud. Si enardecido
de la fama al clarín arduas empresas   165
obra el héroe, su alma es sustentada
con gloriosa esperanza;
mas la oscura virtud, ¿qué premio alcanza?
  El desprecio, el afán, y la amargura:
tal fue de Alfonso el galardón sangriento.   170
Sacrificado a la inmortal fatiga,
¿cuál fruto recogió? La parca dura,
debilitando su vital aliento
desde el mismo nacer, hizo enemiga
que en trabajo inclemente   175
fuera estéril sudor el de su frente.
  Vía a sus hijos y su amante esposa
en las garras del hambre macilenta
prontos a perecer. En vano, en vano
la enfermedad ataba poderosa   180
sus miembros al dolor. Su alma atenta
al ajeno sufrir, su estado insano
olvida, y en contento
dobla por sus amores su tormento.
  ¡Oh tú, esposa feliz de un virtuoso,   185
perpetua infatigable compañera
de su eterna aflicción! Teresa amable,
¿no es cierto que jamás tu santo esposo
murmuró en su pesar? ¿que lastimera

su pobreza adoró? ¿que inviolable 190
su planta religiosa
huyó de la maldad menos costosa?

   Y vosotros, oh prendas inocentes
de su inocente amor, hijos preciados [147 a]
de Alfonso, hablad. Decidnos las lecciones 195
que os dictó ejecutando, los dolientes
que tierno consoló, los angustiados
que su hambre sustentó, los corazones
que su atractivo ejemplo
llevó rendidos de virtud al templo. 200

   Bondad fue su vivir: en su semblante
hablaba la deidad. ¡Oh cuántas veces
mi espíritu en respetos abismado
ante su [148] majestad probó el triunfante
imperio de virtud! Mis altiveces 205
allí desparecían, y humillado
a sus palabras santas,
tal vez quiso besar sus dignas plantas.

   Yo le vi... yo le vi... ¡Funesto día!
Para siempre le vi... Pálida muerte 210
volaba en torno de él, ¡infortunado!,
que el penúltimo sol entonces vía.
Jamás, jamás, su enfurecida suerte
ostentó más rigor. Desfigurado,
con furibundo acento 215
me demandó su postrimer sustento.

   ¡Sacrosanta virtud! ¿Tú suplicante
a mí, débil mortal? Tú, tú lo viste,
omnipotente Dios, el amargura
que mi pecho bebió en aquel instante. 220
Nunca el sol para mí lució más triste;
lloré mi dicha, ansié [148 a] la tumba oscura,

---

147 a   Este verso falta, por errata, en la ed. de Cano.
148   *Tu* en las eds. consultadas; pero el sentido parece exigir *su majestad*, es decir, la del carpintero.
148 a   *Deseé* en la ed. de Madrid, 1816, y la de Cano. Me parece acertada la enmienda de Cueto, aunque también es posible que Cienfuegos escribiera un verso defectuoso.

y ¡ojalá quien me diera
que en el lugar de Alfonso padeciera!

Disipad, destruid, oh colosales   225
monstruos de la fortuna, las riquezas
en la perversidad y torpe olvido
de la santa razón; criad, brutales
en nueva iniquidad, nuevas grandezas
y nueva destrucción; y el duro oído   230
a la piedad negando,
que Alfonso expire, en hambre desmayando.

¿Esto es ser noble? Vuestro honor sangriento
en la muerte de Alfonso: ¡ay, ay, que expira! [148 b]
Pesadumbres, huid; cesad siquiera   235
de atormentar su postrimer aliento.
Inútil ruego. Adonde el triste mira,
aflicción. Con sus hijos lastimera
su esposa se le ofrece;
y cuanto sufrirán, él lo padece.   240

¡Dolorido varón! ni un solo día
alegre te miró; ni un solo instante
rió tu probidad. Torvos doctores,
vos que enseñáis que con la tumba fría
cesan el bien y el mal, ved expirante   245
a Alfonso. Su virtud entre dolores,
¿es nada, es nombre vano,
o hay un otro vivir para el humano?

Hay otro estado donde espera el justo
eterno galardón. ¡Ah! vuela, vuela,   250
del santo Alfonso espíritu dichoso
a la patria inmortal, adonde augusto
te llama el Dios que justiciero vela
por su amada virtud. Paró nubloso
su invierno, y placentera   255
ya le ríe inmortal la primavera.

---

148 b   No sé si quien expira es Alfonso, o el honor de los nobles
que expira "en la muerte de Alfonso". También cabe pensar que *en*
es errata por *es,* y que la riqueza inicua y el "honor sangriento" de
unos causan la muerte del otro.

Goza, goza en la paz inalterable
el fruto dulce de tu amable vida.
Bebe de las delicias que en torrentes
manan sin descansar del Inefable.   260
Yo entre tanto a la tumba oscurecida
iré do tus cenizas inocentes
yacen, y mis dolores
mitigaré cubriéndola de flores.

Iré, la bañaré con triste llanto   265
en tributo anual; y cuando horrendo
el falso vicio deslumbrarme intente,
allí te buscaré. Tu nombre santo
invocará mi voz; y el vicio huyendo,
a mi clamor la sombra reverente   270
saldrá, y en soplo frío
volverá la virtud al pecho mío.

¡Oh sepulcro que guardas el reposo
de tan justo mortal! hasta la muerte
has de ser mi lección. Tú la inocencia   275
me enseñarás; lo honesto y virtuoso
leeré en tu oscuridad; harás que fuerte
sepa amar el afán y la indigencia,
y que allí atrincherado
huelle el poder del crimen entronado.   280

JOSÉ MARCHENA

Nació de familia burguesa en Utrera el 18 de noviembre de 1768. Estudió en Madrid, en Salamanca y tal vez en Vergara. Desde joven le atrajeron las ideas "filosóficas" y revolucionarias. En 1792 huyó a Francia, afiliándose con los jacobinos; pero repugnado por el fanatismo de este partido, pasó a los girondinos. Desde entonces siguió mezclado a los vaivenes de la política revolucionaria, propagandista a veces, preso otras. Publicó escritos en francés sobre política y religión y también un fragmento espurio de Petronio. Convertido en bonapartista vino a España con Murat en 1808. Compuso una tragedia y tradujo a Molière, Lucrecio y Ossian. Ocupó varios puestos bajo José Bonaparte y tuvo que salir de España después de la derrota del rey intruso. En 1820 volvió de nuevo a su patria, participando con varia fortuna en la agitación política. Murió en Madrid a principios de 1821.

EDICIONES

BAE, LXVII.
Obras literarias, ed. Marcelino Menéndez y Pelayo. 2 vols. Sevilla, 1892-1896.

ESTUDIOS

Alarcos [García], Emilio. "El abate Marchena en Salamanca", en *Homenaje ofrecido a Menéndez Pidal.* Madrid, 1925. Tomo II, pp. 457-465.

Osuna, Rafael. "Un español olvidado: Don José Marchena". *Papeles de Son Armadans,* N.º 253 (abril 1977), 17-29.

Sigo la edición de Menéndez y Pelayo, que también contiene un estudio sobre «el abate Marchena».

EPÍSTOLA DE ABAELARDO A HELOÍSA [149]

¡Oh vida, oh vanidad, oh error, oh nada!
¿Qué me quieres, bellísima Heloísa?
¿Por qué tu voz se escucha en esta tumba,
morada eterna de pavor y muerte?
De un Dios celoso los preceptos duros   5
tan sólo aquí se siguen, de natura
las suavísimas leyes olvidando;
amar es un delito. Sí, Heloísa;
Dios veda que te adore a tu Abaelardo
y sople el fuego que en tu amor le inflama,   10
el fuego que discurre por mis venas,
y que mi triste corazón abrasa.
    ¡Terrible suerte! mis verdugos crudos
mis órganos helaron, y la ardiente
llama que el alma mísera devora   15
no encuentra desahogo. Me consumo
en rabiosos esfuerzos impotentes,
los cielos y la tierra detestando.
Eterno Ser, cuyos milagros canta
el vulgo ciego ante el altar postrado,   20
del engaño riendo el sacerdote,
¿quieres verme rendido ante tus aras?
Vuélveme el sexo, y canto tus grandezas.
    Melancólico libro, que dictado
fuiste sin duda por un alma triste,   25
Biblia, que haces de Dios un cruel tirano,
tú serás mi lectura eternamente.
¡Oh, cómo me complaces cuando pintas
los hombres y animales fluctuantes
en el abismo inmenso de las aguas   30
clamar en balde por favor al Cielo,

---

[149] "Abaelardo escribe en su celda teniendo delante una calavera, un crucifijo y la Biblia". (Nota de la edición de Menéndez Pelayo, no sé si del editor o del autor.) Sobre la autenticidad de este poema y la inautenticidad de los que imprime Cueto, *BAE*, LXVII, 624-630, véase la edición de Menéndez Pelayo, II, pp. CXXX-CXXXIV.

y la vida exhalar en mortal ansia!
Todo el linaje humano, reprobado
por el leve delito de uno solo,
me muestras arrastrando sus cadenas,   35
y condenado a enfermedad y muerte.
Mi gozo es retratarme estas ideas.
   La desesperación fundó los claustros;
ella aquí me ha arrojado. Yo detesto
de los hombres, de Dios, y de mí mismo;   40
de Heloísa también: sí, de Heloísa.
Yo fragüé tus cadenas, yo tus votos
te forcé a pronunciar, yo te he arrancado
del mundo que adornaba tu hermosura.
Odia, abomina este execrable monstruo,   45
que marchitó la más lozana rosa,
y en capullo cortó la flor más bella.
La desesperación ante mi lecho
hace la ronda, y en mi pecho anida
la mortal rabia; a mis cansados ojos   50
jamás se asoma el llanto. Di, Heloísa,
si reconoces tu infeliz amante
en tan fatal estado. Fueron tiempos
en que enjugaba compasivo el lloro
del triste que aliviaba en sus desdichas.   55
¡Cuántas veces mis lágrimas regaron
tus mejillas, la suerte lamentando
del que la desventura perseguía!
La dulce compasión ya no se alberga
en este corazón, más que la roca   60
por el sumo dolor empedernido,
y hasta el consuelo de llorar me quita
la bárbara y cruel naturaleza.
Los celos y la envidia macilenta
son las pasiones que mi pecho ocupan,   65
y hasta del Dios que sirves tengo celos.
Cuando imagino que en el templo augusto
a Dios das un amor que a mí me debes,
execrando sus leyes sacrosantas,
el rival me declaro del Eterno.   70

El mundo todo contra mí conspira,
y todo me aborrece mortalmente;
yo vuelvo mal por mal, guerra por guerra.
Los monjes que sujeta a mis preceptos
la vil superstición y el fanatismo   75
son con cetro de hierro gobernados;
todos ven en su abad un enemigo.
La penitencia austera, amargo fruto
de desesperación que el pueblo mira
cual dádiva de Dios, y que los Cielos   80
airados en su cólera reparten,
en mi semblante mustio se retrata.
Ceñido de cilicios, soy yo propio
el más crudo enemigo de mí mismo,
y sufro mil tormentos que me impongo.   85
Debajo de mis plantas miro abierto
un abismo de penas y de horrores,
y la muerte afilando su guadaña
amenazarme su tremendo golpe.
Hiere; y descenderé tranquilamente   90
a la mansión eterna del espanto.
¿Del tirano que rige a los mortales
la rabia omnipotente puede acaso
castigarme con penas más horribles?
Allí yo te veré, veré a Heloísa,   95
y aumentará tu vista mi tormento,
tu vista que otro tiempo fue mi gloria.
Mi corazón se oprime; no me es dado
contemplar a mi amada en la desdicha.
Jehováh, que de contino en balde imploro,   100
si víctima tu saña necesita,
descarga sobre mí: ve aquí mi cuello.
Tú, amada, vuelve al mundo que dejaste;
ve, torna a las pasadas alegrías,
de un esqueleto olvida las memorias,   105
vil juguete de Dios y de los hombres.
Si quieres ser feliz huye del claustro;
renuncia de los votos imprudentes
que no pudiste hacer; rompe tus grillos.

El hombre jamás pierde sus derechos;   110
cobrar la libertad es siempre justo.
  Dios eterno, perdona mis delirios.
Tú me has hecho apurar hasta las heces
el cáliz del dolor y la ignominia;
¿y querrás que mi grito no resuene   115
y que sufra en silencio el crudo azote?
 ¡Oh, cuán tremendo es Dios en sus venganzas,
si no permite al infeliz ni el llanto!
 ¡Oh tú, que en otros tiempos animaste
este cadáver que ante mí contino   120
retrata los horrores de la muerte,
espíritu que habitas las regiones
por siempre impenetrables a los vivos,
ilumina a un mortal extraviado
que confusión y escuridad rodea!   125
¿Qué orden nuevo de cosas nos aguarda
en el reino espantoso de los muertos?
¿La miseria, el dolor, persiguen siempre
a los humanos tristes, y se ceban
en las cenizas yertas del difunto?   130
¿o es la huesa el camino de la dicha?
¿o más bien todo con la vida acaba?
  Perseguido de ideas funerales,
la muerte miro como un trance horrible
que me ha de conducir a nuevas penas.   135
A veces en mis sueños me figuro
que, conducido por un caos inmenso,
soy presentado al trono del Muy Alto,
y el resplandor que en torno le rodea
me hace caer a tierra deslumbrado;   140
que me levanta el rayo fulminante,
y que el ángel tremendo de la muerte
la senda del Averno me señala,
y en la región del luto soy sumido,
condenado a tormentos sempiternos,   145
do son perpetuamente los humanos
víctima de las iras implacables
de un tirano cruel y omnipotente.

D. Leandro Fernández de Moratín. Goya

Academia de Bellas Artes. Madrid

El coloso, o el pánico. Goya

Museo del Prado

Despavorido me despierto, al Cielo,
a ese Cielo de bronce, alzando en balde   150
mis ayes doloridos y profundos.
    ¡Jesús, santo Jesús!, tú que quisiste
morir crucificado entre ladrones;
mártir de la virtud, que el vulgo adora
como deidad, y que venera el sabio   155
como el más santo y justo de los hombres;
que contemplando el orden de los seres
admiras el gran todo, y las flaquezas
del humano linaje compadeces,
que evitó siempre tu virtud severa;   160
si las preces del justo pueden algo
con ese Dios que tú anunciaste al mundo,
suplícale que alivie mis quebrantos;
la desesperación que despedaza
mi corazón, que desvanezca luego   165
un rayo de su gracia poderosa.
¿En qué pudo ofenderle un desdichado
que amaba la virtud, que así le priva
de gozar por jamás algún contento?
Aparta ya, gran Dios, de mí tu soplo,   170
súmeme de una vez en el sepulcro,
y corta el hilo de tan triste vida.
Vosotros, monjes, que he mortificado
hasta haceros la vida detestable,
¿no tomáis la venganza? ¿qué os detiene?   175
¿o queréis que respire en mi despecho?
Vosotros, que el silencio de las celdas,
la soledad medrosa de los claustros
y el lúgubre pavor del cementerio
excita a los proyectos más atroces,   180
espíritus crueles que endurece
contra la humanidad la penitencia:
vosotros, que encendisteis las hogueras
del fanatismo y el puñal agudo
clavasteis en el pecho del hereje,   185
que convertís a Dios a sangre y fuego,
apurad contra mí vuestros horrores.

¿Qué pena da a los monjes un delito?
¿Son éstos, Heloísa, de tu amante
los süaves coloquios? ¿Dó se fueron   190
las deliciosas noches ¡ay! pasadas
en brazos del placer, cuando Heloísa
templaba con sus besos amorosos
el ardor de mi llama? ¡Suerte horrible!
Del deleite supremo el dulce cáliz   195
me dio a gustar natura, porque sienta
el valor infinito de la dicha
y el peso del dolor intolerable
que para siempre morará conmigo.

   Ya no invoco la muerte, que huye lejos   200
del mísero que vive en los ultrajes.
Ni el cuchillo cruel de mis verdugos,
ni mis suplicios, ni mi austera vida,
ni mi ayuno continuo, ni mis duelos:
nada basta a arrojarme en la fría tumba.   205
Las sombras pavorosas de los muertos
rondan en derredor de mí contino,
y a habitar me convidan sus mansiones;
en balde; que el destino aborrecido
me tiene fijo a la enemiga tierra,   210
y huye la muerte cuando yo la toco.

   ¡Oh Señor! ¿para cuándo señalaste
el término a mis días tan ansiado?
¿Me has de dejar sufrir eternamente?
¿O quieres que publique tus loores   215
de la horrible desgracia perseguido?
Quebranta las cadenas que sujetan
mi cuello a la pasión; libre me hiciste,
tórname en libertad, tu don conserva.

   Amada, oyó mis votos el Eterno.   220
La dulce calma vuelve a mis sentidos.
Ya va a herirme la muerte, y ya el descanso
de mis fatigas acercarse miro.
En el seno de un Dios, de un padre amante
de sus criaturas, las delicias todas   225
me aguardan de consuno; que en tus brazos

solamente gusté su vana sombra.
Aquí de los humanos los delirios
desparecen por siempre; un Dios piadoso
perdona a los errores invencibles   230
que graba la crianza en nuestras almas.
Felicidad y dicha inalterable
habitan las regiones fortunadas,
que de monstruos horrendos puebla el hombre.
Aquí nos hallaremos, Heloísa,   235
y nuestras almas con amor más tierno
se estrecharán en lazo indisoluble.
Vive feliz, y piensa en tu Abaelardo;
tu amor causó sus glorias y sus penas,
y ni en la postrer hora te ha olvidado.   240

JUAN BAUTISTA ARRIAZA Y SUPERVIELA

Nació en Madrid el 27 de febrero de 1770. Siguió las carreras de marino y diplomático, gozando del favor de Fernando VII. Empezó a publicar sus versos en 1796. Se pronunció contra lo que llamaba *filosofismo,* es decir, "cierto estilo declamatorio, un tono sentencioso, un empeño de derramar la moral cruda"; e igualmente condenó las silvas y el verso suelto. Murió en Madrid el 22 de enero de 1837.

Ediciones

Poesías líricas. 2 vols. Madrid: Imprenta Real, 1829.
Poesías líricas. 2 vols. París: Librería de Rosa, 1834.
BAE, LXVII.

Sigo la edición de 1829, última que cuidó el propio autor.

LA FLOR TEMPRANA

Suele tal vez, venciendo los rigores
del crudo invierno y la opresión del hielo,
un tierno almendro desplegar al cielo
la bella copa engalanada en flores;
    mas ¡ay! que en breve vuelve a sus furores   5
el cierzo frío, y con funesto vuelo
del ufano arbolillo arroja al suelo
las delicadas hojas y verdores.
    Si tú lo vieras, Silvia, "¡Oh pobre arbusto",
dijeras con piedad, "la suerte impía   10
no te deja gozar ni un breve gusto!"
    Pues repítelo, ingrata, cada día;
que el cierzo frío es tu rigor injusto,
y el triste almendro la esperanza mía.

EL PROPÓSITO INÚTIL

Ardí de amor por la voluble Elfrida,
y ella en mi incendio se mostró abrasar;
burló mi fe, pero sanó mi herida:
Amor, Amor, no quiero más amar.
    Amar al uso es conservar su calma   5
y en falso labio la pasión mostrar;
y pues amar y abandonar el alma
no se usa ya, no quiero más amar.
    Díceme Amor: "¿Qué miedo te importuna?
Tus dichas yo me ocuparé en colmar,   10
pues las tres Gracias voy a unirte en una."
No importa, Amor; no quiero más amar.
    Luego a mis ojos se ofreció Delina
cual sólo Amor se la acertó a idear;
yo digo al verla: "Es en verdad divina";   15
pero yo, en fin, no quiero más amar.
    Es a su lado pálida la rosa,

triste el lucero que preside al mar;
de incautas almas perdición forzosa;
mas yo ¡ay Amor! no quiero más amar.   20
   Se ven las flores, por besar su planta
cuando ella baila, la cabeza alzar;
se escucha a Erato [150] si mis versos canta;
mas yo ¡ay de mí! no quiero más amar.
   De mil amantes la veré seguida;   25
que ni aun sus dichas me darán pesar;
y en celebrarla he de pasar mi vida;
mas basta así; no quiero más amar.
   "Síguela pues", me dice el niño ciego;
"sin riesgo puedes de su luz gozar;   30
que si te acercas, por descuido, al fuego,
yo gritaré: 'No quiero más amar'."
   Necio de mí, que con acción sumisa
a los pies de ella me dejé arrastrar,
sin ver de Amor la maliciosa risa   35
al yo decir: "No quiero más amar."
   Ya por instantes en mi incauto pecho
la llama antigua crece sin cesar;
mas ¡ay Delina! el mal era ya hecho;
que haberte visto es empezarte a amar.   40

A UNOS AMIGOS QUE LE RECONVENÍAN
SOBRE SU OLVIDO DE LA POESÍA

   Ceden del tiempo a la voraz corriente
recias pilastras y columnas duras,
las cúpulas rindiendo que seguras
se sustentaban en su excelsa frente.
   Caduco desde el Líbano eminente   5
baja el añoso cedro a las llanuras,
ayer frondoso adorno en las alturas,
hoy triste cebo en el hogar ardiente.

150 Musa de la poesía erótica.

Contra la destrucción tampoco abrigos
halló mi musa; que si busca ansiosa   10
versos que ya la esquivan enemigos,
    sólo a ofrecer se atreve, afectüosa,
verdad, y no ilusión, a mis amigos;
caricias, no cantares, a mi esposa.

A LA BELLA MADRE DE UN HERMOSO NIÑO

ODA SÁFICA

¿Qué niño es ése que en su faz de rosa
los rasgos guarda de la tuya impresos,
que en ese seno agitador reposa,
y el néctar bebe de tus dulces besos?
    Hay quien le observa una virtud tirana   5
que esclavitud hacia su madre incita;
y "Ése no es", dicen, "criatura humana,
sino el Amor, que con su madre habita."
    Que está sin venda, porque la ha arrojado,
de tus encantos para ser testigo;   10
sin flechas ni alas, por haber jurado
no más vagar, sino vivir contigo.
    Otros al verle tan amable, al paso
que no lo cubren más gentil los cielos,
la gloria niegan al feliz acaso   15
de obra que tanto te debió en desvelos.
    Tú embebecida lo oyes, y te places
de ver cuál vaga el pensamiento ansioso
de los desvelos con que amable le haces,
hasta el desvelo en que le hiciste hermoso.   20
    Tu sexo un día se verá prendado
de tantas gracias que tu afán le presta,
y nuestro sexo quedará vengado
de los suspiros que su madre cuesta.

LA FUNCIÓN DE VACAS

Grande alboroto, mucha confusión,
voces de "Vaya" y "Venga el boletín",
gran prisa por sentarse en un tablón,
mucho soldado sobre su rocín;
ya se empieza el magnífico pregón,   5
ya hace señal Simón con el clarín,
el pregonero grita: "Manda el Rey",
todo para anunciar que sale un buey.

Luego el toro feroz sale corriendo
(pienso que más de miedo que de ira);   10
todo el mundo al mirarle tan tremendo,
ligero hacia las vallas se retira;
párase en medio el buey, y yo comprendo
del ceño con que a todas partes mira
que iba diciendo en sí el animal manso: 15
"Por fin, aquí me matan y descanso."

Sale luego a echar plantas a la plaza
un jaque presumido de ligero;
zafio, torpe, soez, y con más traza
de mozo de cordel que de torero;   20
vase acercando al toro con cachaza;
mas no bien llega a ver que el bruto fiero
parte tras él furioso como un diablo,
vuelve la espalda y dice: "Guarda, Pablo."

Síguese a tan gloriosa maravilla   25
un general aplauso de la gente;
uno le grita: "Corre, que te pilla";
otro le dice: "Bárbaro, detente."
Y al escuchar lo que el concurso chilla,
iba diciendo el corredor valiente: 30
"¿Para qué os quiero, pies? dadme socorro.
¿No es corrida de bestias? Pues yo corro."

A las primeras vueltas ya se halla
el toro solo en medio de la arena;
por no saber qué hacerse, va a la valla,   35
a ver si en algún tonto el cuerno estrena;

mas desde allí la tímida canalla,
que estando en salvo de valor se llena,
al pobre buey ablandan el cogote,
unos con pincho, y otros con garrote.   40
   En esto, con su capa colorada
sale a la plaza un malcarado pillo;
puesto en jarras, la vista atravesada,
y escupiendo al través por el colmillo,
dice con una voz agacharada: [151]   45
"Echen, échenme acá el animalillo";
mas viene el buey; él piensa que le atrapa;
quiere echarle la capa, pero escapa.
   Hecha al fin la señal de retirada,
que en otras partes suele ser de entierro,   50
pues muere el animal de una estocada
o a las furiosas presas de algún perro,
sale el manso y pastor de la vacada,
y al reclamo del áspero cencerro,
la plaza al punto el buey desembaraza,   55
quedando otros más bueyes en la plaza.

---

[151] No he podido encontrar esta palabra en ningún diccionario.
¿Tendrá que ver con el verbo *cachar* 'hacer cachos o pedazos una
cosa' (R.A.E.), o con la frase *¡Ánimo a las gachas!* "con que se
alienta a alguno a ejecutar alguna cosa, por lo regular difícil o
trabajosa" *(Dicc. Aut.)*?

MANUEL JOSÉ QUINTANA

Nació en Madrid el 11 de abril de 1772. Estudió derecho en Salamanca y ejerció la abogacía en Madrid. Siguiendo la dirección iniciada por Jovellanos, cultivó con preferencia la poesía seria; y más tarde se enorgulleció de haber lanzado rayos "al opresor de Europa / en ecos antes no usados / de las Musas españolas". En 1814 ingresó en la Real Academia Española y en la de San Fernando. Durante la Guerra de la Independencia había militado en el ala liberal del partido antibonapartista, y sufrió las consiguientes persecuciones bajo Fernando VII. Después de la muerte de este monarca recibió honores de toda clase, entre ellos el incluírsele en vida en la *Biblioteca de Autores Españoles* y el ser laureado por Isabel II en 1855. Quintana murió en Madrid el 11 de marzo de 1857.

EDICIONES

Poesías. Madrid: Imprenta Real, 1802.

Poesías patrióticas. Madrid: Imprenta Real, 1808.

Poesías. Nueva edición aumentada y corregida. Madrid: Imprenta Nacional, 1813.

Poesías. Tercera edición aumentada y corregida. Madrid: Imprenta Nacional, 1821.

Obras completas (BAE, XIX). Madrid, 1852.

BAE, LXVII.

Obras completas. 3 vols. Madrid, 1897-1898.

Poesías, ed. Narciso Alonso Cortés. Madrid: Clásicos Castellanos, 1937.

Poesías completas, ed. Albert Dérozier. Madrid: Editorial Castalia, 1969. [Esta edición contiene también un estudio y una nutrida bibliografía.]

ESTUDIOS

Dérozier, Albert. *Manuel Josef Quintana et la naissance du libéralisme en Espagne.* (Annales littéraires de l'Université de Besançon, vol. 95.) París, 1968.

Menéndez Pelayo, Marcelino. "Quintana considerado como poeta lírico", en *Estudios y discursos de crítica histórica y literaria,* IV (vol. IX de la ed. nacional de *Obras completas,* Santander, 1942), 229-260.

Mérimée, E[rnest]. "Les poésies lyriques de Quintana". *Bulletin Hispanique,* IV (1902), 119-153.

Monguió, Luis. "Don Manuel José Quintana y su oda: 'A la Expedición Española para propagar la vacuna en América'." *Boletín del Instituto Riva Agüero,* N.º 3, (1956-57), pp. 175-184. Reimpreso en el libro del autor, *Estudios sobre literatura hispanoamericana y española.* Méjico, 1958, pp. 131-141.

Pageaux, Daniel-Henri. "La genèse de l'œuvre poétique de M. J. Quintana". *Revue de Littérature Comparée,* XXXVII (1963), pp. 227-267.

Piñeyro, Enrique. *Manuel José Quintana (1772-1857). Ensayo crítico y biográfico.* Chartres, 1892.

Sebold, Russell P. " 'Siempre formas en grande modeladas': Sobre la visión poética de Quintana", en *Homenaje a Rodríguez-Moñino: Estudios de erudición que le ofrecen sus amigos o discípulos hispanistas norteamericanos.* Madrid: Editorial Castalia, 1966. Tomo II, páginas 177-184. Reimpreso en el libro del autor, *El rapto de la mente: Poética y poesía dieciochescas.* Madrid, 1970, pp. 221-233.

Sigo la edición de Dérozier.

A LA INVENCIÓN DE LA IMPRENTA

¿Será que siempre la ambición sangrienta
o del solio el poder pronuncie sólo
cuando la trompa de la fama alienta
vuestro divino labio, hijos de Apolo?
¿No os da rubor? El don de la alabanza,   5
la hermosa luz de la brillante gloria
¿serán tal vez del nombre a quien daría
eterno oprobio o maldición la historia?
¡Oh!, despertad: el humillado acento
con majestad no usada   10
suba a las nubes penetrando el viento;
y si queréis que el universo os crea
dignos del lauro en que ceñís la frente,
que vuestro canto enérgico y valiente
digno también del universo sea.   15

No los aromas del loor se vieron
vilmente degradados
así en la Antigüedad: siempre las aras
de la invención sublime,
del Genio bienhechor los recibieron.   20
Nace Saturno, y de la madre tierra
el seno abriendo con el fuerte arado,
el precioso tesoro
de vivífica mies descubre al suelo,
y grato el canto le remonta al cielo,   25
y dios le nombra de los siglos de oro.
¿Dios no fuiste también tú, que allá un día
cuerpo a la voz y al pensamiento diste,
y trazándola en letras detuviste
la palabra veloz que antes huía? [152]   30

152 En la ed. de 1802 de sus *Poesías* Quintana anota aquí: "La
ocasión de haberse compuesto este ensayo poético en elogio de la invención de la imprenta fue haber leído las líneas siguientes en el
artículo *Arte* de la Enciclopedia: 'Hagamos en fin a los artistas la
justicia que se les debe. Bastante se han cantado a sí mismas las
artes liberales; ellas podrían ya emplear su voz en celebrar a las ar-

Sin ti se devoraban
los siglos a los siglos, y a la tumba
de un olvido eternal yertos bajaban.
Tú fuiste: el pensamiento
miró ensanchar la limitada esfera   35
que en su infancia fatal le contenía.
Tendió las alas, y arribó a la altura,
de do escuchar la edad que antes viviera,
y hablar ya pudo con la edad futura.
¡Oh, gloriosa ventura!   40
Goza, Genio inmortal, goza tú solo
del himno de alabanza y los honores
que a tu invención magnífica se deben:
contémplala brillar; y cual si sola
a ostentar su poder ella bastara,   45
por tanto tiempo reposar Natura
de igual prodigio al universo avara.

Pero al fin sacudiéndose, otra prueba
la plugo hacer de sí, y el Rin helado
nacer vio a GUTTEMBERG. "¿Conque es en vano   50
que el hombre al pensamiento
alcanzase escribiéndole a dar vida,
si desnudo de curso y movimiento
en letargosa oscuridad se olvida?
No basta un vaso a contener las olas   55
del férvido Oceano,
ni en sólo un libro dilatarse pueden
los grandes dones del ingenio humano.
¿Qué les falta? ¿Volar? Pues si a Natura
un tipo basta a producir sin cuento   60
seres iguales, mi invención la siga;

---

tes mecánicas, y en sacarlas del olvido donde las preocupaciones
las han tenido tanto tiempo'. "Con efecto, además de la invención de la imprenta, que ofrece otros mil aspectos por donde poder
considerarse, la de la pólvora, la de la aguja náutica, y algunas
otras, son óbjetos que pueden enriquecer la Poesía de una infinidad
de bellezas originales."

que en ecos mil y mil sienta doblarse
una misma verdad, y que consiga
las alas de la luz al desplegarse".

Dijo, y la Imprenta fue; y en un momento   65
vieras la Europa atónita, agitada
con el estruendo sordo y formidable
que hace sañudo el viento
soplando el fuego asolador que encierra
en sus cavernas lóbregas la tierra.   70
¡Ay del alcázar que al error fundaron
la estúpida ignorancia y tiranía!
El volcán reventó, y a su porfía
los soberbios cimientos vacilaron.
¿Qué es del monstruo, decid, inmundo y feo   75
que abortó el dios del mal, y que insolente
sobre el despedazado Capitolio
a devorar el mundo impunemente
osó fundar su abominable solio?

Dura, sí; mas su inmenso poderío   80
desplomándose va; pero su ruina
mostrará largamente sus estragos.
Así torre fortísima domina
la altiva cima de fragosa sierra;
su albergue en ella y su defensa hicieron   85
los hijos de la guerra,
y en ella su pujanza arrebatada
rugiendo los ejércitos rompieron.
Después abandonada,
y del silencio y soledad sitiada,   90
conserva, aunque ruinosa, todavía
la aterradora faz que antes tenía.
Mas llega el tiempo, y la estremece, y cae;
cae, los campos gimen
con los rotos escombros, y entretanto   95
es escarnio y baldón de la comarca
la que antes fue su escándalo y espanto.

Tal fue el lauro primero que las sienes
ornó de la razón, mientras osada,
sedienta de saber la inteligencia,   100
abarca el universo en su gran vuelo.
Levántase Copérnico hasta el cielo,
que un velo impenetrable antes cubría,
y allí contempla el eternal reposo
del astro luminoso   105
que da a torrentes su esplendor al día.
Siente bajo su planta Galileo
nuestro globo rodar; la Italia ciega
le da por premio un calabozo impío,
y el globo en tanto sin cesar navega   110
por el piélago inmenso del vacío.
Y navegan con él impetüosos,
a modo de relámpagos huyendo,
los astros rutilantes; mas lanzado
veloz el genio de Newton tras ellos,   115
los sigue, los alcanza,
y a regular se atreve
el grande impulso que sus orbes mueve.

"¡Ah! ¿Qué te sirve conquistar los cielos,
hallar la ley en que sin fin se agitan   120
la atmósfera y el mar, partir los rayos
de la impalpable luz, y hasta en la tierra
cavar y hundirte, y sorprender la cuna
del oro y del cristal? Mente ambiciosa,
vuélvete al hombre". Ella volvió, y furiosa   125
lanzó su indignación en sus clamores.
"¡Conque el mundo moral todo es horrores!
¡Conque la atroz cadena
que forjó en su furor la tiranía,
de polo a polo inexorable suena,   130
y los hombres condena
de la vil servidumbre a la agonía!
¡Oh!, no sea tal". Los déspotas lo oyeron,
y el cuchillo y el fuego a la defensa
en su diestra nefaria apercibieron.   135

¡Oh, insensatos! ¿Qué hacéis! Esas hogueras
que a devorarme horribles se presentan
y en arrancarme a la verdad porfían,
fanales son que a su esplendor me guían,
antorchas son que su victoria ostentan.   140
En su amor anhelante
mi corazón extático la adora,
mi espíritu la ve, mis pies la siguen.
No: ni el hierro ni el fuego amenazante
posible es ya que a vacilar me obliguen.   145
¿Soy dueño, por ventura,
de volver el pie atrás? Nunca las ondas
tornan del Tajo a su primera fuente
si una vez hacia el mar se arrebataron:
las sierras, los peñascos su camino   150
se cruzan a atajar; pero es en vano,
que el vencedor destino
las impele bramando al Oceano.

Llegó, pues, el gran día
en que un mortal divino, sacudiendo   155
de entre la mengua universal la frente,
con voz omnipotente
dijo a la faz del mundo: "EL HOMBRE ES LIBRE."
Y esta sagrada aclamación saliendo,
no en los estrechos límites hundida   160
se vio de una región: el eco grande
que inventó GUTTEMBERG la alza en sus alas;
y en ellas conducida
se mira en un momento
salvar los montes, recorrer los mares,   165
ocupar la extensión del vago viento,
y sin que el trono o su furor la asombre,
por todas partes el valiente grito
sonar de la razón: "LIBRE ES EL HOMBRE."

Libre, sí, libre; ¡oh dulce voz! Mi pecho   170
se dilata escuchándote y palpita,
y el numen que me agita,

de tu sagrada inspiración henchido,
a la región olímpica se eleva,
y en sus alas flamígeras me lleva.   175
¿Dónde quedáis, mortales
que mi canto escucháis? Desde esta cima
miro al destino las ferradas puertas
de su alcázar abrir, el denso velo
de los siglos romperse, y descubrirse   180
cuanto será. ¡Oh placer! No es ya la tierra
ese planeta mísero en que ardieron
la implacable ambición, la horrible guerra.

Ambas gimiendo para siempre huyeron,
como la peste y las borrascas huyen   185
de la afligida zona que destruyen,
si los vientos del polo aparecieron.
Los hombres todos su igualdad sintieron,
y a recobrarla las valientes manos
al fin con fuerza indómita movieron.   190
No hay ya, ¡qué gloria!, esclavos ni tiranos;
que amor y paz el universo llenan,
amor y paz por dondequier respiran,
amor y paz sus ámbitos resuenan.
Y el Dios del bien sobre su trono de oro   195
el cetro eterno por los aires tiende;
y la serenidad y la alegría
al orbe que defiende
en raudales benéficos envía.

¿No la veis? ¿No la veis? ¿La gran coluna,   200
el magnífico y bello monumento
que a mi atónita vista centellea?
No son, no, las pirámides que al viento
levanta la miseria en la fortuna
del que renombre entre opresión granjea.   205
Ante él por siempre humea
el perdurable incienso
que grato el orbe a GUTTEMBERG tributa,
breve homenaje a su favor inmenso.

¡Gloria a aquél que la estúpida violencia   210
de la fuerza aterró, sobre ella alzando
a la alma inteligencia!
¡Gloria al que, en triunfo la verdad llevando,
su influjo eternizó libre y fecundo!
¡Himnos sin fin al bienhechor del mundo!   215

EL PANTEÓN DEL ESCORIAL

En los amargos días
que serán luto eterno en la memoria,
y a los siglos remotos indignada
con hiel y llanto pintará la historia;
cuando después de reluchar en vano   5
con la dura opresión en que gemía,
la tierra, sin aliento, al yugo indigno
el cuello pusilánime tendía;
al tiempo que el destino
las espantosas puertas desquiciando   10
del imperio del mal, sus plagas todas
sobre España lanzaba,
y ella míseramente agonizaba;
yo entonces afligido,
"Pide", dije a mi espíritu, "sus alas   15
a la paloma tímida, inocente;
tómalas, vuela, y huye a los desiertos,
y vive allí de la injusticia ausente."

Al punto presurosas
mis plantas se alejaron   20
a las sierras nevadas y fragosas,
lindes eternos de las dos Castillas.
Ya sus cimas hermosas
mi pensamiento alzaban
del fango en que tú ¡oh corte! nos humillas,   25
cuando mis ojos la mansión descubren
que en destinos contrarios
es palacio magnífico a los reyes

y albergue penitente a solitarios.
En vano el Genio imitador su gloria   30
quiso allí desplegar, negando el pecho
a la orgullosa admiración que inspira.
"¡Artes brillantes", exclamé con ira,
"será que siempre esclavas
os vendáis al poder y a la mentira!   35
¿Qué vale ¡oh Escorial! que al mundo asombres
con la pompa y beldad que en ti se encierra,
si al fin eres padrón sobre la tierra
de la infamia del arte y de los hombres?

   "¡Mas no es tumba también!..." Y en esta idea   40
embebecido el pensamiento mío,
quise al recinto penetrar, en donde
bajo eterno silencio y mármol frío
la muerte a nuestros príncipes esconde.
¡Salud, célebres urnas! En el oro,   45
en las pomposas letras que os coronan,
decidme, ¿qué anunciáis? ¿Tal vez memorias,
memorias, ¡ay!, en que la mente opresa
con el dolor presente
pueda aliviarse al contemplar las glorias   50
que un tiempo ornaban la española gente?
¡Sepulcros, responded!... Y de repente
vuélvense de la bóveda las puertas
sobre el sonante quicio estremecido:
la antorcha muere que mis plantas guía,   55
y embargado el sentido,
mil terribles imágenes se ofrecen
a mi atemorizada fantasía.

   Tú, que ciñendo de laurel la frente,
con austero semblante   60
y en perdurable verso
presentas la verdad al universo,
sin que el halago pérfido te vicie
ni el ceño de los déspotas te espante:
¡oh, Musa del saber! mi voz te implora;   65

ven, desata mi labio, en digno acento
dame que pueda revelar ahora
lo que vi, lo que oí, cuanto escondido,
sin que los hombres a entenderlo aspiren,
yace allí entre las sombras y el olvido.   70

Un alarido agudo, lastimero,
el silencio rompió que hondo reinaba,
mientras las urnas lánguida alumbraba
pálida luz de fósforo ligero.
Levanto al grito la aterrada frente,   75
y en medio de la estancia pavorosa
un joven se presenta augusto y bello.
En su lívido cuello
del nudo atroz que le arrancó la vida
aún mostraba la huella sanguinosa;   80
y una dama a par de él también se vía,
que, a fuer de astro benigno, entre esplendores
con su hermosura celestial sería
del mundo todo adoración y amores.
"¿Quién sois?" iba a decir, cuando a otra parte   85
alzarse vi una sombra, cuyo aspecto
de odio a un tiempo y horror me estremecía.
El insaciable y velador cuidado,
la sospecha alevosa, el negro encono,
de aquella frente pálida y odiosa   90
hicieron siempre abominable trono.
La aleve hipocresía,
en sed de sangre y de dominio ardiendo,
en sus ojos de víbora lucía;
el rostro enjuto y míseras facciones   95
de su carácter vil eran señales,
y blanca y pobre barba las cubría
cual yerba ponzoñosa entre arenales.

Los dos al verle con dolor gimieron;
paráronse, y el joven indignado,   100
"¿Qué te hicimos?, ¡oh bárbaro!" exclamaba;
"¿Conoces a tus víctimas?" "Respeta",

dijo el espectro, "a quien el ser debiste;
por el bien del Estado al fin moriste.
Resígnate."

El Príncipe Carlos

"¡Oh hipócrita! La sombra   105
de la muerte te oculta, ¿y aún pretendes
fascinar, engañar? Cuando asolados
por tu superstición reinos enteros
yo los osé compadecer, tú entonces
criminal me juzgaste, y al sepulcro   110
me hiciste descender. Mas si en el pecho
de un hijo del fanático Felipe
no pudo sin delito haber clemencia,
¿cuál fue, responde, la secreta culpa
de esta infeliz para morir conmigo?   115
Ni su sangre real, ni el ser tu esposa,
ni su noble candor, ni su hermosura,
de ti pudieron guarecerla."
                              Un hondo
gemido entonces penetró los aires,
que al desplegar sus labios dio la triste.   120

Isabel de Valois o de la Paz

"¡Ay", prorrumpió, "de la que nace hermosa!
¿Qué la valdrá que en su virtud confíe,
si la envidia en su daño no reposa
y la calumnia hiriéndola se ríe?
Yo di al mundo la paz, PAZ me nombraron.   125
Quise al cruel que se llamó mi esposo
un horror impedir, y éste es mi crimen.
Pedí por ti con lágrimas; mis ruegos,
cual si de un torpe amor fuesen nacidos,
irritaron su mente ponzoñosa.   130
La vil sospecha aceleró el castigo,

y sin salvarte, perecí contigo.
¡Ay, infeliz de la que nace hermosa!"

Dijo; y vertiendo lastimoso llanto,
en los hombros del joven reclinada,   135
sus ojos melancólicos y bellos
fijaba en él, y la amistad más viva,
la más noble piedad, reinaba en ellos.
Entre sus manos frías
se miraba la copa envenenada   140
que terminó sus días,
y el Príncipe en las suyas agitando
un sangriento dogal, con faz terrible
a su bárbaro padre atormentaba.
El tirano temblaba; en sordos ecos   145
desesperados ayes
su boca despedía,
y de sus miembros trémulos
en convulsiones hórridas
brotaba a su despecho la agonía.   150
Sí: nacer para el mal, romperse el velo
de la ilusión que arrebató hacia el crimen,
presentes ver las víctimas que gimen,
ser odio, execración del universo,
mirar que niega la implacable suerte   155
todo retorno al bien: ¡ay!, al perverso
este infierno tal vez en vida alcanza;
si aún le sigue a los reinos de la muerte,
¡qué terrible, oh virtud, es tu venganza!

Sobrepujando, en fin, por un momento   160
la agitación, y vuelto hacia su hijo:

Felipe II

"Cesa, cruel, de atormentarme", dijo;
"tu muerte injusta fue; pero el Estado
con ella respiró. Si tú vivieras,

rota la paz, turbada la armonía 165
de un imperio hasta allí quieto y sereno,
tú profanaras su inocente seno
con la atroz sedición, con la herejía."

El Príncipe Carlos

"Mandar, sólo mandar, que se estremezca
la tierra a vuestro arbitrio, éste es el orden, 170
ésta la ley con que regís al mundo
tú y tus iguales, y al ahogar la vida
de las naciones míseras que os sirven,
dais el nombre de paz al desaliento
de la devastación. ¡Oh, de Felipe 175
hijos, nietos imbéciles, decidle
qué resta ya de la nación que un tiempo
al mundo dominó como señora.
Alzaos del polvo, y respondedle ahora."

A los tremendos ecos 180
de la imperiosa voz, que resonando
fue como trueno bronco por los huecos
de aquellas tumbas, de repente abiertos,
sus mármoles tres sombras abortaron,
que en vez de amor u horror, desprecio sólo, 185
impiedad injuriosa me inspiraron.
Alzaba al cielo sin cesar los ojos
con apariencia mística el primero,
dejando el cetro en tanto por despojos
a un mercenario vil, cuya avaricia 190
mientras más atesora, más codicia.
En juegos, danzas, farsas distraído,
y al crótalo procaz dando el oído,
el segundo se entrega a los placeres
y el reino y el deber pone en olvido. 195
Trémulo el otro respiraba apenas.
¡Oh, Dios! ¿Y esto era rey a tanto imperio?
Nulo igualmente a la virtud que al vicio,

indigno de alabanza o vituperio,
la estrella ingrata que su ser gobierna   200
le destinó en el mundo
a impotencia oprobiosa, a infancia eterna.

    Violos Felipe, y en aquel momento
lució en su faz la majestad pasada;
violos, y dijo:

Felipe II

        "¿Quiénes sois? ¿Qué hicisteis   205
del inmenso poder que se extendía
con pasmo universal de polo a polo?
Tal os le di muriendo. Al nombre hispano,
a su esplendor y bélica fortuna
tembló el francés, se estremeció el britano   210
y le oyó con terror la Media Luna."

Felipe III

    "Yo nací para orar: un solo día
quise mostrarme rey, y de sus lares
a las arenas líbicas lanzados
un millón de mis súbditos se vieron.   215
Los campos todos huérfanos gimieron,
llora la industria su viudez; ¿qué importa?
Su voz no llegó a mí."

Felipe IV

        "Ya el trono de oro,
que a tanto afán alzaron mis abuelos,
debajo de mis pies se derrocaba,   220
mientras que embebecido entre festines
yo, olvidando mi oprobio, respiraba
el aura del deleite en los jardines."

Carlos II

"Yo inútil…"

Felipe II

"Basta ya: ¿quién hay que al verte
pueda ignorar la deplorable suerte   225
de este imperio, en tus manos moribundo?"

El Príncipe Carlos

"Aún no basta; responde: ¿a quién el mundo
te vio dejar el vacilante trono?
¿A quién diste el poder de Austria?"

Carlos II

"A la Francia."

Felipe II

"¡A la Francia! A esa gente abominable,   230
eterno horror de la familia mía!
¿Lo oyes, oh, padre? Las legiones fieras
que en San Quintín triunfaron y en Pavía,
bajo el yugo se ven de los vencidos.
¿Cómo España es tan vil que lo consiente?   235
No hay duda: un astro pérfido, inclemente,
se ha complacido en eclipsar mi nombre,
y el mundo en vano me llamó *el Prudente*."

Así en estos inútiles clamores
su confusión frenético exhalaba,   240
cuando las losas del sepulcro hendiendo,
se vio un espectro augusto y venerable,

que a los demás en majestad vencía.
El águila imperial sobre él tendía
para dosel sus alas esplendentes,   245
y en arrogante ostentación de gloria
entre sus garras fieras y valientes
el rayo de la guerra arder se vía
y el lauro tremolar de la victoria.
Un monte de armas rotas y banderas   250
de bélicos blasones
ante sus pies indómitos yacía,
despojos que a su esfuerzo las naciones
vencidas, derrotadas, le rindieron.
Las sombras a su aspecto enmudecieron;   255
y él, con fiero ademán vuelto al tirano,
dijo:

Carlos V

    "¿Por qué culpar a las estrellas
de esa mengua cruel? ¿Por qué te olvidas
de tu ambición fanática y sedienta,
que de prudencia el nombre sacrosanto   260
a usurpar se atrevió? Yo los desastres
de España comencé y el triste llanto
cuando, expirando en Villalar Padilla,
morir vio en él su libertad Castilla. [153]
Tú los seguiste, y con su fiel Lanuza   265
cayó Aragón gimiendo. [154] Así arrollados
los nobles fueros, las sagradas leyes
que eran del pueblo fuerza y energía,
¿quién, insensato, imaginar podría
que en sí abrigando corazón de esclavo,   270
señor gran tiempo el español sería?

153 Juan de Padilla, jefe de los comuneros de Castilla que se
alzaron contra Carlos V, fue ajusticiado después de su derrota en
Villalar en 1521.
154 Juan de Lanuza, justicia mayor de Aragón y defensor de Antonio Pérez contra los inquisidores y Felipe II, murió ajusticiado
en 1592.

¿Qué importaba después con la victoria
dorar la esclavitud? Esos trofeos
comprados fueron ya con sangre y luto
de la despedazada monarquía.   275
Mírala entre ellos maldecirme a gritos."

Y era así; que agobiada con el peso
de tanto triunfo, allí se querellaba
doliente y bella una mujer, y en sangre
toda la pompa militar manchaba.   280
Él prosiguió:

Carlos V

"¿Las oyes? Esas voces
de maldición y escándalo sonando
de siglo en siglo irán, de gente en gente.
Yo el trono abandoné, te cedí el mando,
te vi reinar... ¡Oh, errores! ¡Oh, imprudente   285
temeridad! ¡Oh, míseros humanos!
Si vosotros no hacéis vuestra ventura,
¿la lograréis jamás de los tiranos?"

Llegaba aquí, cuando de la alta sierra
bramador huracán fue sacudido,   290
de tempestad horrísona asistido,
para espantar y combatir la tierra.
Derramóse furioso por los senos
del edificio; el Panteón temblaba;
la esfera toda se asordaba a truenos;   295
a su atroz estampido
de par en par abiertas
fueron de la honda bóveda las puertas;
entraron los relámpagos, su lumbre
las sombras disipó, y enmudecido   300
y envuelto yo en pavor, cobro el sentido,
cual si con tanta majestad quisiera
solemnizar el cielo
la terrible lección que antes me diera.

A LA EXPEDICIÓN ESPAÑOLA
PARA PROPAGAR LA VACUNA EN AMÉRICA
BAJO LA DIRECCIÓN DE DON FRANCISCO BALMIS

¡Virgen del mundo, América inocente!
Tú, que el preciado seno
al cielo ostentas de abundancia lleno,
y de apacible juventud la frente;
tú, que a fuer de más tierna y más hermosa   5
entre las zonas de la madre tierra
debiste ser del hado,
ya contra ti tan inclemente y fiero,
delicia dulce y el amor primero,
óyeme: si hubo vez en que mis ojos,   10
los fastos de tu historia recorriendo,
no se hinchasen de lágrimas; si pudo
mi corazón sin compasión, sin ira
tus lástimas oír, ¡ah!, que negado
eternamente a la virtud me vea,   15
y bárbaro y malvado,
cual los que así te destrozaron, sea.

Con sangre están escritos
en el eterno libro de la vida
esos dolientes gritos   20
que tu labio afligido al cielo envía.
Claman allí contra la patria mía,
y vedan estampar gloria y ventura
en el campo fatal donde hay delitos.
¿No cesarán jamás? ¿No son bastantes   25
tres siglos infelices
de amarga expiación? Ya en estos días
no somos, no, los que a la faz del mundo
las alas de la audacia se vistieron
y por el ponto Atlántico volaron;   30
aquéllos que al silencio en que yacías,
sangrienta, encadenada, te arrancaron.

"Los mismos ya no sois; pero ¿mi llanto
por eso ha de cesar? Yo olvidaría
el rigor de mis duros vencedores: 35
su atroz codicia, su inclemente saña
crimen fueron del tiempo y no de España.
Mas ¿cuándo, ¡ay, Dios!, los dolorosos males
podré olvidar que aún mísera me ahogan?
Y entre ellos... ¡Ah!, venid a contemplarme,   40
si el horror no os lo veda, emponzoñada
con la peste fatal que a desolarme
de sus funestas naves fue lanzada.
Como en árida mies hierro enemigo,
como sierpe que infesta y que devora,   45
tal su ala abrasadora
desde aquel tiempo se ensañó conmigo.
Miradla embravecerse, y cuál sepulta
allá en la estancia oculta
de la muerte, mis hijos, mis amores.   50
Tened, ¡ay!, compasión de mi agonía,
los que os llamáis de América señores;
ved que no basta a su furor insano
una generación: ciento se traga;
y yo, expirante, yerma, a tanta plaga   55
demando auxilio, y le demando en vano."

Con tales quejas el Olimpo hería,
cuando en los campos de Albión natura
de la viruela hidrópica al estrago
el venturoso antídoto oponía.   60
La esposa dócil del celoso toro
de este precioso don fue enriquecida,
y en las copiosas fuentes le guardaba
donde su leche cándida a raudales
dispensa a tantos alimento y vida.   65
JENNER lo revelaba a los mortales;
las madres desde entonces
sus hijos a su seno
sin susto de perderlos estrecharon,
y desde entonces la doncella hermosa   70

no tembló que estragase este veneno
su tez de nieve y su color de rosa.
A tan inmenso don agradecida,
la Europa toda en ecos de alabanza
con el nombre de JENNER se recrea;   75
y ya en su exaltación eleva altares
donde, a par de sus genios tutelares,
siglos y siglos adorar le vea.

De tanta gloria a la radiante lumbre,
en noble emulación llenando el pecho,   80
alzó la frente un español: "No sea",
clamó, "que su magnánima costumbre
en tan grande ocasión mi patria olvide.
El don de la invención es de Fortuna.
Gócele allá un inglés; España ostente   85
su corazón espléndido y sublime,
y dé a su majestad mayor decoro,
llevando este tesoro
donde con más violencia el mal oprime.
Yo volaré, que un Numen me lo manda,   90
yo volaré; del férvido Oceano
arrostraré la furia embravecida,
y en medio de la América infestada
sabré plantar el árbol de la vida."

Dijo; y apenas de su labio ardiente   95
estos ecos benéficos salieron,
cuando, tendiendo al aire el blando lino,
ya en el puerto la nave se agitaba
por dar principio a tan feliz camino.
Lánzase el argonauta a su destino.   100
Ondas del mar, en plácida bonanza
llevad ese depósito sagrado
por vuestro campo líquido y sereno;
de mil generaciones la esperanza
va allí, no la aneguéis; guardad el trueno,   105
guardad el rayo, y la fatal tormenta
al tiempo en que, dejando

aquellas playas fértiles, remotas,
de vicios y oro y maldición preñadas,
vengan triunfando las soberbias flotas. 110

   A BALMIS respetad. ¡Oh, heroico pecho,
que en tan bello afanar tu aliento empleas!
Ve impávido a tu fin. La horrenda saña
de un ponto siempre ronco y borrascoso,
del vértigo espantoso 115
la devorante boca,
la negra faz de cavernosa roca
donde el viento quebranta los bajeles,
de los rudos peligros que te aguardan
los más grandes no son ni más crueles. 120
Espéralos del hombre: el hombre impío,
encallado en error, ciego, envidioso,
será quien sople el huracán violento
que combata bramando el noble intento.
Mas sigue, insiste en él firme y seguro; 125
y cuando llegue de la lucha el día,
ten fijo en la memoria
que nadie sin tesón y ardua porfía
pudo arrancar las palmas de la gloria.

   Llegas, en fin. La América saluda 130
a su gran bienhechor, y al punto siente
purificar sus venas
el destinado bálsamo; tú entonces
de ardor más generoso el pecho llenas,
y, obedeciendo al Numen que te guía, 135
mandas volver la resonante prora
a los reinos del Ganges y a la Aurora.
El mar del Mediodía
te vio asombrado sus inmensos senos
incansable surcar; Luzón te admira, 140
siempre sembrando el bien en tu camino,
y al acercarte al industrioso chino
es fama que en su tumba respetada
por verte alzó la venerable frente

Confucio, y que exclamaba en su sorpresa: 145
" ¡Digna de mi virtud era esta empresa!"

¡Digna, hombre grande, era de ti! ¡Bien digna
de aquella luz altísima y divina
que en días más felices
la razón, la virtud aquí encendieron!   150
Luz que se extingue ya: BALMIS, no tornes;
no crece ya en Europa
el sagrado laurel con que te adornes.
Quédate allá, donde sagrado asilo
tendrán la paz, la independencia hermosa;   155
quédate allá, donde por fin recibas
el premio augusto de tu acción gloriosa.
Un pueblo, por ti inmenso, en dulces himnos,
con fervoroso celo
levantará tu nombre al alto cielo;   160
y aunque en los sordos senos
tú ya durmiendo de la tumba fría
no los oirás, escúchalos al menos
en los acentos de la musa mía.

A ESPAÑA, DESPUÉS DE LA REVOLUCIÓN DE MARZO [155]

¿Qué era, decidme, la nación que un día
reina del mundo proclamó el destino,
la que a todas las zonas extendía
su cetro de oro y su blasón divino?
Volábase a occidente,   5
y el vasto mar Atlántico sembrado
se hallaba de su gloria y su fortuna.

---

[155] La revolución aludida es la de marzo de 1808, también conocida como Motín de Aranjuez, que derrocando a Carlos IV y a su
privado Godoy, proclamó rey con nombre de Fernando VII al Príncipe de Asturias. Poco después de estos sucesos y de la composición
de la oda de Quintana, ambos monarcas abdicaron ignominiosamente
en Napoleón Bonaparte; y sólo la Guerra de la Independencia, de
la cual este poema es un a manera de preludio y vaticinio, pudo
confirmar en el trono a Fernando *el Deseado*.

Doquiera España: en el preciado seno
de América, en el Asia, en los confines
del África, allí España. El soberano   10
vuelo de la atrevida fantasía
para abarcarla se cansaba en vano;
la tierra sus mineros le rendía,
sus perlas y coral el Oceano,
y dondequier que revolver sus olas   15
él intentase, a quebrantar su furia
siempre encontraba costas españolas.

Ora en el cieno del oprobio hundida,
abandonada a la insolencia ajena,
como esclava en mercado, ya aguardaba   20
la ruda argolla y la servil cadena.
¡Qué de plagas, oh, Dios! Su aliento impuro
la pestilente fiebre respirando,
infestó el aire, emponzoñó la vida;
el hambre enflaquecida   25
tendió sus brazos lívidos, ahogando
cuanto el contagio perdonó; tres veces
de Jano el templo abrimos,
y a la trompa de Marte aliento dimos;
tres veces, ¡ay!, los dioses tutelares   30
su escudo nos negaron y nos vimos
rotos en tierra y rotos en los mares.
¿Qué en tanto tiempo viste
por tus inmensos términos, oh, Iberia?
¿Qué viste ya sino funesto luto,   35
honda tristeza, sin igual miseria,
de tu vil servidumbre acerbo fruto?

Así, rota la vela, abierto el lado,
pobre bajel a naufragar camina,
de tormenta en tormenta despeñado,   40
por los yermos del mar; ya ni en su popa
las guirnaldas se ven que antes le ornaban,
ni en señal de esperanza y de contento
la flámula riendo al aire ondea.

Cesó en su dulce canto el pasajero,   45
ahogó su vocería
el ronco marinero;
terror de muerte en torno le rodea,
terror de muerte silencioso y frío;
y él va a estrellarse al áspero bajío.   50

   Llega el momento, en fin; tiende su mano
el tirano del mundo [156] al occidente,
y fiero exclama: "El occidente es mío."
Bárbaro gozo en su ceñuda frente
resplandeció, como en el seno oscuro   55
de nube tormentosa en el estío
relámpago fugaz brilla un momento,
que añade horror con su fulgor sombrío.
Sus guerreros feroces
con gritos de soberbia el viento llenan;   60
gimen los yunques, los martillos suenan,
arden las forjas. ¡Oh, vergüenza! ¿Acaso
pensáis que espadas son para el combate
las que mueven sus manos codiciosas?
No en tanto os estiméis; grillos, esposas,   65
cadenas son, que en vergonzosos lazos
por siempre amarren tan inertes brazos.

   Estremecióse España
del indigno rumor que cerca oía,
y al grande impulso de su justa saña   70
rompió el volcán que en su interior hervía.
Sus déspotas antiguos
consternados y pálidos se esconden;
resuena el eco de venganza en torno,
y del Tajo las márgenes responden: 75
"¡Venganza!" ¿Dónde están, sagrado río,
los colosos de oprobio y de vergüenza
que nuestro bien en su insolencia ahogaban?
Su gloria fue, nuestro esplendor comienza;

---

156 Napoleón Bonaparte.

y tú, orgulloso y fiero,   80
viendo que aún hay Castilla y castellanos,
precipitas al mar tus rubias ondas,
diciendo: "Ya acabaron los tiranos."

¡Oh, triunfo! ¡Oh, gloria! ¡Oh, celestial momento!
¿Conque puede ya dar el labio mío   85
el nombre augusto de la Patria al viento?
Yo le daré; mas no en el arpa de oro
que mi cantar sonoro
acompañó hasta aquí; no aprisionado
en estrecho recinto, en que se apoca   90
el numen en el pecho
y el aliento fatídico en la boca.
Desenterrad la lira de Tirteo,
y al aire abierto, a la radiante lumbre
del sol, en la alta cumbre   95
del riscoso y pinífero Fuenfría, [157]
allí volaré yo, y allí cantando
con voz que atruene en rededor la sierra,
lanzaré por los campos castellanos
los ecos de la gloria y de la guerra.   100

¡Guerra, nombre tremendo, ahora sublime,
único asilo y sacrosanto escudo
al ímpetu sañudo
del fiero Atila que a occidente oprime!
¡Guerra, guerra, españoles! En el Betis   105
ved del Tercer Fernando alzarse airada
la augusta sombra; su divina frente
mostrar Gonzalo [158] en la imperial Granada;
blandir el Cid su centellante espada,
y allá sobre los altos Pirineos,   110

---

157 Puerto de la Sierra de Guadarrama, con elevación de 1796 metros. Hay también un Cerro de Fuenfría en la Cordillera Carpetana, pero tiene sólo 979 metros de altura, por lo cual prefiero el Puerto a pesar de no ser exactamente *cumbre*.
158 Gonzalo Fernández de Córdoba, *el Gran Capitán,* célebre guerrero que murió en Granada en 1515.

del hijo de Jimena [159]
animarse los miembros giganteos.
En torvo ceño y desdeñosa pena
ved cómo cruzan por los aires vanos;
y el valor exhalando que se encierra   115
dentro del hueco de sus tumbas frías,
en fiera y ronca voz pronuncian: " ¡Guerra!
    " ¡Pues qué! ¿Con faz serena
vierais los campos devastar opimos,
eterno objeto de ambición ajena,   120
herencia inmensa que afanando os dimos?
Despertad, raza de héroes; el momento
llegó ya de arrojarse a la victoria;
que vuestro nombre eclipse nuestro nombre,
que vuestra gloria humille nuestra gloria.   125
No ha sido en el gran día
el altar de la Patria alzado en vano
por vuestra mano fuerte.
Juradlo, ella os lo manda: ¡ANTES LA MUERTE
QUE CONSENTIR JAMÁS NINGÚN TIRANO!"   130

    Sí, yo lo juro, venerables sombras;
yo lo juro también, y en este instante
ya me siento mayor. Dadme una lanza,
ceñidme el casco fiero y refulgente,
volemos al combate, a la venganza,   135
y el que niegue su pecho a la esperanza
hunda en el polvo la cobarde frente.
Tal vez el gran torrente
de la devastación en su carrera
me llevará. ¿Qué importa? ¿Por ventura   140
no se muere una vez? ¿No iré, expirando,
a encontrar nuestros ínclitos mayores?
" ¡Salud, oh padres de la Patria mía",
yo les diré, "salud! La heroica España

---

[159] Al héroe legendario Bernardo del Carpio, supuesto vencedor
de Roldán en Roncesvalles, se le creía hijo de doña Jimena, hermana del rey D. Alfonso II, el Casto, y de Sancho Díaz de Saldaña.

de entre el estrago universal y horrores   145
levanta la cabeza ensangrentada
y, vencedora de su mal destino,
vuelve a dar a la tierra amedrentada
su cetro de oro y su blasón divino."

ALBERTO LISTA Y ARAGÓN

Nació en Sevilla, de familia humilde, el 15 de octubre de 1775. Después de haber apoyado la causa nacional en los comienzos de la Guerra de la Independencia, pasó a colaborar con los invasores y tuvo que emigrar en 1813 a Francia, donde pasó cuatro años. Clérigo, dedicó su vida sobre todo a la enseñanza, en Sevilla y en Madrid. Junto con Blanco, Arjona, Reinosa y otros formó la escuela sevillana de este período. Se distinguió por su culto de la forma. Meléndez influyó en las direcciones de su poesía: la filosófica, expresiva de los ideales de la Ilustración, y la amorosa, que tiende a ser abstracta, llena de lugares comunes. Lista fue académico de la Real Española y de la Historia. Murió en Sevilla el 5 de octubre de 1848.

EDICIONES

Poesías. Madrid: Imprenta de don León Amarita, 1822.
BAE, LXVII.
Poesías inéditas, ed. José María de Cossío. Madrid, 1927.

ESTUDIOS

Clarke, Dorothy C. "On the Versification of Alberto Lista". *The Romanic Review,* XLIII (1952), 109-116.
Juretschke, Hans. *Vida, obra y pensamiento de Alberto Lista.* Madrid, 1951.
Metford, J. C. J. "Alberto Lista and the Romantic Movement in Spain", en E. Allison Peers, ed., *Liverpool Studies in Spanish Literature. First Series: From Cadalso to Rubén Darío.* Liverpool, 1940, pp. 19-43.

Sigo las ediciones de 1822 y 1927.

LA MUERTE DE JESÚS

¿Y eres tú el que velando
la excelsa majestad en nube ardiente,
fulminaste en Siná? y el impio bando,
que eleva contra ti la osada frente,
¿es el que oyó medroso   5
de tu rayo el estruendo fragoroso?
    Mas ora abandonado
¡ay! pendes sobre el Gólgota, y al cielo
alzas gimiendo el rostro lastimado;
cubre tus bellos ojos mortal velo,   10
y su luz extinguida,
en amargo suspiro das la vida.
    Así el amor lo ordena,
amor, más poderoso que la muerte;
por él de la maldad sufre la pena   15
el Dios de las virtudes, y león fuerte,
se ofrece al golpe fiero
bajo el vellón de cándido cordero.
    ¡Oh víctima preciosa,
ante siglos de siglos degollada!   20
Aun no ahuyentó la noche pavorosa
por vez primera el alba nacarada,
y hostia del amor tierno
moriste en los decretos del Eterno.
    ¡Ay! ¡quién podrá mirarte,   25
oh paz, oh gloria del culpado mundo!
¿Qué pecho empedernido no se parte
al golpe acerbo del dolor profundo,
viendo que en la delicia
del gran Jehová descarga su justicia?   30
    ¿Quién abrió los raudales
de esas sangrientas llagas, amor mío?
¿quién cubrió tus mejillas celestiales
de horror y palidez? ¿cuál brazo impío
a tu frente divina   35
ciñó corona de punzante espina?

Cesad, cesad, crueles:
al santo perdonad, muera el malvado;
si sois de un justo Dios ministros fieles,
caiga la dura pena en el culpado;   40
si la impiedad os guía
y en la sangre os cebáis, verted la mía.
    Mas ¡ay! que eres tú solo
la víctima de paz que el hombre espera.
Si del oriente al escondido polo   45
un mar de sangre criminal corriera,
ante Dios irritado
no expiación, fuera pena del pecado.
    Que no, cuando del cielo
su cólera en diluvios descendía,   50
y a la maldad que dominaba el suelo
y a las malvadas gentes envolvía,
de la diestra potente
depuso Sabaot su espada ardiente.
    Venció la excelsa cumbre   55
de los montes el agua vengadora:
el sol, amortecida la alba lumbre
que el firmamento rápido colora,
por la esfera sombría
cual pálido cadáver discurría.   60
    Y no el ceño indignado
de su semblante descogió el Eterno.
Mas ya, Dios de venganzas, tu hijo amado,
domador de la muerte y del Averno,
tu cólera infinita   65
extinguir en su sangre solicita.
    ¿Oyes, oyes cuál clama:
"Padre de amor, ¿por qué me abandonaste?"?
Señor, extingue la funesta llama,
que en tu furor al mundo derramaste;   70
de la acerba venganza
que sufre el justo, nazca la esperanza.
    ¿No veis cómo se apaga
el rayo entre las manos del Potente?
Ya de la muerte la tiniebla vaga   75

por el semblante de Jesús doliente,
y su triste gemido
oye el Dios de las iras complacido.
   Ven, ángel de la muerte:
esgrime, esgrime la fulmínea espada,   80
y el último suspiro del Dios fuerte,
que la humana maldad deja expiada,
suba al solio sagrado,
do vuelva en padre tierno al indignado.
   Rasga tu seno, oh tierra;   85
rompe, oh templo, tu velo. Moribundo
yace el Criador; mas la maldad aterra,
y un grito de furor lanza el profundo.
Muere... Gemid, humanos:
todos en él pusisteis vuestras manos.   90

A SILVIO EN LA MUERTE DE SU HIJA

   ¿Y quién podrá, mi Silvio, el lloro triste
a tu lloro negar? Ya de mi pecho
ronco se exhala el canto del gemido;
y en torno vuela a mi enlutada lira
el genio del dolor. ¡Ay! tu alegría   5
se sepultó en las sombras de la tumba!
No darán ya tus paternales labios
el ósculo de amor... Las dulces gracias,
recién sembradas en el rostro hermoso
por la inocencia cándida, volaron   10
ante el helado soplo de la muerte.
Así tal vez la rosa que mecieron
los céfiros de abril destronca impío
el Noto silbador cuando a deshora
de la espumosa Sirte se desata.   15
¡Oh Dorila! ¡oh beldad! ¡oh tierno padre!
¡oh nombre de dolor, que en otro tiempo
tu corazón, mi Silvio, enajenaba
en gozo celestial! Del seno herido
¿quién te podrá arrancar la aguda flecha?   20

Cuando del Betis a la amena orilla
veniste a ser de la injuriada Temis
severo vengador, con triste acento
te anunció lucha eterna contra el crimen
la voz de la amistad. El brazo armado   25
cantó del malhechor, la espada impía
contra el amigo pecho enarbolada,
y la calumnia atroz, que sobre el justo
tiende de la maldad el negro velo.
Mas ¡ay! que no anunció tan cruda pena   30
su profética voz. La Parca esquiva
tu placer acechaba desde el Betis.
¿Cómo despareciste, lumbre clara,
de los paternos ojos, con tu ausencia
a lágrimas sin fin ya condenados?   35
¿Qué nubes te eclipsaron, tierna aurora,
en tu primer albor? Brillaste pura,
como el astro sereno de la tarde
se mece entre los plácidos reflejos
del sol occidental. ¡Ay! luce apenas,   40
y a las mansiones lóbregas de ocaso
baja en curso veloz. ¡Súbita huiste,
y en la noche del túmulo te ocultas!
     No hay más amor, oh Silvio. Aquí encerrados
yacen los tuyos so la losa fría,   45
y eternos yacerán... Gemidos, lloro;
lloro desolador... ¡he aquí tu suerte!
No halagará ya el aura del consuelo
tu frente dolorida; no en tus labios
hallará la amistad blanda sonrisa.   50
Porque "¿Dó está? Mi bien, mi dulce encanto,
¿dó está, dó huyó?" Al acento lastimero
las hórridas mansiones de la muerte
"¿Dó está, dó huyó?" te vuelven despiadadas.
     ¿Dó está? Mortal, si a la morada oscura   55
te conduce el dolor, donde dominan
los lúgubres horrores, y la Parca
alza sobre cadáveres su trono,
desciende, el llanto calma, y oye atento

la enseñadora voz de los sepulcros.   60
Descendamos, mi Silvio, y los sollozos
oprime, que no es dado a humano afecto
su centro penetrar. Pavor sombrío
mi cabellera eriza. Destemplada
de mi trémula mano cae la lira.   65
    ¡Región de soledad! A tus umbrales
muere el dolor y el gozo; y en tu seno
la inmoble eternidad augusta manda.
Contempla, Silvio, esos despojos fríos,
reliquias de tu bien, y busca en ellos,   70
si puedes ¡ay! el rostro de belleza
que al tuyo sonrió. ¿Dó están los brazos
que en rededor el cuello te halagaban
con ternura infantil? ¿Dó fue el asiento
de aquellos dulces ojos, que al mirarte   75
cual claros astros del amor brillaban?
Murieron y no son. ¿Y qué, los cubre
noche eterna en su velo tenebroso,
o al seno revolaron de la nada?
Mi Silvio, ¿oyes la voz, voz de consuelo,   80
voz de gozo, que nace cual la aurora
de entre las nieblas de la noche oscura?
    "Mansión de eterna vida mora el justo
que muere en el Señor." Vive, mi amigo;
y vive para ti. Será que un día   85
restituya el sepulcro devorante
los despojos del mundo; y animado
ese aterido polvo, en lazo eterno
al celestial espíritu se anude.
Y tú padre serás. Esta esperanza   90
repose entre las penas de tu pecho,
como entre espinas la purpúrea rosa.
Salve, santa esperanza: tú en los brazos
del divinal amor serás cumplida,
cuando el padre, el amigo, el tierno esposo   95
las dulces prendas que perdió recobre
a nunca más perderlas. Sí, mi Silvio:
el augusto silencio de la tumba

"¡Vida sin fin al virtuoso!" clama.
 ¿Qué es el placer humano? La aura leve, 100
cuando derrama en las nacientes flores
la lluvia matinal, no más ligera
vuela fugaz sobre el sediento prado.
¿Qué es la edad? ¿qué es la vida? Cual arroyo,
que por los verdes campos serpentea, 105
complacido en regarlos, va a perderse,
a pesar suyo, en el remoto golfo;
así el tiempo arrebata en su carrera
al hombre y sus afectos, y en su seno
la eternidad terrible los abisma. 110
¡Desgraciado el mortal que su ventura
al caduco deleite necio fíe!
Santa virtud, que vivirás gloriosa
después que todo muera, tú eres sola
el bien de los mortales; tu hermosura 115
no deslustran las nieblas de la muerte.
Ella, mi Silvio, a la mansión de dicha
condujo tu Dorila. ¡Venturosa,
que el hermoso candor de la edad tierna
llevó consigo al plácido sepulcro! 120
¿Y nosotros lloramos? Blandas flores,
no funesto ciprés ni mustio helecho
debemos derramar, mi dulce amigo,
en la tumba feliz de la inocencia.
Aquí su pura y amorosa sombra 125
sentiremos vagar. La pena aguda
alanzarás del dolorido pecho,
y ya tranquilo esperarás el día
que vueles en las alas de la muerte
al dulce bien que te robó sañuda. 130

A LAS RUINAS DE SAGUNTO

Salve, oh alcázar de Edetania [160] firme,
ejemplo al mundo de constancia ibera,
en tus ruinas grandiosa siempre,
noble Sagunto.
No bastó al hado que triunfante el peno [161]   5
sobre tus altos muros tremolase
la invicta enseña que tendió en el Tíber
sombra de muerte
cuando el Pirene altivo y las riberas,
Ródano, tuyas, y el abierto Alpe   10
rugir le vieron, de la marcia gente
rayo temido.
El raudo Trebia, turbio el Trasimeno
digan y Capua [162] su furor; Aufido
aun vuelca tintos de latina sangre   15
petos y grevas:
digno castigo del negado auxilio
al fuerte ibero; que en tu orilla, oh Turia, [163]
pudo el romano sepultar de Aníbal
nombre y memoria.   20
Pasan los siglos, y la edad malvada
y el fiero tiempo con hambriento hierro
gasta y la llama de la guerra impía
muros y tronos.
Mas no la gloria muere de Sagunto,   25
que sus ruinas del fatal olvido
yacen seguras más que tus soberbias,
Rómulo, torres.
Genio ignorado su ceniza eterna
próvido asiste, que infeliz, vencida,   30
más gloria alcanza que el sangriento triunfo

160 Los edetanos vivían en el sur de Aragón y en la costa valenciana y castellonense.
161 Aníbal, el general de los cartagineses (penos).
162 Sitios en Italia donde derrotó Aníbal a los romanos.
163 El río de Valencia. Sagunto está a 25 km. del Turia.

da a su enemigo.
    Resiste entera tu furor, oh peno;
para arruinada tu furor, oh galo; [164]
lucha y sucumbe, de valor constante   35
digno modelo.
    A la fortuna coronar no plugo
su santo esfuerzo, mas la antigua injuria
sangrienta Zama, Berezina helado
venga la nueva. [165]   40

EL ESCARMENTADO

    Injusto es tu enojo, querido bien mío;
si yo desconfío del niño vendado,
también he probado su falsa esperanza,
su triste mudanza.
    Yo, náufrago, he visto la mar alterada,   5
la nave azotada tocar las estrellas,
y raudas centellas el piélago horrendo
y el aire encendiendo.
    Yo vi, peregrino, la senda perdida,
en fiera avenida crecido el torrente,   10
cubrir dique y puente, el campo inundado
de yerto ganado.
    De violas y rosas el prado florido
gocé divertido; cogí las más bellas,
y un áspid entre ellas vertió por mi seno   15
su ardiente veneno.
    No extrañes que turbe el cruel escarmiento
la gloria que siento tu rostro adorando;
que es necio el que, amando, del dios que lo enciende
las artes no entiende.   20

164 Los franceses saquearon y destruyeron Sagunto en 1811, habiendo tomado su castillo después de una heroica defensa.
165 *Zama:* ciudad africana donde Aníbal fue derrotado por Escipión en 202 a. de J.C., diez y siete años después del sitio de Sagunto con que empezó la Segunda Guerra Púnica. *Berezina:* río de Rusia cerca del cual derrotaron los rusos al ejército francés en 1812.

SEGUIDILLAS

Yo le digo a mi ingrata
tierno y rendido:
"¿Cuándo serán favores
tantos desvíos?"
Y ella responde: 5
"Cuando olvide que saben
mentir los hombres."

* * *

Luciérnagas brillantes
son tus amores,
que se eclipsan de día,
viven de noche;
y en la tiniebla   5
suelen lucir un poco,
mas no calientan.

* * *

Como el árbol silvestre,
niña, es tu gracia,
que abunda mucho en fruta,
mas toda amarga.
Que amor lo riegue,   5
se secará la rama
de los desdenes.

ÍNDICE ALFABÉTICO DE PRIMEROS VERSOS

Págs.

Págs.

ÍNDICE DE LÁMINAS

ESTE LIBRO
SE TERMINÓ DE IMPRIMIR
EL DIA 27 DE DICIEMBRE DE 1994.

clásicos castalia

ÚLTIMOS TÍTULOS PUBLICADOS

55 / Lope de Vega
EL PEREGRINO EN SU PATRIA
Edición, introducción y notas de
Juan Bautista Avalle-Arce.

56 / Manuel Altolaguirre
LAS ISLAS INVITADAS
Edición, introducción y notas de
Margarita Smerdou Altolaguirre.

57 / Miguel de Cervantes
VIAJE DEL PARNASO.
POESÍAS COMPLETAS, I
Edición, introducción y notas de
Vicente Gaos.

58 / LA VIDA DE LAZARILLO
DE TORMES Y DE SUS
FORTUNAS Y ADVERSIDADES
Edición, introducción y notas de
Alberto Blecua.

59 / Azorín
LOS PUEBLOS.
LA ANDALUCÍA TRÁGICA
Y OTROS ARTÍCULOS
(1904-1905)
Edición, introducción y notas de
José María Valverde.

60 / Francisco de Quevedo
POEMAS ESCOGIDOS
Selección, introducción y notas de
José Manuel Blecua.

61 / Alfonso Sastre
ESCUADRA HACIA
LA MUERTE
LA MORDAZA
Edición, introducción y notas de
Farris Anderson.

62 / Juan del Encina
POESÍA LÍRICA
Y CANCIONERO MUSICAL
Edición, introducción y notas de R.
O. Jones y Carolyn R. Lee.

63 / Lope de Vega
LA ARCADIA
Edición, introducción y notas de
Edwin S. Morby.

64 / Marqués de Santillana
POESÍAS COMPLETAS, I.
Serranillas, cantares y decires.
Sonetos fechos al itálico modo
Edición, introducción y notas de
Manuel Durán.

65 / POESÍA DEL SIGLO XVIII
Selección, introducción y notas de
John H. R. Polt.

66 / Juan Rodríguez del Padrón
SIERVO LIBRE DE AMOR
Edición, introducción y notas de
Antonio Prieto.

67 / Francisco de Quevedo
LA HORA DE TODOS
Edición, introducción y notas de
Luisa López-Grigera.

68 / Lope de Vega
SERVIR A SEÑOR DISCRETO
Edición, introducción y notas de
Frida Weber de Kurlat.

69 / Leopoldo Alas, Clarín
TERESA. AVECILLA.
EL HOMBRE DE LOS